# Kunst- und Kulturmanagement

**Reihe herausgegeben von**

Andrea Hausmann, Institut für Kulturmanagement
Pädagogische Hochschule Ludwigsburg, Ludwigsburg, Deutschland

Ziel der Reihe „Kunst- und Kulturmanagement" ist es, Studierende, Wissenschaftler, Kunst- und Kulturmanager sowie sonstige Interessierte in komprimierter Weise in das Fachgebiet einzuführen und mit den wesentlichen Teilgebieten vertraut zu machen. Durch eine abwechslungsreiche didaktische Aufbereitung und die Konzentration auf die wesentlichen Methoden und Zusammenhänge, soll dem Leser ein fundierter Überblick gegeben sowie eine rasche Informationsaufnahme und -verarbeitung ermöglicht werden. Die Themen der einzelnen Bände sind dabei so gewählt, dass sie den gesamten Wissensbereich des modernen Kunst- und Kulturmanagement abbilden. Für die Studierenden muss eine solche Reihe abgestimmt sein auf die Anforderungen der neuen Bachelor- und Masterstudiengänge. Die (auch prüfungs-) relevanten Teilgebiete des Fachs „Kunst- und Kulturmanagement" sollen daher abgedeckt und in einer komprimierten, systematisch aufbereiteten und leicht nachvollziehbaren Form dargeboten werden. Für bereits im Berufsleben stehende Kunst- und Kulturmanager sowie sonstige Interessierte muss die Reihe den Anforderungen gerecht werden, die eine arbeits- und zeitintensive Berufstätigkeit mit sich bringt: Kurze und prägnante Darstellung der wichtigsten Themen bei Sicherstellung aktueller Bezüge und eines qualitativ hochwertigen Standards. Es ist unbedingter Anspruch der jeweiligen Autorenbücher, diesen Interessenslagen gerecht zu werden. Dabei soll neben einer sorgfältigen theoretischen Fundierung immer auch ein hoher Praxisbezug gewährleistet werden.

Petra Schneidewind

# Controlling im Kulturmanagement

## Eine Einführung

2., aktualisierte und erweiterte Auflage

 Springer VS

Petra Schneidewind
PH Ludwigsburg
Ludwigsburg, Deutschland

ISSN 2626-0557          ISSN 2626-0573 (electronic)
Kunst- und Kulturmanagement
ISBN 978-3-658-47537-6          ISBN 978-3-658-47538-3 (eBook)
https://doi.org/10.1007/978-3-658-47538-3

Die Deutsche Nationalbibliothek verzeichnet diese Publikation in der Deutschen Nationalbibliografie; detaillierte bibliografische Daten sind im Internet über https://portal.dnb.de abrufbar.

Planung/Lektorat: Franziska Remeika
Springer VS ist ein Imprint der eingetragenen Gesellschaft Springer Fachmedien Wiesbaden GmbH und ist ein Teil von Springer Nature.
Die Anschrift der Gesellschaft ist: Abraham-Lincoln-Str. 46, 65189 Wiesbaden, Germany

Wenn Sie dieses Produkt entsorgen, geben Sie das Papier bitte zum Recycling.

# Vorwort

Unabhängig von der Größe eines Kulturbetriebs ist es das Ziel managerialen Handelns, die eigene Zukunft und somit auch die eigene Existenz zu sichern. Für diesen Zweck werten Entscheidungsträger in Kultureinrichtungen betriebswirtschaftliche Informationen aus – allen voran die Daten des Rechnungswesens. Dabei fällt jedoch auf: Nach wie vor beschränken sich viele Kulturbetriebe bei diesem Vorgang auf die Instrumentarien des externen Rechnungswesens, während ihnen die internen Werkzeuge fehlen, die für eine betriebswirtschaftliche Steuerung notwendig wären.

Die Aufgabe, eine umfassende Controllingfunktion zu implementieren, ist damit im Kulturbetrieb noch immer nicht hinreichend erfüllt. Dies mag unter anderem an der Besonderheit liegen, dass Controlling als innerbetriebliches System und Prozess dynamisch ist und auch sein muss. Selbst ein bereits eingeführtes Informationssystem hat sich an neue oder veränderte Rahmenbedingungen anzupassen, es muss aktuelle Informationsbedarfe, neue Informationsempfänger oder verfeinerte Informationskanäle in seine Abläufe integrieren. In der Summe bedeutet dies, dass sich sowohl Kulturbetriebe, die noch kein Controlling nutzen, als auch jene, die bereits von internen Systemen profitieren, sich mit der Thematik beschäftigen sollten.

Ob dies gelingt und inwiefern Kulturbetriebe den Nutzen einer umfassenden Controllingfunktion erkennen und optimal ausschöpfen, hängt von verschiedenen Faktoren ab; sie werden in diesem Buch umfassend aufgearbeitet. Dabei zeigt sich: Gelingendes Controlling fängt beim richtigen Begriffsverständnis an, erfordert eine passgenaue Einführungsstrategie, verständliche Begleitkommunikation und den richtigen Einsatz der Verfahren des internen Rechnungswesens, etwa den individualisierten und empfängerorientierten Bericht. All das ist nicht nur für die so genannten „Leuchttürme" des Kunst- und Kulturbetriebs relevant, sondern auch für Kleinunternehmen im Kultur- und Kreativbereich oder für selbstständige Künstlerinnen und Künstler.

Diese Publikation erschien 2013 in erster Auflage. Sie wurde seinerzeit so konzipiert, dass Erfahrungsberichte aus der Praxis die theoretischen Passagen flankierten – dies nicht zuletzt, um den Lesern zu zeigen, dass es tatsächlich positive Erfahrungen mit Controlling in und aus der Praxis gibt. Diese Grundstruktur wurde auch in der neuen Auflage beibehalten. Manche Erfahrung aus dem Jahr 2013 ist nach zehn Jahren noch aktuell, zahlreiche neue Stimmen und Erfahrungen aus der Praxis differenzieren, modifizieren und aktualisieren in der zweiten Auflage den Ist-Zustand von Controlling im Kulturbetrieb. Ziel auch dieser Auflage ist es, die Leser so zu motivieren, dass sie ihr passgenaues eigenes Controllingkonzept entwickeln möchten.

Die Erfahrungen und Empfehlungen nachfolgend genannter Kolleginnen und Kollegen aus der Praxis sind in diese Publikation eingeflossen, mit dem Ziel, die theoretischen Ausführungen zu ergänzen und zu bereichern und weitere Anwender und Nutzer von den Vorteilen eines Controllingkonzeptes zu überzeugen: Markus Enzinger, Beat Fehlmann, Willi Friedmann, Valerian Geiger, Prof. Dr. Robert Knappe, Kai Liczewski, Birgitta Müller-Brandeck, Henrike Nebel, Lars Hendrik Neubacher, Roman Passarge, Johannes Pfeffer, Natascha Reith, Prof. Dr. Thomas Schmidt, Rouven Schöll und Franziska Thiel. Ihnen allen sowie den seit Gründung im Jahr 2014 Mitwirkenden im Forum Theatercontrolling gilt mein herzlicher Dank, für die wertvollen Beiträge und den jederzeit inspirierenden, engagierten Austausch zwischen Theorie und Praxis. Für das kritische Lesen des Manuskripts danke ich Simone Schneidewind und Henrik Greiner.

Ludwigsburg, Deutschland                                    Dr. Petra Schneidewind
Februar 2025

# Competing Interests

Der/die Autor*in hat keine für den Inhalt dieses Manuskripts relevanten Interessen-konflikte.

# Inhaltsverzeichnis

# Worum (?) es gehen soll

Die deutsche Kulturlandschaft ist geprägt vom öffentlich getragenen Kulturbetrieb, dessen Rahmenbedingungen sich seit Jahren verändern. Das erfordert Anpassungsprozesse. Eine besondere Rolle kommt in diesem Kontext der Professionalisierung des Managements und, damit verbunden, dem Einsatz von geeigneten betriebswirtschaftlichen Instrumenten zu. Eines dieser Instrumente, das *Controlling*, soll hier im Mittelpunkt stehen; es wird seit über dreißig Jahren in Kulturbetrieben eingesetzt und hat zu einem breit gefächerten Spektrum an Erfahrungen geführt, welche auch die Grundlage dieses Buches bilden. Theoretisches Know-how wird in kleinen Schritten kompakt und praxisnah für Kulturbetriebe zusammengestellt. Dafür werden an vielen Stellen Erfahrungen aus unterschiedlichen Kulturbetrieben fruchtbar gemacht; auf diese Weise bereichern Beispiele und Kommentare aus der Praxis die Theorie.

Dass die Controllingfunktion mit ihren vielen Vorteilen in den Kulturbetrieben noch nicht flächendeckend angekommen ist, lässt sich auf mehrere Ursachen zurückführen. Ein zentraler Faktor ist die Haltung, welche die Verantwortlichen in den Betrieben der Controllingfunktion gegenüber einnehmen. Werden die mit der Controllingfunktion verbundenen Chancen erkannt? Menschen haben grundsätzlich Angst vor Neuem und Unbekanntem und können Veränderungen durchaus verzögern oder gar verhindern. Controlling in eine Organisation einzuführen, setzt einen langen Atem voraus; eine Implementierung muss gerade wegen der Menschen, die in Kulturbetrieben eine hohe Diversität aufweisen, sehr sensibel betrieben werden. Es schließt sich unmittelbar ein zweiter, sachlicher Grund an: Das Begriffsverständnis, die Zielsetzung und die Einführungsstrategie müssen stimmig sein, um ein erfolgreiches Controlling zu gewährleisten. Dies lässt sich im dynamischen Alltag der Kulturbetriebe, deren Stakeholder zunehmend schnelle Lösungen und kurzfristige

P. Schneidewind, *Controlling im Kulturmanagement*, Kunst- und Kulturmanagement, https://doi.org/10.1007/978-3-658-47538-3_1

Ergebnisse verlangen, oft nicht realisieren. Schließlich müssen die Ziele und Vorteile, die mit der Controllingfunktion erreicht werden sollen, zur Überzeugung aller Mitwirkenden deutlich gemacht werden. „Controllingbenefits" sind in vielen Fällen jedoch nicht hinreichend greifbar. So wird die Frage: Welche Vorteile bringt der Einsatz von Controlling, wenn man gleichzeitig einen hohen Ressourceneinsatz für die Implementierung benötigt?, oft gestellt, und sie ist durchaus legitim.

Diesem Buch soll sie als eine Art Leitfrage dienen. Um sie zu beantworten, werden Theorie und Praxis verflochten, Controller oder Nutzer aus Kulturbetrieben mit ihren persönlichen Erfahrungen immer wieder einbezogen. Dabei sei vorab eine Bemerkung erlaubt: Es wäre wünschenswert, wenn die hier dargestellten positiven Erfahrungen auch dazu beitrügen, die Controllingfunktion zügiger in den Kulturbetrieben zu etablieren und die Anfänge des Controllings vor über dreißig Jahren endlich zu einer Erfolgsgeschichte werden zu lassen.

Der Aufbau dieses Buches orientiert sich an den einleitend genannten Punkten. Ausgehend von der Begriffsklärung sowie den Aufgaben und Funktionen des Controllings werden die Einführungsschritte vorgestellt und erläutert (vgl. Horváth & Partners, 2009). Der Fokus liegt zunächst auf den quantifizierbaren Größen, weshalb die Bedeutung und Rolle des Rechnungswesens herausgestellt werden. Der Kosten- und Leistungsrechnung ist aufgrund ihrer Bedeutung ein eigenes Kapitel gewidmet (vgl. Haberstock, 2022; Schneidewind, 2006). Um den ganzheitlichen Charakter des Controllingkonzeptes zu unterstreichen, werden weitere Datenquellen vorgestellt und ihr Zusammenspiel mit den Informationen aus der Kosten- und Leistungsrechnung herausgearbeitet. Sämtliche gewonnene Daten fließen im Controllingbericht wieder zusammen (vgl. Preißler, 2020). Dieser stellt das Ergebnis des Controllingprozesses dar und sorgt dafür, dass die unterschiedlichen Controllingfunktionen (Informationsfunktion, Planungsfunktion, Steuerungsfunktion, u. a.) auf die Informationsempfänger wirken. Zudem werden einige ausgewählte Instrumente näher vorgestellt, die Controller neben ihrer betriebswirtschaftlichen Kenntnisse im Rechnungswesen beherrschen sollten, z. B. Methodenwissen bzgl. Instrumentarien, die für spezielle Fragen zum Einsatz kommen könnten. Einige ausgewählte Instrumente werden hier ergänzend vorgestellt. Neu ist das Kapitel, das den Einsatz der Controllingfunktion für Kleinunternehmen und selbstständige Kunst-, Kultur- und Kreativschaffende thematisiert. Am Ende werden eine Reihe von Tipps zur Einführung und Nutzung von Controlling zusammengetragen und um Literaturtipps und Serviceadressen ergänzt.

Der besseren Lesbarkeit wegen wird in dieser Publikation in großen Teilen das generische Maskulinum verwendet. Trotz dieser grammatikalischen Entscheidung schließen die im männlichen Genus – sofern nicht anders kenntlich gemacht – formulierten Personenbezeichnungen selbstverständlich und ohne Bedeutungsunterschied alle Geschlechter ein.

# Was ist Controlling?

Auf dem Weg zu einem funktionierenden Controllingsystem ist die Begriffsklärung die erste Hürde, die man nehmen muss. Das richtige Begriffsverständnis von Controlling ist Voraussetzung für eine erfolgreiche Anwendung. Aufgrund versetzt verlaufender Entwicklungen des Controllings – zuerst in der Praxis, dann in der Theorie – existiert keine einheitliche Definition des Controllingbegriffes. Dies führt immer wieder zu Missverständnissen. Häufig wird Controlling mit dem im deutschen nahe liegenden Begriff „Kontrolle" gleichgesetzt, doch diese Auffassung ist zu kurz gegriffen. Controlling umfasst weit mehr als Kontrolle. Das im Controllingbegriff enthaltene englische Verb „to control" hat richtig übersetzt die Bedeutung von „regeln" *oder* „steuern". Mit Controlling ist also gemeint, auf ein Ziel zuzusteuern und dabei die Zielerreichung zu sichern. Ziele bzw. ein Zielsystem müssen im anwendenden Kulturbetrieb zwingend vorhanden sein. Die Fragen „wo wollen wir hin?" und „wie kommen wir dahin?" müssen geklärt sein. Erst dann kann die Controllingfunktion den Weg zum Ziel wirkungsvoll begleiten, indem sie laufend kontrolliert, ob der richtige Weg eingeschlagen wurde und ob die Zielerreichung gesichert ist. Im Falle einer Abweichung sind entsprechende Korrekturen zu initiieren. Controlling ist also eine betriebswirtschaftliche Servicefunktion zur Sicherung der Zielerreichung, die ohne festgelegtes Ziel wirkungslos ist (vgl. Horváth, 2024; Horváth & Partners, 2016; Preißler, 2020, u. a.). In der Literatur werden gerne die Bilder des Controllers in der Rolle eines Lotsen oder Navigators genutzt. Ein kleines Beispiel macht den Unterschied zwischen Kontrolle und Steuerung deutlich: Ein Museum setzt sich das Ziel, in einer Sonderausstellung 4.000 Besucher zu erreichen. Bei der Anwendung einer klassischen Endkontrolle überprüft man nach Abschluss der Ausstellung, wie viele Besucher gekommen sind und stellt fest, ob das Ziel erreicht wurde oder nicht. Die Konsequenz dieses Verfahrens ist, dass das Ergebnis

P. Schneidewind, *Controlling im Kulturmanagement*, Kunst- und Kulturmanagement, https://doi.org/10.1007/978-3-658-47538-3_2

nicht mehr veränderbar ist. Der Controllingansatz geht von einem laufenden Soll-Ist-Vergleich aus, also einem Steuer- und Regelkreismechanismus, der hier system-immanent ist. Es wird also laufend überprüft, wo die tatsächliche Besucherzahl im Verhältnis zur Zielgröße steht. Damit kann die Chance genutzt werden, steuernd einzugreifen. Beispielsweise können weitere Werbemaßnahmen initiiert werden oder die Öffnungszeiten werden ausgeweitet oder angepasst, man schafft Preis-anreize, um ggfs. die Besucherströme zu kanalisieren etc.

Eine Zielvorgabe ist zwingend notwendig, damit die Controllingfunktion sinnvoll angewendet werden kann. Dabei ist es nicht damit getan, wie im obigen Beispiel, eine bestimmte Besucherzahl zu definieren, vielmehr handelt es sich um ein komple-xes Zielsystem, in dem Ober- und Unterziele, quantifizierbare und qualitative Ziele, strategische und operative Ziele zusammenwirken. Oberstes Ziel der Kulturein-richtungen ist in der Regel immer die Existenzsicherung, diese geht einher mit einer künstlerischen und politischen Legitimation und mit quantifizierbaren Zielen der Budgeteinhaltung, Kapitalerhaltung, Zielumsatz, Eigenfinanzierungsquote etc.

Die Zielbildung ist Aufgabe der Leitungsebene der Betriebe. Von Seiten des Controllings kann der Zielbildungsprozess begleitet werden, dem Controlling wird eine beratende Funktion zugeordnet. Diese bezieht sich auf die Zielauswahl, Ziel-formulierung sowie die Messgrößen.

Nicht alle Zielgrößen sind für die Wirkungskontrolle gut geeignet. Wenn man überprüfen will, ob das Bildungsziel eines Museums erreicht wurde, wird es deut-lich schwieriger, dies zu messen als die Besucherzahl. Empfehlenswert ist die Nut-zung von quantifizierbaren Größen, die jedoch dort, wo Zusatzinformationen qua-litativer Art vorliegen, mit diesen ergänzt werden sollen (vgl. Preißler, 2020; Ziegenbein, 2012; Schneck, 2000, u. a.).

Controlling findet als Schnittmenge von Management und Controlling statt. An dem eigentlichen Controllingprozess sind aber im Grunde alle Mitglieder eines Kulturbetriebes beteiligt. Dies verdeutlichen die beiden Abb. 2.1 und 2.2.

Controlling ist in hohem Maße Kommunikation. Nur Ziele zu setzen genügt nicht. Die Ziele müssen kommuniziert werden und alle Mitarbeiter des Betriebes müssen in-dividuelle Ziele haben. Jedes erreichte Teilziel trägt wiederum zur Erreichung der Oberziele oder des Globalziels bei. Die Informationen, die über den Stand der Ziel-erreichung Auskunft geben, werden von den Verantwortlichen geliefert. Die Gesamt-koordination aller Teilinformationen übernimmt das Controlling. Mögliche Maß-nahmen müssen mit den Betroffenen diskutiert und umgesetzt werden. Um dies zu gewährleisten, muss sich die Zielbildung an einigen Regeln orientieren (s. Tab. 2.1).

Ziele geben Orientierung sowohl nach innen als auch nach außen und sind trotz-dem, gerade in den großen, gewachsenen und etablierten Kulturbetrieben, keine Selbst-

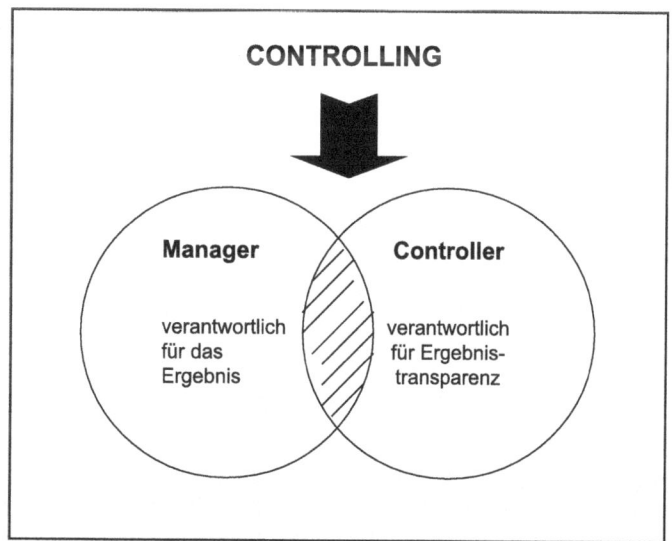

**Abb. 2.1**  Schnittmenge Controlling

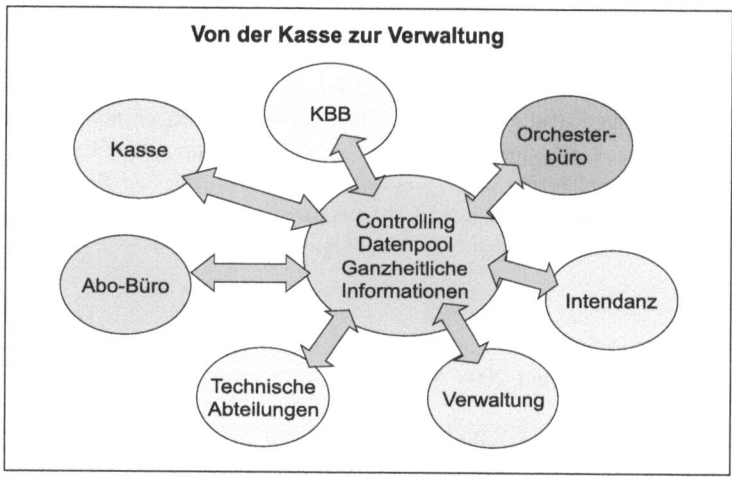

**Abb. 2.2**  *Informationsquellen des Controlling* (Auszug) am Beispiel Theater

**Tab. 2.1**  Zielmerkmale

| Zielmerkmal | Interpretation |
|---|---|
| Motivationsfunktion | Die Zielsetzung muss einen Impuls zur Verbesserung der Ausgangssituation liefern |
| Realitätsbezug | Ziele müssen erreichbar sein |
| Widerspruchsfreiheit | Ziele sollen kompatibel sein. Konkurrenzbeziehungen sind möglichst zu vermeiden |
| Verständlichkeit | Zielrealisierung setzt Zielverständnis voraus. Je niedriger die Hierarchieebene, desto höher sind die Anforderungen an die Operationalität |
| Kontrollierbarkeit | Je konkreter die Zielvorgabe, desto leichter die Kontrollierbarkeit der erreichten Leistung |

verständlichkeit. Werden aber Ziele transparent gemacht und kommuniziert, können durchaus positive Effekte entstehen, etwa dass sich private Geldgeber engagieren.

Wenn also Ziele vorhanden sind und der Controllingbegriff mit „regeln" und „steuern" übersetzt wird, sind bereits zwei Stolpersteine aus dem Weg geräumt. Außerdem ist für das richtige Controllingverständnis das Bewusstsein wesentlich, dass es sich beim Controlling nicht um eine statische Funktion innerhalb des Betriebes handelt. Im Folgenden wird deshalb eine prozessorientierte Definition des Begriffes zugrunde gelegt:

> Controlling ist ein zielorientiertes und funktionsübergreifendes Führungsunterstützungssystem, das die für die Entscheidungsträger notwendigen Daten sammelt, Informationspools erschließt, Informationswege kanalisiert und die gewonnenen Daten in einem empfängerorientierten Bericht zusammenfasst, der letztendlich in komprimierter Form alle entscheidungsrelevanten Daten beinhaltet (vgl. Schneidewind, 2006, S. 140).

Aus dieser Definition lassen sich folgende Charakteristika des Controllings ableiten (vgl. Schneidewind, 2006, S. 140):

- Voraussetzung für Controlling ist ein *Zielsystem*
- Controlling hat Servicecharakter
- Zentraler Faktor ist die Information
- Das Ergebnis von Controlling wird laufend (zu bestimmten Stichtagen) in einem *Bericht* zusammengefasst.

Ganz wichtig ist auch die Tatsache, dass es sich bei einem Controllingsystem immer um ein Unikat handelt. *Das* Controlling gibt es nicht! Darin besteht eine besondere Chance dieser Serviceleistung, sie kann (muss!) ganz auf die individuellen Bedürfnisse des Betriebes zugeschnitten werden (siehe auch Kap. 3, die Erfahrungen im Theaterhaus Stuttgart). Der jeweilige Informationsempfänger und die individuellen Rahmenbedingungen des jeweiligen Betriebes (Größe, Standort, Mitarbeiterzahl, Finanzvolumen, Regionale/Überregionale/Internationale Bedeutung etc.) geben den Rahmen für das spezifische Controllingsystem vor. Es ist sicherlich interessant, sich in einem Betrieb mit funktionierendem Controllingsystem Anregungen zu holen, das können durchaus auch profitorientierte Betriebe in ganz anderen Branchen sein. Dabei sollten komplette Übertragungen allerdings vermieden werden.

Für eine nachhaltige Akzeptanz und Wirkung von Controlling im Kulturbereich ist es aufgrund der beschriebenen Besonderheiten günstig, wenn der Impuls ein Controllingsystem zu entwickeln, im eigenen Betrieb entsteht. Wenn stattdessen – was im Kulturbereich noch immer häufig der Fall ist – der Träger die Initiative ergreift, stehen entsprechend der beschriebenen Logik die Interessen des Trägers im Vordergrund. In dieser Variante ist die Kontrollfunktion innerhalb eines Controllingsystems dominant. Für den Kulturbetrieb entsteht intern die Wahrnehmung: „wir werden kontrolliert"; „unser Träger hat kein Vertrauen". Besser ist es also die aktive Rolle einzunehmen und mit den Informationen, die man für die eigene Steuerung erarbeitet, gleichzeitig auch den Träger zu bedienen. Das Vertrauensverhältnis und der Eindruck von außen ist dann anders: „die Verantwortlichen haben ihren Betrieb im Griff" oder „der Betrieb ist transparent". Das Ziel der *Transparenzgewinnung* ist unmittelbar mit der Einführung eines Controllingsystems verbunden, dazu später noch mehr. Ein funktionierendes Controllingsystem muss sämtliche Entscheidungsträger zum richtigen Zeitpunkt mit den richtigen Informationen versorgen, um deren Entscheidungen im Sinne der übergeordneten Zielsetzungen zu unterstützen. Richtig heißt in diesem Fall, dass die Informationen aktuell, vollständig, detailliert genug sowie empfängerorientiert sein müssen. Von Bedeutung für das richtige Controllingverständnis ist auch die Erkenntnis, dass die beschriebenen Informationen nicht zwingend quantifizierbare Größen sein sollen, sondern dass auch Informationen aus der Umwelt und dem Umfeld des Betriebes mit qualitativem Charakter relevant sein können.

Im Kern geht es beim Controlling um *Informationen*, eigentlich nichts Neues im Rahmen des *operativen* Geschäftes. Neu wäre aber, dass mit Hilfe eines funktionierenden Controllingsystems die Informationen bei Bedarf nicht mühsam mit hohem manuellem Aufwand zusammengestellt werden müssen, sondern dass sie standardmäßig zur Verfügung stehen und die Entscheidungsträger in die Lage versetzen, die Zusammenhänge über den Ist-Zustand ihres Betriebes und Wirkungen in die Zukunft

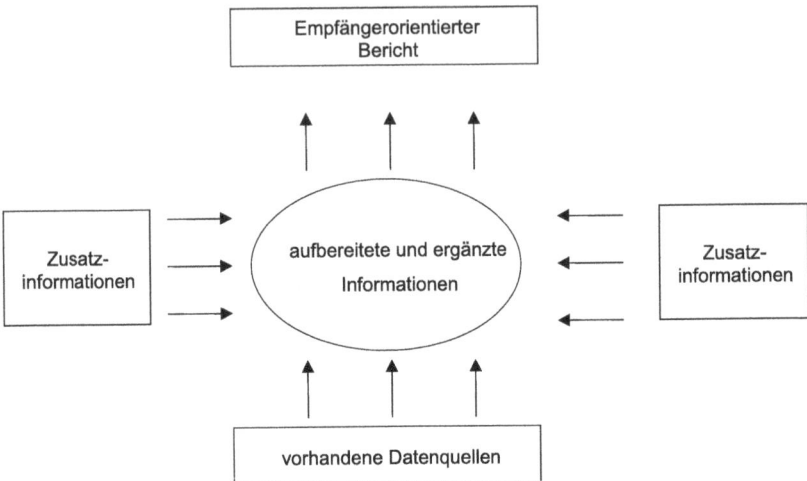

**Abb. 2.3**  Der Informationspool des Controllings. (Vgl. Schneidewind, 2006, S. 141)

ständig transparent darstellen zu können. Zum Beispiel welches Ergebnis zu erwarten ist, wenn eine bestimmte Maßnahme ergriffen wird („Wenn-Dann-Beziehungen").

Um dies sicherzustellen, ist es die Aufgabe und damit die *Serviceleistung* des Controllings, den internen Informationsbedarf zu definieren, die möglichen zu integrierenden Informationsquellen zu identifizieren, den Informationsfluss entsprechend festzulegen und schließlich eine oder mehrere Berichtsformen zu konzipieren, in denen die Informationen zusammenfließen (siehe Controllingdefinition in diesem Kapitel). Vereinfacht kann dies wie folgt dargestellt werden (Abb. 2.3):

Wichtig ist, dass alle relevanten Informationen, unabhängig davon, ob sie ihre Quelle innerhalb oder außerhalb des Kulturbetriebes haben, in *einem Informationspool* gesammelt und dort gepflegt und weiter genutzt werden können. Neben der Trennung in interne und externe Informationen lassen sich auch vergangenheits- und zukunftsorientierte Informationen unterscheiden. Durch eine zentrale Informationserfassung und -aufbereitung können Doppelerfassungen und Inkonsistenzen vermieden werden. Damit steigt die Informationsqualität, was gleichzustellen ist mit einem Wissens- bzw. Wettbewerbsvorsprung. Auch wenn der Betrieb der Einzige in der Gemeinde oder Region ist, so steht er doch im Wettbewerb mit anderen Einrichtungen (erweitertes Konkurrenzverständnis). Dabei geht es sowohl um Ressourcen als auch um Besucher, weshalb die Qualität von Informationen auch als Wissensvorsprung zu verstehen ist.

Nach dieser einführenden Begriffsklärung lohnt sich ein erster Blick in die Praxis:

**Controlling in der Bayerischen Staatsoper München**

Die Bayerische Staatsoper München gilt als einer der Pionierbetriebe im Aufbau und in der Nutzung von Controlling in Kultureinrichtungen. Schon vor fast 30 Jahren legte Christiane Pitz dort die Grundlagen für ein systematisches Controlling. Sie betonte auch in ihren Publikationen die Bedeutung und damit das Zusammenspiel von Kommunikation und Akzeptanz. Dabei verweist sie besonders bei den großen Betrieben auf die Dominanz der hierarchischen Strukturen. Diese führen dazu, dass der Austausch zwischen den einzelnen Abteilungen gering ist und es immer wieder an Kommunikation mangelt. Diese Besonderheit hat zur Konsequenz, dass der Controllingbereich nicht in Planungen und Entscheidungen eingebunden wird und somit seine Aufgaben nicht effektiv wahrnehmen kann. Aufgrund dieser identifizierten Charakteristiken ist die richtige Strategie zur Einführung von Controlling besonders wichtig. Ob die Instrumente akzeptiert werden, hängt sehr stark von der Einstellung der Leitung ab. Steht ein Intendant dahinter und orientiert sich selbst an Zahlengrößen, hat die Servicefunktion Controlling eine deutlich größere Akzeptanz und die Sensibilität für Budgetfragen sowie die Eigenverantwortlichkeit erhöhen sich deutlich. Neben diesen Effekten ist der Hauptnutzen des Controllings aus ihrer Sicht die hohe Transparenz und die damit einhergehende Sicherheit „ich weiß, wo wir stehen", daraus entsteht Sicherheit und Vertrauen in den Betrieb. Diese Einschätzung bestätigen auch Lars Hendrik Neubacher und Henrike Nebel, die heute in München den Controllingservice verantworten. Für beide ist eine konsequente Ausrichtung an Steuerungsinformationen entscheidend, dabei können sie auf stabile Prozesse aufbauen, was die Budgetierung betrifft. Herausforderungen und Gestaltungsspielräume gibt es weiterhin bei der Digitalisierung des Reportings und der Veränderung des Fokus, der sich mehr an den strategischen Zielen orientieren sollte.

**Einführung/Anpassung der betriebswirtschaftlichen Steuerung im Theaterhaus Stuttgart**

Willi Friedmann, bei der Einführung von Controlling ab 2008 kaufmännischer Geschäftsführer im Theaterhaus Stuttgart, schätzte an dem betriebswirtschaftlichen Steuerungssystem seines Hauses den deutlich geringeren Zeitaufwand der Datenerhebung, der den Effekt mit sich bringt, dass er mehr Zeit für die Datenanalyse hat. Insgesamt entstehen mehr und bessere Informationen und die Verantwortlichen können dieses Wissen schneller und flexibler nutzen und damit sowohl Standardberichte erstellen als auch auf individuelle Anfragen unterschiedlicher Informationsempfänger antworten.

Sein Nachfolger Valerian Geiger lobt die genauen Auswertungsmöglichkeiten für die Projektsteuerung, die nachträgliche Analyse von künstlerischen Vorhaben und die Soll-Ist-Vergleiche, die z. B. für das Berichtswesen gegenüber den Zuwendungsgebern inzwischen zum täglichen Geschäft gehören. Unter der Voraussetzung einer sorgfältigen Pflege der Buchhaltung und einem funktionierenden Informationsfluss zwischen den Abteilungen des Hauses, ermöglicht das System, alle Vorgänge des Hauses buchhalterisch nachvollziehen und auf dieser Basis auch genaue Prognosen und Vorhersagen erstellen zu können. Vergleichen wir den Betrieb mit einem Auto, können wir somit nicht nur den zurückliegenden Straßenabschnitt im Rückspiegel sehen, sondern auch die vor uns liegende Straße mit zunehmend helleren Frontscheinwerfern sichtbar machen.

Beat Fehlmann, Intendant der Deutschen Staatsphilharmonie Rheinland-Pfalz, ist der Meinung: „Controlling schafft Vergewisserung und erweitert den Blick nicht nur auf ökonomische Fakten, sondern auf die gesamte Wirkung einer Kulturinstitution. Die oft gehegte Angst, der künstlerische Prozess würde dadurch entzaubert, kann ich jedenfalls nicht bestätigen. Das Ludwigshafener Wirkungsmodell verbindet deshalb neun Perspektiven – von den Finanzen bis hin zu den künstlerischen Inhalten und deren gesellschaftlicher Wirkung. Es macht den Erfolg messbar, ohne den kreativen Prozess einzuschränken und schafft gleichzeitig Raum für Innovation und künstlerischen Ausdruck."[1]

---

[1] Vgl. Fehlmann, Beat (2024): Controlling für die Kunst, das Wirkungsmodell der Deutschen Staatsphilharmonie Rheinland-Pfalz. In: Schneidewind, Petra; Koch, Tom; Reinhart, Bettina (Hrsg.) Theatercontrolling. Trends, Herausforderungen und Perspektiven aus Theorie und Praxis. Wiesbaden.

## 2.1 Aufgaben und Funktionen von Controlling im Kulturbetrieb

Da keine verbindliche Definition besteht, definiert sich das Controlling häufig auch über seine Aufgaben. Auch hier gilt, dass der Aufgabenkatalog in Abhängigkeit der Zielsetzung des Betriebes variiert und unterschiedliche Schwerpunkte aufweisen kann. Von der International Group of Controlling (IGC; www.igc-controlling.org/fileadmin/pdf/controller-de-2013.pdf) wurde ein Aufgabenkatalog in Form eines Controller-Leitbildes formuliert. Dort heißt es: Controller leisten als Partner des Managements einen wesentlichen Beitrag zum nachhaltigen Erfolg der Organisation. Controller …

1. gestalten und begleiten den Management-Prozess der Zielfindung, Planung und Steuerung, sodass jeder Entscheidungsträger zielorientiert handelt.
2. integrieren die Ziele und Pläne aller Beteiligten zu einem abgestimmten Ganzen.
3. entwickeln und pflegen die Controlling-Systeme. Sie sichern die Datenqualität und sorgen für entscheidungsrelevante Informationen.
4. sind als betriebswirtschaftliches Gewissen dem Wohl der Organisation als Ganzes verpflichtet.

Diese Aufzählung macht deutlich, dass die Informationsgewinnung Kern der Controllingaufgabe ist und dass für die Sicherung dieser Aufgabe in hohem Maße kommunikative Prozesse ablaufen müssen, um die Datenqualität zu sichern. Dabei wird auch deutlich, dass zwei Managementebenen miteinander verzahnt werden, nämlich die strategische und die operative Ebene. Das Controlling stellt eine Art Scharnier zwischen diesen beiden Polen dar, denn die operativen Ziel- und Planvorgaben sollten sich aus den strategischen Größen ableiten und mit diesen verbunden sein und nicht, wie häufig in der Praxis anzutreffen, auf den Vergangenheitsdaten basierend fortgeschrieben werden. Um all diesen Anforderungen gerecht zu werden benötigen Controller sowohl in der Breite als auch in der Tiefe einen besonderen Kompetenzmix, der zahlreiche fachliche Anforderungen aber auch eine Reihe von persönlichen Eigenschaften enthält[2] (Tab. 2.2).

Die Sammlung zeigt, dass die soziale Kompetenz im Controlling mindestens so wichtig ist, wie die fachlichen Qualifikationen. Folglich müssen Controller nicht

---

[2] Siehe dazu auch: Controller/Controllerin in Deutscher Bühnenverein (Hrsg.): Berufe am Theater: https://berufe-am-theater.de/#c03.

Dieser Text wurde durch die Mitglieder des Forum Theatercontrolling verfasst und dem Deutschen Bühnenverein zur Verfügung gestellt.

**Tab. 2.2**  Anforderungsprofil für Controller. (Preißler, 2020, S. 19 ff.)

| Fachliche Anforderungen | Persönliche Voraussetzungen |
|---|---|
| Kosten- und Leistungsrechnung | Zielorientierung |
| Rechnungswesen | Analytische Denkweise |
| Organisation/IT | Objektivität |
| Unternehmensplanung | Fähigkeit zum zuhören |
| Operatives Marketing | Vermittlungsfähigkeit |
| Methoden der Kostensenkung | Durchsetzungsfähigkeit, Zielkonsequenz |
| Investitions- und Wirtschaftlichkeitsrechnung | Führungsqualitäten |
| Kommunikations- und Moderationstechniken | Einfühlungsvermögen |
| Kreativitätstechniken | Teamfähigkeit |
| Frühwarnsysteme | Kontaktfähigkeit |
| | Überzeugungskraft |
| | Empathiefähigkeit |

**Tab. 2.3**  Vergleich Stellenprofile

| Leiter Rechnungswesen | Controlling |
|---|---|
| Zahlenbezogenes Arbeiten | Empfängerorientiertes Arbeiten |
| Ziel: Zahlen müssen richtig erfasst und abgestimmt sein. | Ziel: Zahlen müssen in Aktivitäten umgesetzt werden. |
| Rechnungsleger | Informationsbeschaffer und -verkäufer |
| Arbeit ist vergangenheitsorientiert | Arbeit ist zukunftsbezogen |
| Zahlen werden abgeliefert | Zahlen müssen verkauft werden (Überzeugungsarbeit!) |
| Geheime Arbeit | Laufende Kommunikation über alle Fragen des Erfolges |
| Starre Richtlinien | Ständiges Anpassen an die Bedürfnisse des Betriebes |
| Fachspezifische Sprache | Übersetzen in eine dem Empfänger zugängliche Sprache |
| Zahlenaufstellungen | Berichte mit Vorschau, Zusammenfassungen, Resümees, Informationen und Maßnahmen |
| Buchführung dominierend | Zielsetzung, Planung, Steuerung dominierend |

nur Fachkompetenz und Führungstechniken mitbringen, sondern vor allem auch Berater, Moderator, Innovator und Coach sein (Preißler, 2020, S. 22). Damit nehmen sie eine Position ein, die einen Überblick über die gesamte Organisation enthält. Die geforderten Fähigkeiten werden noch deutlicher, wenn man die Arbeit im Rechnungswesen, also beispielsweise die Position „Leitung Rechnungswesen", mit einer Controllingposition vergleicht (Tab. 2.3).

Die Aufgaben des Controllings lassen sich auch verständlich machen, wenn man die Fragen zusammenstellt, die regelmäßig an das Controlling gerichtet werden und für deren Beantwortung die Controller verantwortlich sind, z. B. in einem Museumsbetrieb:

- Wie war/ist das Personal eingesetzt (wer macht was? wie oft? wie lange?)
- Wie hoch ist der Eigenwirtschaftsanteil einer Ausstellung?
- Wie wirken sich die Maßnahmen der Öffentlichkeitsarbeit aus?
- Wer besucht die Dauerausstellung?
- Wie würde sich die Veränderung der Öffnungszeiten auf das Gesamtergebnis des Museums auswirken?
- Welcher Shopartikel ist der Verkaufsschlager?
- Welche Vorräte sind noch vorhanden, wie schnell werden die Waren umgeschlagen (relevant z. B. für die Einkaufskonditionen)?

Viele dieser aufgezählten Fragen sind klassische „*Wenn-Dann-Fragen*" und genau diese sind typisch für das Tagesgeschäft und verlangen meist nach schnellen Entscheidungen. Dies geschieht in vielen Fällen rein intuitiv, da die Wirkungen nicht im Vorfeld absehbar sind. Gerade diese Beziehungen sollen durch ein ganzheitlich angelegtes Informationssystem, das durch das Controlling aufgebaut und gepflegt wird, transparent werden. Bildlich lässt sich das so beschreiben: Durch die entstehende Transparenz wird es möglich, vergleichbar mit einem Röntgengerät, in das Innere des Betriebes zu blicken, sodass das Räderwerk, also der Organismus des Betriebes, sichtbar wird. Dieses ist der Schlüssel dafür, dass der Betrieb funktioniert. Jedes Rädchen hat seinen Platz und wirkt mit den anderen zusammen an der Zielerreichung des Betriebes mit. Fällt eines der Rädchen aus oder läuft nicht mehr rund wird das Auswirkungen auf andere Rädchen des Gesamtsystems haben. Ebenso können Wirkungen von außen eintreten, z. B. Gesetzesänderungen im Bereich Urheberrecht, Beitragssatzänderungen in den Sozialversicherungen, Umsatzsteueränderungen etc. (Abb. 2.4).

**Abb. 2.4** Der Kulturbetrieb als Räderwerk. (© electriceye, fotolia.com)

Die Entscheidungsträger im Betrieb müssen ihr Räderwerk genau kennen. Sie müssen Transparenz haben, die einzelnen Teile kennen und wissen, wie das Gesamtsystem funktioniert. Nur dann können sie die Auswirkungen antizipieren, die das Drehen eines einzelnen Rädchens auf das gesamte Räderwerk hat.

Übertragen auf den Kulturbetrieb können z. B. die Eintrittspreise in einem Museum als ein Rädchen im Gesamtsystem gesehen werden. Die Ursache-Wirkungskette ist aber nicht monokausal bzw. linear, d. h. man kann nicht davon ausgehen, dass nach Erhöhung der Eintrittsgelder (z. B. 10 %), auch die Einnahmen um diese 10 % steigen. Es ist auch denkbar, dass die Preiserhöhung zu einem Besucherschwund führt, sodass insgesamt sogar die Einnahmen geringer ausfallen als vorher. Die Preiserhöhung könnte aber auch ein Prestigesignal auslösen und die Nachfrage überproportional steigern. Auf jeden Fall gibt es weitere Rädchen, nämlich die Besucher, ihre Wirtschaftskraft, das Image eines Museumsbesuchs u. a., die hier in der *Ursache-Wirkungsbeziehung* entscheidend sind. Für die Steuerung des Museums ist es deshalb wichtig, die einzelnen Rädchen zu kennen und darüber Kenntnis zu haben, ob sie *steuerbar* sind oder nicht. Ein Museum kann beispielsweise selbst die Preise festlegen, es handelt sich also um ein steuerbares „Rädchen". Mit der Preispolitik des Hauses kann die Nachfrage gesteuert werden. Gesetzesänderungen dagegen wären ein Beispiel für *nicht steuerbare* Parameter. Wird beispielsweise der Mehrwertsteuersatz geändert, hat das Auswirkungen auf das gesamte Kostengefüge, ebenso wenn Sozialversicherungsbeiträge verändert werden. Auch die Veränderungen beim Zivildienst (FSJ Kultur) sind ein Beispiel von nicht steuerbaren Veränderungen. Die Controllingfunktion des Betriebes muss genau diese Zusammenhänge transparent machen und die Verantwortlichen im Betrieb damit in die Lage versetzen auf Veränderungen zum richtigen Zeitpunkt zu reagieren. Reaktionen und Aktionen sind umso souveräner, je besser man sich darauf vorbereitet und je besser man die Auswirkungen punktuell und für den gesamten Betrieb erkennen kann. Aus der Summe der Controllingaufgaben ergeben sich die zu differenzierenden Controllingfunktionen, dazu zählen:

- Ermittlungs- und Dokumentationsfunktion
- Planungs-, Prognose- und Beratungsfunktion
- Vorgabe und Steuerungsfunktion sowie
- die Kontrollfunktion

Die zu schaffende Controllingkonzeption muss sicherstellen, dass die Informationsprozesse auf die Aufgaben und Funktionen abgestimmt sind. Die Controllingkonzeption kann folglich monetäre und nichtmonetäre Daten beinhalten, außerdem strategische und operative Daten, Kosten- und Leistungsrechnungsdaten, Finanzbuchhaltungsdaten, Stunden- oder Mengenerfassungen. Auch eine Datengliederung nach den betrieblichen Funktionen, z. B. Produktionsdaten, Beschaffungsdaten oder Marketingdaten ist möglich und dies alles in einem zentralen Informationspool (siehe Abb. 2.3).

Die Controllingaufgabe konzentriert sich folglich darauf, Daten aus verschiedenen Quellen zu extrahieren und für unterschiedliche Adressaten bereit zu stellen. Dabei müssen die verfügbaren Möglichkeiten der Informationstechnologie sinnvoll kombiniert genutzt werden, idealerweise im Sinne eines ganzheitlich gedachten Management-Informationssystems. In einer Data-Warehouse-Architektur können Daten aus verschiedenen Quellen gesammelt, integriert und für Analysezwecke strukturiert gespeichert werden. Über Business-Intelligence-Lösungen können diese Daten analysiert und Informationen in Dashboards und Berichten dargestellt werden.

Kai Liczewski, Leiter Finanzen und Informationsmanagement der Salzburger Festspiele kommentiert dazu: „Die Fähigkeiten von Controllern in Datenmanagement und Informationstechnik bilden ein wichtiges Potential bei der Umsetzung von Digitalisierungsinitiativen in Kulturorganisationen. Controlling-Stellen könnten zukünftig Aufgaben im Informations- und Datenmanagement übernehmen, die über ihre klassischen Finanz- und Planungsaufgaben hinausgehen. In einer digitalisierten Arbeitswelt geht es verstärkt darum, die vielfältigen Datenstrukturen in Unternehmen zu koordinieren und Prozesse durch vernetzte IT-Lösungen zu optimieren. Dabei könnte das Controlling als Drehscheibe für Daten und als Motor für die Entwicklung digitaler Strategien fungieren. So könnte das Controlling zu einer Schlüsselposition für die Gestaltung und Steuerung der digitalen Transformation in Kulturinstitutionen werden."[3]

Für eine Musikschule könnte der Aufbau des Datawarehouse wie in der Abb. 2.5 dargestellt aussehen. Die unterste Ebene enthält die Vorsysteme, also beispielsweise Kundendaten, Personaldaten, Produktdaten. Auf der zweiten Ebene werden die Vorsysteme entsprechend ihrer Kausalitäten in einen Zusammenhang gebracht, damit

---

[3] Vgl. Liczewski, Kai (2024): Controllerinnen und Controller als Potenzialträger der Digitalen Transformation in Kulturinstitutionen. In: Schneidewind, Petra; Koch, Tom; Reinhart, Bettina (Hrsg.) Theatercontrolling. Trends, Herausforderungen und Perspektiven aus Theorie und Praxis. Wiesbaden 2024.

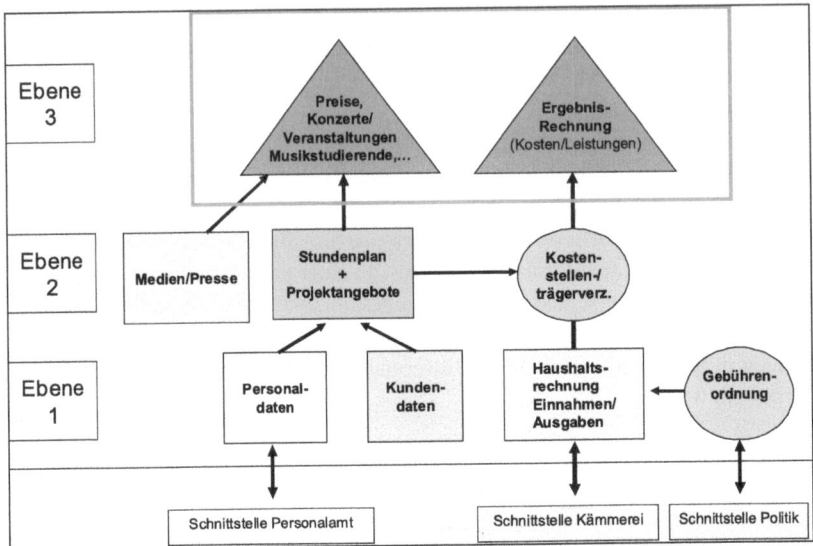

**Abb. 2.5**  Datawarehouse einer Musikschule

entstehen erste Analysen. Auf der dritten Ebene folgen entsprechende Auswertungen, die als Berichte den Informationsempfängern zur Verfügung gestellt werden.

In der Grafik wird deutlich, dass wesentliche Informationen, die für die Gesamt-zusammenhänge in einer Musikschule verantwortlich sind, im Haus vorhanden sind, etwa die Kundendaten, Teile der Personaldaten oder die Gebührenordnung. Weitere Informationen müssen beschafft werden, so z. B. die Daten der Haushalts-rechnung oder Personaldaten. Aus der Kombination der Informationen lassen sich Plandaten ableiten, z. B. in Form von Budgets oder Ressourcenauslastungen und aus den Einzelinformationen können speziell für die Informationsempfänger kon-zipierte Berichte und Analysen erstellt werden, die entweder eine komprimierte Gesamtsicht auf den Betrieb erlauben oder Detailinformationen für eine konkrete Entscheidungssituation liefern.

Beim Aufbau eines Datawarehouse sollte immer beachtet werden: nicht allein das Sammeln möglichst vieler Informationen, sondern die konsequente und ziel-orientierte Auswertung und Nutzung der vorhandenen Informationen ist relevant.

Der Einsatz von Software hat Vor- und Nachteile. Einerseits lässt sich die Daten-menge in den meisten Betrieben nicht ohne Softwareunterstützung bewältigen und schon gar nicht aktuell halten. Andererseits orientiert man sich gerne an den Möglich-keiten der Software und verzichtet unter Umständen auf Auswertungen, die für Entscheidungen im Betrieb notwendig sind, weil die Software diese nicht standardmäßig liefert. Welche Software die Richtige ist, lässt sich hier nicht generell beantworten. Man sollte aber im Zusammenhang mit der Controllingkonzeption unbedingt beachten, dass sich die Software an den Anforderungen der Controllingkonzeption orientieren muss und nicht umgekehrt! Auch mit der Auswahl der Softwarelösung wird ein weiteres Mal die Individualität des Controllingkonzeptes unterstrichen. Auf eine gängige und sehr empfehlenswerte Praxis soll trotzdem noch aufmerksam gemacht werden: Controller haben eine besondere, geradezu leidenschaftliche Beziehung zu dem weitverbreiteten Tabellenkalkulationsprogramm Excel von Microsoft. Diese Software bietet eine breite Palette an Auswertungsmöglichkeiten und ist als weit verbreitete Standardsoftware in den meisten Betrieben vorhanden, dabei sehr dynamisch und anpassungsfähig. Gerade für den Einstieg in eine Controllingkonzeption ist die Nutzung von Excel-Tools üblich und empfehlenswert. Ab einer gewissen Betriebsgröße stößt man jedoch an Grenzen, die Excellösungen werden dann zu instabil und fehleranfällig. Der Wartungsaufwand wird unverhältnismäßig und die Risiken bei Personalveränderungen sind ebenfalls hoch. Man kommt ab diesem Zeitpunkt um eine große, professionelle Lösung nicht herum. Bei der Auswahl einer Software kann die bisher genutzte Excel-Lösung als Konzeption dienen und übernimmt quasi die Aufgabe eines Pflichtenheftes.

Für die Steuerung eines Betriebes ist das Strategische Management von entscheidender Bedeutung. Strategische Entscheidungen setzen den Rahmen für operative Maßnahmen, eine Verzahnung der beiden Ebenen ist zwingend und die Serviceleistung des Controllings zeigt zum einen strategische Erfolgspotenziale frühzeitig auf, hat also die langfristig notwendigen Anpassungen des Betriebes im Visier und gleichzeitig die operativen Erfolgskriterien unter Kontrolle. Die strategische Ausrichtung des Betriebes muss immer vor der operativen erfolgen. Die Unterschiede von strategischem und operativem Controlling sind in der Tab. 2.4 als Gegenüberstellung verdeutlicht.

Im Folgenden sollen nun die konkreten Schritte gezeigt werden, die zum Aufbau eines Controllingkonzeptes in einem Kulturbetrieb notwendig sind.

**Tab. 2.4** Vergleich strategisches/operatives Controlling. (vgl. Reichmann, 2017, S. 587)

| Ausprägung des Controlling | Strategisches Controlling | Operatives Controlling |
| --- | --- | --- |
| Orientierung am Führungsziel der Unternehmung | Langfristige Existenzsicherung des Betriebes | Erfolgserzielung, Rentabilitätsstreben, Liquiditätssicherung, Produktivität |

(Fortsetzung)

**Tab. 2.4** (Fortsetzung)

| Ausprägung des Controlling | Strategisches Controlling | Operatives Controlling |
|---|---|---|
| Controllingzielsetzung | Sicherstellung einer systematischen zielorientierten Schaffung und Erhaltung zukünftiger Erfolgspotenziale | Sicherstellung der Wirtschaftlichkeit der betrieblichen Prozesse |
| Zentrale Führungsgrößen | Erfolgspotenzial (z. B. Marktanteil) | Erfolg, Liquidität |
| Ausrichtung auf | Unternehmung und Umwelt (Aufbau neuer Umweltbeziehungen) | Unternehmung (unter Berücksichtigung bestehender Umweltbeziehungen) |
| Dimensionen | Stärken/Schwächen Chancen/ Risiken | Kosten/Leistungen Aufwand/Ertrag Aus-/ Einzahlungen Vermögen/ Kapital |
| Informationsquellen | Primär Umwelt | Primär internes Rechnungswesen |

## 2.2 Der Weg zum Controllingsystem in einzelnen Schritten

Die Einführung von Controlling ist keine „Hau-Ruck-Aktion", sondern eher ein dynamischer Prozess, der kommunikativ sehr sensibel begleitet werden muss. Der Aufbau wird einige Zeit in Anspruch nehmen (in Abhängigkeit der Größe und Komplexität der Organisation, siehe auch hier die Erfahrungen im Theaterhaus Stuttgart in Kap. 3). Man sollte sich nicht auf schnelle Erfolge einstellen. Empfehlenswert ist schrittweise vorzugehen im Sinne des Bildes „Stein auf Stein". Horváth & Partner haben 8 Schritte dafür ausdifferenziert, die im Folgenden vorgestellt werden (vgl. Horváth & Partners, 2009, S. 2)[4]:

1. Diagnose des Rechnungswesens sowie der Unternehmensplanung;
2. Definieren des Anforderungsprofils des Controllingsystems;
3. Ausbau des Rechnungswesens zu einem Management-Accounting;

---

[4] Inzwischen sprechen Horváth & Partner (vgl. Horváth & Partners, 2016, S. 9 ff.) von einem „House of Controlling", das die folgenden Bausteine enthält: Management Accounting, Strategische Planung, Operative Planung, Budgetierung und Forecast, Finanzplanung und -steuerung, Management Reporting, IT-System, Organisation und Governance. Für die Kulturbetriebe eignen sich jedoch weiterhin die acht Schritte oder deren komprimierte Fassung.

4. Vom Management-Accounting zum System der Jahresplanung und Jahres-budgetierung;
5. Ausbau zu einer Mehrjahresplanung;
6. Aufbau der strategischen Planung;
7. Aufbau eines umfassenden Informationsversorgungssystems und
8. Schaffung einer Controllingorganisation.

Stufe 1 beginnt mit einer Analyse des Ist-Zustandes (Diagnose des Rechnungs-wesens, des Reporting und der Unternehmensplanung). Es muss geklärt werden, welche bestehende Systeme können übernommen und weiterentwickelt werden und welche Mängel oder Lücken gilt es zu beheben. Dabei kann ein Fragenkatalog, wie er hier beispielhaft eingefügt ist, unterstützen (Tab. 2.5).

**Tab. 2.5** Checkliste zur Ist-Analyse. (Auszug in Anlehnung an Horváth & Partner, 2009, S. 37 ff.)

| A: Zum Rechnungswesen: | IST | PLAN |
|---|---|---|
| Werden fixe und variable Kosten unterschieden? | | |
| Sind die Kostenarten ausreichend definiert? | | |
| Sind Kostenstellen nach klar abgrenzbaren Verantwortungsbereichen strukturiert? | | |
| Werden Nachkalkulationen durchgeführt? | | |
| Wird eine kurzfristige Erfolgsrechnung gemacht? | | |
| Wie stark ist die Erlösrechnung differenziert? | | |
| Gibt es eine zweckmäßige Kostenplanung? | | |
| Lassen sich entscheidungsbezogene Deckungsbeiträge ermitteln? | | |
| Ist eine klar definierte Verbindung der Kosten und Erlösrechnung zur Planung gegeben | | |
| Funktioniert die Abstimmung zwischen Kosten-/Erlösrechnung und Finanzrechnung? | | |
| **Zum Reporting:** | | |
| Umfasst das Reporting finanzielle und nicht-finanzielle sowie vergangenheits- und zukunftsorientierte Informationen? | | |
| Werden die Daten automatisch dem Reportingsystem zur Verfügung gestellt oder werden die Daten manuelle übertragen? | | |
| Werden die Daten im Reporting benutzerspezifisch zur Verfügung gestellt? | | |
| Macht das Reporting Abweichungen transparent und liefert mögliche Ursachen? | | |
| **Zur Planung:** | | |
| Gibt es ein geschlossenes System der Ergebnisplanung? | | |
| Werden spezielle Methoden der Projektplanung eingesetzt? | | |
| Existieren schriftliche Einjahres-/Mehrjahrespläne? | | |
| Sind die Teilpläne aufeinander abgestimmt? | | |
| Ist der Planungsablauf klar geregelt? | | |

Vorhandene Informationen, die bereits in guter Qualität vorliegen, sollten in den Informationspool aufgenommen werden und dessen Ausgangspunkt bilden. Für die Mitarbeiter ist es motivierend und vertrauensbildend, dass das zu entwickelnde Informationssystem nichts völlig Neues ist und auch die bisher gepflegten Informationen relevant sind und integriert werden. Die Akzeptanz kann durch dieses Vorgehen deutlich erhöht werden. Damit werden die Mitarbeiter des Betriebes in den Prozess der Controllingentwicklung einbezogen. Für sie muss deutlich werden, dass sie ein wesentlicher Bestandteil des Betriebes sind und damit auch im Controllingprozess eine wichtige Rolle spielen. Die Controllingfunktion soll den Mitarbeitern nicht „übergestülpt" werden, vielmehr sollen sie Mitwirkende sein. Die Erkenntnis dieser Phase ist, dass zahlreiche Informationen bereits im Haus vorhanden sind, die in der Regel eine oder mehrere der typischen Schwächen aufweisen: Sie sind nicht aktuell, nicht konsistent, eher vergangenheitsorientiert, es kommt zu Doppelerfassungen und sie sind nicht empfängerorientiert aufbereitet.

Große Bedeutung kommt Stufe 2 zu: „Definieren des Anforderungsprofils" des Controllingsystems. In dieser Phase muss geklärt werden, wozu man dieses Instrumentarium nutzen möchte (Was ist die Motivation?). Die Controllingfunktion wird in einem Betrieb nur funktionieren, wenn sie unter den richtigen Vorzeichen eingesetzt wird. Andernfalls sind Abwehrmechanismen und Frustrationen vorprogrammiert. Controlling muss gewollt werden und das setzt eine richtige Erwartungshaltung voraus. Wenn ein Controllingsystem in einem Kulturbetrieb existiert, wird dieser deshalb nicht billiger! Was man aber erwarten kann, ist eine höhere Transparenz der Gesamtzusammenhänge, der einzelnen Leistungen, der Gesamtleistung und der „Wenn-Dann-Beziehungen" des Hauses. Mit diesen Informationen ausgestattet, sind die Verantwortlichen für sämtliche operativen Entscheidungen im Haus gewappnet und können auch einer externen Legitimationsdebatte standhalten (siehe auch die Erfahrungswerte aus dem Theaterhaus Stuttgart und der der Hamburger Kunsthalle in Kap. 3 u. 4). Die gewonnenen Informationen geben eine Orientierung im Hinblick auf langfristige Ziele und die aktuelle Zielerreichung. Die höhere Transparenz, die mit Einführung der Controllingfunktion in einem Kulturbetrieb erreicht wird, sollte idealtypisch die zentrale Motivation sein, um erfolgreich ein Informationssystem aufzubauen. Man tut es nicht für den Träger, sondern für sich selbst. An dieser Stelle ist ein gesunder „Eigennutz" zulässig.

Nach diesen beiden eher vorbereitenden Stufen geht es nun konkret daran, weitere, detailliertere Informationen zu gewinnen. Dies sind Informationen aus dem Rechnungswesen, also in der Regel quantifizierbare, monetäre Informationen. In allen Kulturbetrieben gibt es aufgrund der gesetzlichen Vorschriften ein Rechnungswesen. Man pflegt jedoch in vielen Fällen nur die Minimalstandards. Diese orientieren sich an den Bedarfen der externen Informationsempfänger, z. B. Geldgeber/Banken, dem Finanzamt oder der Öffentlichkeit, weniger an denen der intern verantwortlichen Entscheidungsträger.

Ziel von Schritt 3 ist der Ausbau des Rechnungswesens zu einem Management-Accounting, damit gelangt man von einem abrechnungsorientierten Rechnungswesen zu einem führungsorientierten Controlling. Das heißt konkret, dass das vorhandene externe Rechnungswesen um eine Kosten- und Leistungsrechnung zunächst auf Ist-Basis, später auch um Plandaten erweitert werden muss. Bei dieser Phase wird der vorherrschende Fokus der Controllingfunktion deutlich. Die Servicefunktion der Entscheidungsunterstützung durch das Rechnungswesen muss im Vordergrund stehen und nicht die Dokumentation der Vergangenheit (zu Kosten-Leistungsrechnungssystemen siehe Abschn. 3.1, 3.2, 3.3, 3.4, 3.5). Neben den monetären Daten des Rechnungswesens müssen in dieser Phase eventuell weitere Datenquellen erstellt, gepflegt und ausgewertet werden. Dazu zählen z. B. Kundendaten, die vor allem die Erlösinformationen ergänzen können oder Personalinformationen zur Steigerung der Informationsqualität der Personalkosten.

Sind die ersten drei Schritte bewältigt, orientiert man sich langsam in die für das Controlling richtige Richtung: die Zukunft. Hier geht es nun um die Erstellung von Plangrößen (Kosten, Leistungen, Budgets u. a.) für den Zeitraum von zunächst einem Jahr. Wirkungsvoll steuern kann man nur in die Zukunft. Darum ist es dringend notwendig Planungsrechnungen zu erstellen, um bspw. zu sehen, wie lange die finanziellen Reserven reichen, wo Über-/Unterdeckungen auftreten, warum sie auftreten und wie sie vermieden werden können.

Aufbauend auf der dann entwickelten Jahresplanung wird der Fokus weiter in die Zukunft gerichtet und eine Mehrjahresplanung (Stufe 5) entworfen. Dies geschieht, indem Teilpläne (z. B. für unterschiedliche Sparten, Spielstätten) erstellt und wieder zu einer Gesamtplanung zusammengeführt werden.

Ein weiterer Schritt wäre im Anschluss der Aufbau einer strategischen Planung (Stufe 6). Für das Controlling stellt sich dabei insbesondere die Aufgabe, das strategische Management mit Informationen zu versorgen. Diese Informationen sind eher qualitativer Natur und haben zumeist den Charakter von Frühwarninformationen. Zu den klassischen Aufgaben der strategischen Planung zählen die Unternehmensanalyse und Unternehmensprognose sowie die Umweltanalyse und Umweltprognose.

Die letzten Stufen (Phase 7 u. 8) schließlich klären die Frage, wie das Controlling in die Aufbauorganisation eingegliedert wird und wie die Informationswege verlaufen. Auch für die Gestaltung der Aufbauorganisation gibt es keine Pauschallösung, sie richtet sich insbesondere nach der Größe der betroffenen Organisation.

Bei großen Kulturbetrieben ist es sicher denkbar und vielerorts inzwischen auch Realität, dass es in der Abteilung Rechnungswesen oder Verwaltung eine separate Controllingposition gibt. Man findet häufiger die Lösung, dass die Controlling-funktion in die Linienorganisation eingeordnet wird und die Zuordnung zum Rechnungswesen oder auch zur Verwaltung ist nahe liegend. Schwieriger wird es bei kleinen und mittleren Kulturbetrieben, dort hätte die Controllingfunktion zweifellos ebenfalls einen großen Nutzen, aber wer macht dort Controlling? Für neue, zusätzliche Stellen gibt es kein Geld, für eine ganze Stelle ist der Betrieb zu klein. Die Möglichkeit, einen Controllingservice im operativen Sinne zu nutzen, wie etwa die Leistungen einer Steuer- oder Rechtsberatung, ist eine Angebotslü-cke. Hier wären innovative Lösungen notwendig, etwa die Einrichtung eines Controllingservices auf kommunaler Ebene für alle Kultureinrichtungen (Biblio-thek, Museum, Musikschule, Archiv etc.). Die Controllingfunktion sollte auch in Klein- und Mikrounternehmen, z. B. aus der Kultur- und Kreativwirtschaft, oder bei Soloselbstständigen Kulturschaffenden, nicht fehlen. Wie diese Zielgruppen eine kompakte Controllinglösung für ihr Geschäftsmodell anwenden können, wird im Kapitel 6 dargestellt.

Für Kulturbetriebe sind die Stufen 5–8 noch immer als Fernziele einzuschätzen. Weiterhin gibt es noch immer viele Kulturbetriebe, wo nur erste Ansätze einer Controllingfunktion erkennbar sind. Oft fehlt es an Ressourcen, Kompetenzen oder auch Akzeptanz. Mit Erreichen von Stufe 4 könnten Kulturbetriebe einen großen Informationsgewinn realisieren und hätten eine solide Basis für die weiteren Schritte. Das Durchlaufen aller Konzeptionsphasen, die hier vorgestellt wurden, ist sehr zeitintensiv. In Abhängigkeit der Betriebsgröße muss mit mindestens 3–5 Jah-ren gerechnet werden. Eine schnellere Umsetzung ist nur mit zusätzlichen Res-sourcen realisierbar. Diese Tatsache wird bei der Einführung häufig ignoriert. Es macht aber keinen Sinn, auf schnelle Ergebnisse zu drängen und davon auch Ent-scheidungen abhängig zu machen. Die Konzeption erfordert Sorgfalt, wenn sie die gegebenen individuellen Verhältnisse berücksichtigen will.

Die dargestellten 8 Schritte für die Controllingeinführung können auch kompri-miert werden, wie sie im Whitepaper Theatercontrolling (2019) dargestellt und empfohlen werden: Grundsätzlich ist für die Einführung von Controlling ein Schritt-für-Schritt-Vorgehen empfehlenswert. An einer oder mehreren „Ecken" an-zufangen, z. B. mit Pilotabteilungen, ist besser, als immer wieder aufzuschieben. Am Ende wird sich alles, ähnlich einem Puzzle, zusammenfügen. Wir orientieren uns hier an den acht Schritten von Horváth & Partner, die wir für die Anwendung im Theaterbetrieb noch etwas konzentriert haben und hier in vier Schritten zusam-menfassen:

1. IST-ANALYSE: Klären Sie, welche Informationen Sie zur Verfügung haben und was in welcher Qualität und Aktualität vorhanden ist. Meistens müssen Sie nicht bei Null beginnen. Es ist unbedingt zu empfehlen, diese wertvolle Ausgangsbasis zu nutzen. Dabei ist besonders auf Vollständigkeit und Aktualität der Informationen zu achten.

2. ANFORDERUNGSPROFIL: Klären Sie, für welchen Zweck Sie ein Theater-Controlling-System wollen. Was soll der Nutzen sein und für wen? Die internen Informationsempfänger sollen über alle Zusammenhänge des Theaterbetriebes informiert werden? „Transparenz" heißt das Zauberwort – damit kann gesteuert und Vertrauen erworben werden.

3. KOSTEN-UND-LEISTUNGSRECHNUNG: Sie ist das Herzstück des Controlling-Instrumentariums, das „Röntgengerät", welches Einblicke in den „Organismus Theater" erlaubt. Was für Kosten und Leistungen entstehen wo und wofür? Die Teilrechnung des betrieblichen Rechnungswesens sollte auf- oder ausgebaut werden. Durch sie können Detailinformationen gewonnen werden und sie ist gleichzeitig das Scharnier zwischen Ist- und Plan-Rechnungen.

4. PLANUNGSRECHNUNG: Sie ist die Schaltzentrale des Controllings, denn steuern kann man nur Prozesse, die noch nicht abgeschlossen sind. Es gilt, auf Basis der Ist-Daten, Plan-, Soll- oder Zielgrößen für die Zukunft, d. h. die nächste(n) Spielzeit(en) zu definieren. Wenn dieser Schritt gemacht ist, greift der eigentliche Controlling-Prozess mit Soll-Ist-Vergleichen und damit auch die Motivation, die gesetzten Ziele zu erreichen. Aus den Abweichungsanalysen kann wertvolles Erfahrungswissen generiert werden. Damit wäre der Humus bereitet für die Schaffung einer Controlling-Organisation.

(Quelle: in Anlehnung an Horváth & Partners, 2016)

Außerdem sollte bewusst sein, dass Controlling nach der Abarbeitung der dargestellten Schritte nicht fertig ist. Controlling selbst ist nicht statisch, die Entwicklung ist nie abgeschlossen, sondern ein laufender Prozess. Dieser muss sich an der Dynamik der relevanten Umwelten orientieren, da diese vorgeben, welche Informationen zu welchem Zeitpunkt die richtigen sind.

**Blick in die Praxis: Kosten- und Leistungsrechnung im Theaterhaus Stuttgart**
Diese Erfahrungen bestätigt auch Franziska Thiel, die auf Basis der 2009
eingeführten Kosten-Leistungsrechnung das Controlling-System im Theaterhaus Stuttgart[5] in den vergangenen Jahren weiterentwickeln und verfeinern
konnte. Die Einführung des Controllings im Theaterhaus Stuttgart basierte
auf den von Horváth vorgeschlagenen Schritten. Ziel des bisher installierten
Reportings und des aus ihm herauswachsenden Controlling-Systems ist die
effektive und effiziente Nutzung der Ressourcen, sprich die Steuerung des
Betriebs. Damit ist zum einen die Versorgung der Geschäftsführung, be-
stehend aus einem künstlerischen und einem kaufmännischen Leiter, mit Informationen gemeint. Die Stärken des Berichtswesens liegen hierfür vor
allem in seiner operativen Nutzbarkeit und zeitnahen Informationsbereit-
stellung. Zum anderen wird das Aufsichtsgremium des Vereins, der Auf-
sichtsrat, regelmäßig mit Berichten versorgt, um Einblick in die Geschicke
des Hauses zu nehmen und strategische Entscheidungen der Geschäftsführung stützen zu können.

Eine entscheidende Voraussetzung – dies sei dem späteren Abschnitt vor-
weggenommen – ist folglich das „richtige Lesen" der Informationen. Auch
wenn hier von „Erfolgsrechnung" die Rede ist, verbietet der Non-Profit-Cha-
rakter der meisten Kulturbetriebe eine reine Orientierung an Gewinngrößen.
Eine Etat-Analyse in öffentlich geförderten Einrichtungen ist im kaufmännischen Sinn stets unter dem Gesichtspunkt der „Verzerrung" durch die
Zuschüsse zu betrachten. Aussagen zum Deckungsbeitrag einer Aufführung
sollten stets unter Einbeziehung der Produktionskosten verstanden werden
und ebenfalls unter Berücksichtigung der besonderen Situation personalintensiver Non-Profits.

Kurzum: Reporting und Controlling im Theaterhaus wurden nicht zum
Zweck der Kostensenkung, der „Rationalisierung" oder gar der Gewinn-
maximierung eingeführt. Sie dienen der Leitung eines Hauses, ihre Ent-

---

[5] Das Theaterhaus Stuttgart e.V. ist das nach eigenen Angaben größte Kulturzentrum seiner
Art in Europa. In rund 900 Veranstaltungen sehen jährlich über 300.000 Besucher Gastspiele
unter anderem aus den Bereichen Theater, Tanz, Kabarett, Comedy, Literatur oder Musik.
Mit zwei festen Ensembles (Schauspiel und Tanz) und eigenen Werkstätten ist es ein Novum
in der europäischen Kulturlandschaft. Diese Spartenvielfalt, gepaart mit den Eigenheiten der
Vereinsstruktur und multiplen Finanzierungsquellen stellen hohe Anforderungen an die betriebliche Steuerung.

scheidungen auf Basis sachlicher Informationen zu treffen und sie nach bestem Wissen und Gewissen mit allen notwendigen Daten zu versorgen. Dabei bewegt sich die Entscheidungsfindung stets im Spannungsfeld zwischen Wirtschaftlichkeit, künstlerischem Anspruch und der Erfüllung des kulturpolitischen Auftrages.

Für die Einführung des Berichtswesens in Form eines Management-Informationssystems hat sich das Theaterhaus Stuttgart etwa ein Jahr Zeit genommen. Nach einem Einführungsprojekt, in dem auch der Blick von außen hilfreich war, folgte eine halbjährige Konsolidierungsphase. Besonders wenn die Einführung zeitgleich zum „laufenden Geschäft" geschieht, ist dieser Zeitrahmen durchaus notwendig. Hinzu kommt, dass die internen Informationsflüsse sowie die Art und Form der Datenlieferung ins Controlling geregelt sein müssen.

Anfängliche Überlegungen, auch eine interne Zeiterfassung der technischen und künstlerischen Abteilungen in die Kostenträgerrechnung einfließen zu lassen, wurden verworfen, da der Erfassungsaufwand, der zumindest eine stundengenaue Dokumentation und Zuweisung zu einzelnen Kostenträgern voraussetzen würde, nicht im Verhältnis zu den daraus resultierenden Erkenntnissen steht.

Bereits bei der Erstellung des Wirtschaftsplanes wird eine detaillierte Planung anhand der künstlerischen Vorhaben sowie allen weiteren bekannten finanziell relevanten Vorgängen erarbeitet, die als Grundlage für die ständige (mindestens monatliche) Budgetkontrolle dient. Insbesondere durch den Eigenfinanzierungsanteil von über 50 % und somit einem hohen Maß an erfolgsabhängigen Finanzierungsbestandteilen besteht die Notwendigkeit eines fortwährenden Soll-Ist-Abgleichs, um im Fall einer androhenden Ergebnisverschlechterung gegensteuern zu können oder finanzielle Spielräume nutzen zu können.

# Das Rechnungswesen als Informationslieferant im Controlling

3

Das Rechnungswesen eines Betriebes hat ganz allgemein die Aufgabe, das betriebliche Geschehen in Zahlengrößen abzubilden. Dazu wird Zahlenmaterial über die gegenwärtigen und zukünftigen wirtschaftlichen Tatbestände und Vorgänge im Betrieb sowie über die gegenwärtigen und zukünftigen Beziehungen des Betriebes zu seiner Umwelt zusammengestellt und ausgewertet.

Das Rechnungswesen dient der Kontrolle der Wirtschaftlichkeit und Rentabilität (Dokumentations- und Kontrollaufgabe) und ist gleichzeitig Grundlage für Planungsüberlegungen (Dispositionsaufgabe). Neben diesen internen Zwecken sind Rechenschaftslegung und Information Aufgaben des Rechnungswesens. Bei der Ermittlung der Informationen ist zu beachten, dass das Rechnungswesen grundsätzlich nur die zahlenmäßig erfassbaren, also quantifizierbaren Prozesse abbilden kann und diese mengen- oder wertmäßig darstellt.

Das Informationssystem Rechnungswesen ist in ein externes und ein internes Rechnungswesen gegliedert. Die Einteilung orientiert sich daran, ob es sich bei den Informationsempfängern um interne (Geschäftsführung, Direktion, Management, Abteilungs-, Projektleitungen, Mitarbeiter etc.) oder externe (Träger, Gläubiger, Kunden, Medien, Öffentlichkeit, Finanzbehörden etc.) Adressaten handelt (vgl. Wöhe et al., 2023, 2010; Schneck, 2000; Schierenbeck, 2016).

Zum externen Rechnungswesen zählt die Finanzbuchführung, auch als kaufmännische Buchführung oder Doppelte Buchführung bezeichnet, an deren Stelle bei vielen öffentlichen Betrieben das „Neue kommunale Finanzwesen" (NKF) tritt, welches seit dem Beschluss der Innenministerkonferenz von 2003 inzwischen flächendeckend in Länder und Kommunen eingeführt wurde. Dabei finden jedoch unterschiedliche Bezeichnungen Anwendung (siehe: https://kommunalwiki.boell.de/index.php/Neues_Kommunales_Finanzmanagement).

P. Schneidewind, *Controlling im Kulturmanagement*, Kunst- und Kulturmanagement, https://doi.org/10.1007/978-3-658-47538-3_3

Zum internen Rechnungswesen zählen die Kosten- und Leistungsrechnung, die Planungsrechnung und das Controlling.

Ein externes Rechnungswesen zu führen, ist gesetzlich vorgeschrieben (vgl. HGB, AO, GmbHG, AktG). Aufgabe des externen Rechnungswesens ist die lückenlose, geordnete und nachprüfbare Erfassung aller Geschäftsvorgänge eines Betriebes. In Abhängigkeit des eingesetzten Verfahrens kann so der Erfolg (Gewinn oder Verlust) einer Periode ermittelt werden, es können Veränderungen von Vermögen und Kapital in einem bestimmten Zeitraum (Bilanz) dokumentiert werden oder es kann gegenüber dem Träger oder anderen Geldgebern nachgewiesen werden, dass die zur Verfügung gestellten Finanzmittel zweckorientiert ausgegeben wurden (vgl. Wöhe et al., 2023; Engelhardt, 2020). Durch die genannte Reform des öffentlichen Finanzwesens und der Anwendung der neuen Verfahren, können bei Anwendung des NKF Vermögens- und Kapitalwerte mittels einer Bilanz erfasst und fortgeschrieben, Ergebnisse per Gewinn- und Verlustrechnung ermittelt und die Zahlungsströme in einer Liquiditätsrechnung dargestellt werden. Die Aussagekraft des externen Rechnungswesens wird dadurch deutlich besser, trotzdem ist das externe Rechnungswesen vor allem wegen seiner Vergangenheitsorientierung im Sinne eines betrieblichen Informationssystems weiter unbefriedigend. Um die Informationsqualität zu verbessern, muss zwingend eine Kosten- und Leistungsrechnung aufgebaut werden, die dem internen Rechnungswesen zuzurechnen ist und die aufbauend auf dem externen Rechnungswesen Zusatzinformationen generiert. Der große Vorteil des internen Rechnungswesens ist, dass es im Gegensatz zum externen Rechnungswesen nicht an gesetzliche Vorschriften gebunden ist. Man orientiert sich grundsätzlich am Informationsbedarf der Informationsempfänger und kann individuelle Lösungen schaffen, D. h. dass hier auch entsprechend spezifische Gestaltungsmöglichkeiten für Kulturbetriebe möglich sind (z. B. museumsspezifische Kostenarten, Kostenstellen und Kostenträger, die Anpassung des Geschäftsjahres auf den spezifischen Rhythmus etc.). Die Abb. 3.1 zeigt noch einmal die Zusammenhänge und damit auch die Ausgangslage und den anzustrebenden Endzustand. Das Fundament ist in jedem Kulturbetrieb vorhanden. Darauf sind nun ein Zwischengeschoss (Kosten- und Leistungsrechnung/Planungsrechnung) und das Dach (Controlling) zu errichten.

Durch die grafische Darstellung wird deutlich, dass im Gesamtsystem Rechnungswesen das externe Rechnungswesen nur ein vergleichsweise kleiner Teil ist. Die Bedeutung als Datenquelle ist jedoch sehr groß, da die dort aufgezeichneten Daten zum größten Teil in die internen Teilrechnungen mit eingehen und deren Fundament darstellen. Es ist daher empfehlenswert das externe Rechnungswesen mit großer Sorgfalt zu pflegen. Die Finanzbuchhaltung sollte nicht als lästiges Übel angesehen werden. Es sollte vielmehr bewusst sein, dass bei

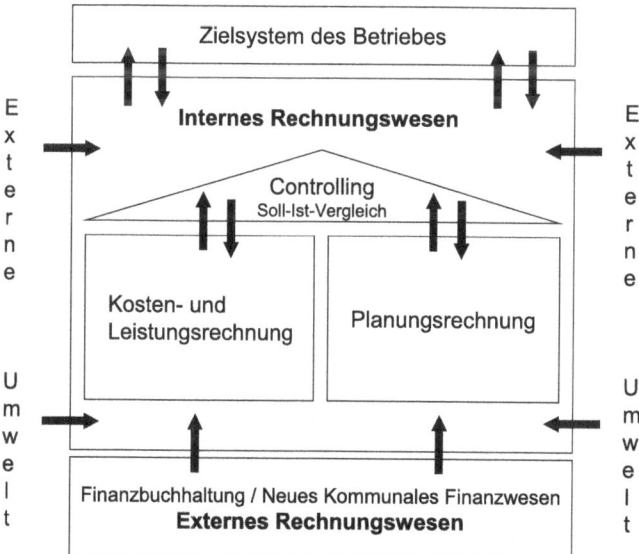

**Abb. 3.1** Gesamtsystem Rechnungswesen

der Finanzbuchhaltung der Grundstein zur Datenqualität gelegt wird. Eine möglichst genaue Zuordnung der Geschäftsvorfälle auf die Konten der Finanzbuchhaltung ist anzustreben. Dies kann besser gewährleistet werden, wenn die Finanzbuchhaltung im Betrieb bearbeitet wird und nicht – wie häufig der Fall – durch einen externen Dienstleister. Für die Steuerung von Betrieben notwendige Analysen und Prognosen werden im internen Rechnungswesen durch die Kosten- und Leistungsrechnung sowie die Planungsrechnung erstellt. Beide Rechnungen greifen auf Ist-Daten aus dem externen Teil des Rechnungswesens zurück. Beide Subsysteme sind wiederum wichtige Informationsquellen für das Controlling und werden daher im folgenden Kapitel ausführlich behandelt.

## 3.1   Die besondere Bedeutung der Kosten- und Leistungsrechnung

Die Kosten- und Leistungsrechnung dient der Planung und Steuerung der innerbetrieblichen Leistungserstellung, d. h. der Kontrolle der Wirtschaftlichkeit, der Entscheidungsunterstützung und Ermittlung des Betriebserfolgs. Die Kosten- und

Leistungsrechnung wird auch Betriebsbuchführung oder Betriebsabrechnung genannt oder oft auch verkürzt nur „Kostenrechnung". Gerade in den Kulturbetrieben sollte darauf geachtet werden, dass man immer von Kosten- und Leistungsrechnung spricht. In einer Zeit, in der die Diskussion um das Geld so dominant ist, dass sie tatsächlich inhaltliche Auseinandersetzungen als nachrangig stempelt, sollte man in der Begrifflichkeit deutlich machen, dass ein Kulturbetrieb nicht nur kostet (was der vereinfachte Begriff „Kostenrechnung" suggeriert), sondern mit dem eingesetzten Geld durchaus eine „Leistung" erbracht wird (vgl. Wöhe et al., 2023; Haberstock, 2022; Schneidewind, 2006).

Aufbau und Auswertung der Kosten- und Leistungsrechnung werden ausschließlich von den Informationsbedürfnissen und Wirtschaftlichkeitsüberlegungen der internen Adressaten bestimmt. Aus deren Anforderungen entwickelt jeder Betrieb seine eigene Kosten- und Leistungsrechnung, wobei diese üblicherweise aus verschiedenen Kostenrechnungssystemen zusammengesetzt sein kann. Es bestehen keine Vorschriften, die mit denen des externen Rechnungswesens vergleichbar wären. Die Kosten- und Leistungsrechnung kann sowohl zukunfts-, gegenwarts- als auch vergangenheitsorientiert sein. Sie dient als Grundlage für die:

- Ermittlung des Betriebsergebnisses
- Kontrolle des Betriebes
- Betriebsdisposition und -politik
- Kalkulation des Angebotspreises
- Feststellung von Preisuntergrenzen
- Sonderanalysen

Dabei sind folgende interne Quellen relevant:

- Finanzbuchhaltung
- Lohn- und Gehaltsbuchhaltung
- Anlagenbuchhaltung
- Materialbuchhaltung

Bei erweitertem Informationsbedarf müssen zusätzlich Informationsquellen erschlossen werden, z. B. Informationen zum Standort, demografische Daten, Informationen zur Konkurrenzsituation, Zielgruppeninformationen u. a. (vgl. Wöhe et al., 2023; Haberstock, 2022; Schneidewind, 2006).

## 3.2 Das Rüstzeug: die Begriffspaare des Rechnungswesens

Die verwendeten monetären Größen (Kosten und Leistungen bzw. Erlöse für bewertete Leistungen) werden überwiegend aus dem externen Rechnungswesen abgeleitet (vgl. Schneidewind, 2006, Kap. 4). Es ist für die Anwendung der Kosten- und Leistungsrechnung unabdingbar, diese zentralen Begrifflichkeiten möglichst genau zu den anderen Begriffspaaren des externen Rechnungswesens – Auszahlungen und Einzahlungen, Ausgabe und Einnahme sowie Aufwand und Ertrag – abzugrenzen, die umgangssprachlich gerne gleichgesetzt werden.

Zu deren Verständnis sind noch zwei weitere Hilfsbegriffe notwendig, nämlich der des Zahlungsmittelbestands und der des Geldvermögens.

- Zahlungsmittelbestand: Summe aus Kassenbeständen und jederzeit verfügbaren Bankguthaben, also der Bestand an liquiden Mitteln.
- Geldvermögen: Summe aus Zahlungsmittelbestand (Kasse und Bank) + Bestand an Forderungen – Bestand an Verbindlichkeiten.

Die Begriffe *Auszahlung* und *Einzahlung* kennzeichnen die Bewegung von liquiden Mitteln zwischen Wirtschaftssubjekten.

- Auszahlung: Zahlungsvorgang, der einen Tausch von Geldbeträgen gegen Sachwerte oder Dienstleistungen darstellt. Dies führt zu einer Abnahme des Zahlungsmittelbestandes (Abgang liquider Mittel). Bsp.: Wenn der Hausmeister des Museums im Baumarkt einige Kleinteile für Reparaturen im Haus einkauft und bar bezahlt, ist eine Auszahlung entstanden.
- Einzahlung: Zahlungsvorgang, der einen Tausch von Sachwerten oder Dienstleistungen gegen Geldbeträge darstellt. Dies führt zu einer Zunahme des Zahlungsmittelbestandes (Zugang liquider Mittel). Bsp.: Wenn ein Besucher zur Museumskasse kommt, eine Eintrittskarte erwirbt und diese bar bezahlt, findet eine Einzahlung statt.

Das Begriffspaar *Ausgabe – Einnahme* betrifft Bewegungen des Geldvermögens. Es umfasst neben den Veränderungen der Finanzmittel die Finanzbewegungsgrößen aus Kreditverträgen.

- Ausgabe: alle Geschäftsvorfälle, die zu einer Minderung des Geldvermögens führen (Auszahlung und/oder Forderungsabgang und/oder Schuldenzugang).

Bsp.: Der Einkauf von Büromaterial beim Händler auf Rechnung. Die Ware wird geliefert, aber nicht sofort bezahlt. Dadurch erhöhen sich die Schulden des Betriebes (Lieferantenverbindlichkeiten). Es handelt sich um eine Ausgabe.

- Einnahmen: alle Geschäftsvorfälle, die zu einer Erhöhung des Geldvermögens führen (Einzahlung und/oder Forderungszugang und/oder Schuldenabgang). Bsp.: Von einem am Museumsstandort ansässigen Betrieb wird eine Führung gebucht. Für diese Führung wird nach Abschluss dem Betrieb eine Rechnung gestellt. Das Museum hat nun eine Forderung und es ist eine Einnahme entstanden.

Um den Erfolg eines Betriebes zu ermitteln, muss man *Aufwand* und *Ertrag* einer Periode gegenüberstellen.

- Aufwand: jeglicher Güter- und Leistungsverzehr innerhalb einer Rechnungsperiode, somit alle Vorgänge, die das Eigenkapital vermindern.
- Erträge: alle Vorgänge, die das Eigenkapital vermehren.

Das bisher dominierende kamerale Verfahren der öffentlich getragenen Einrichtungen war fokussiert auf die Zahlungsbewegungen, also auf Einzahlungen und Auszahlungen. Eine Erfolgsrechnung wurde bis zur Reform nicht durchgeführt. Auch Einrichtungen, die kein kamerales Rechnungswesen angewendet haben, hatten nicht unbedingt eine Erfolgsrechnung. Stattdessen arbeiten sie wegen ihrer geringen Größe häufig mit zugelassenen vereinfachten Rechnungen, z. B. der sogenannten Einnahme-Überschuss-Rechnung, die sich auch nur an Zahlungsbewegungen orientiert. Die Begriffe Aufwand und Ertrag sind scharf zu trennen von den Begriffen Ausgabe und Einnahme. Letztere sagen zunächst nichts aus über die Erfolgswirksamkeit eines Vorgangs. Sie machen nur Aussagen über die Veränderung des Geldvermögens eines Betriebes. So ist beispielsweise ein aufgenommener Kredit ein Schuldenzugang und gleichzeitig ein Zugang an Liquidität. Die Zahlungsbewegung berührt jedoch die Erfolgsrechnung nicht. Dagegen stellen die per Kreditvertrag vereinbarten Zinsen für den Kredit Aufwand dar und verändern damit den Erfolg des Betriebes. Bei Fälligkeiten der Zinsen findet eine Ausgabe statt, die gleichzeitig Aufwand darstellt, d. h. Aufwand und Ertrag einer Periode können mit Veränderungen des Geldvermögens korrespondieren, müssen aber nicht.

Aufwand und Ertrag können weiter differenziert werden, diese Gliederung ist notwendig, um die Grenze zum Kosten- bzw. Leistungsbegriff zu ziehen (vgl. Haberstock, 2022; Wöhe et al., 2023; Djanani & Schöb, 1997; Schneidewind, 2006).

Der Gesamtaufwand eines Betriebes setzt sich aus neutralem Aufwand und Zweckaufwand zusammen. Neutraler Aufwand ist ein Sammelbegriff, der folgende Aufwandsarten beinhaltet:

1. periodenfremder Aufwand

Geht beispielsweise im Jahr 2025 eine Gema-Abrechnung für eine Veranstaltungen des Vorjahres ein, handelt es sich um periodenfremden Aufwand.

2. betriebsfremder Aufwand

Dieser steht nicht im Zusammenhang mit dem Betriebszweck oder dem Kerngeschäft eines Betriebes. In der Literatur findet man das Beispiel Kursverluste bei nicht betriebsnotwendigen Wertpapieren – ein Beispiel, das in der Praxis der Kulturbetriebe eher nicht auftreten wird.

3. außerordentlicher Aufwand.

Außerordentlicher Aufwand ist in der Praxis der Kulturbetriebe durchaus anzutreffen. Er ist dadurch gekennzeichnet, dass er unregelmäßig, im günstigsten Fall gar nicht oder nur einmalig anfällt. Entsprechende Beispiele wären Katastrophenereignisse wie das Elbehochwasser 2002, welches u. a. massive Schäden in den großen Dresdner Kultureinrichtungen verursachte, ebenso der Brand in der Anna Amalia Bibliothek (2004) oder in jüngster Zeit, ebenfalls in Dresden der Einbruch im Grünen Gewölbe, der Sturmschaden der Stuttgarter Oper (2021) oder der Defekt der Sprinkleranlage im Berliner Ensemble, der 2024 einen Millionenschaden durch Flutung des gesamten Bühnenbereichs verursachte.

Die Aufspaltung des Aufwandes in neutralen Aufwand und Zweckaufwand fächert die Abb. 3.2 auf. Zweckaufwand liegt immer dann vor, wenn die Aufwandsart betriebsbedingt, periodengerecht und ordentlich ist.

Nun sollen die Begriffe Kosten und Leistungen geklärt werden: Typisch für Kosten ist, dass sie sich am Verbrauch orientieren. Zahlungsvorgänge spielen also keine Rolle. Wird beispielsweise für ein Museumsbetrieb Material eingekauft (Holz, Farbe, Stoffe etc.), ist dies ein Geschäftsvorfall, der im externen Rechnungswesen aufgezeichnet werden muss, da auch eine Zahlungsbewegung ausgelöst wird. Kostenrechnerisch wird dieser Vorgang erst wirksam, wenn ein Verbrauch eintritt, wenn also beim Aufbau einer Ausstellung von den bis dahin vorhandenen „Vorräten" Material entnommen und ver- oder bearbeitet wird. Erst in diesem Moment entstehen Kosten. Wie gut es gelingt, diese Kosten zu erfassen, hängt ab von

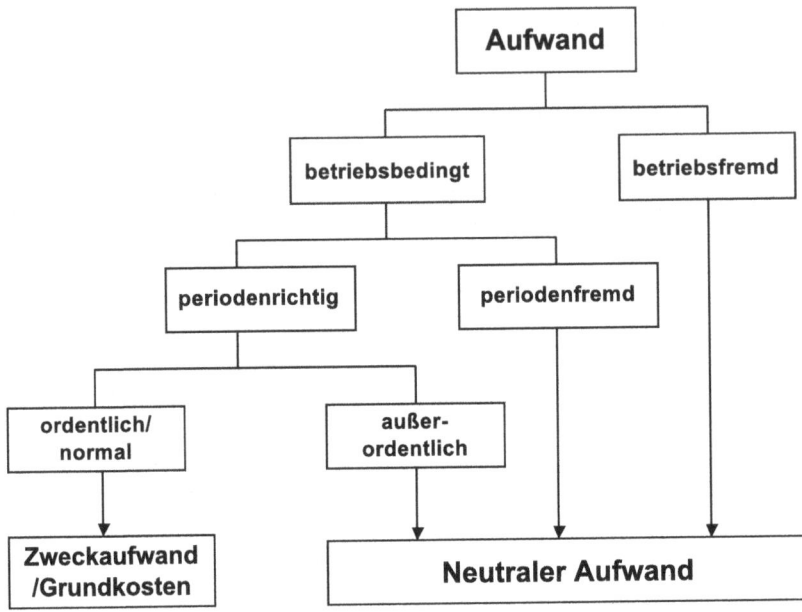

**Abb. 3.2** Differenzierung von Aufwand. (Quelle: Haberstock, 2022, S. 25)

der Organisation des Material-/Lagerwesens. In den Profitbetrieben hat sich die Verwendung von Materialentnahmescheinen bewährt, die den Verbrauch dokumentieren und vor allem auch die Information liefern, wo bzw. wofür das Material eingesetzt wurde. Wird von den Lagerbeständen einfach gezehrt und neues Material bestellt, sobald die Dinge aufgebraucht sind, gehen wichtige Informationen verloren.

- Kosten = Wert der *verbrauchten* Güter und Dienstleistungen pro Periode im Rahmen der betrieblichen Leistung und
- Leistungen = in Erfüllung des Betriebszweckes erstellte Güter und Dienstleistungen, denen ein *Verbrauch* an Produktionsfaktoren zugrunde liegt.

Kosten und Leistungen beziehen sich ausschließlich auf die betriebliche Zwecksetzung. Ziel der Kosten- und Leistungsrechnung ist es, der betrieblichen Leistung die dazu notwendigen betrieblichen Kosten gegenüberzustellen, jeweils aufgeteilt auf die einzelnen Leistungsarten, sodass beispielsweise Aussagen darüber gemacht werden können, welche Leistung wie viel kostet, oder auch welche Leistung

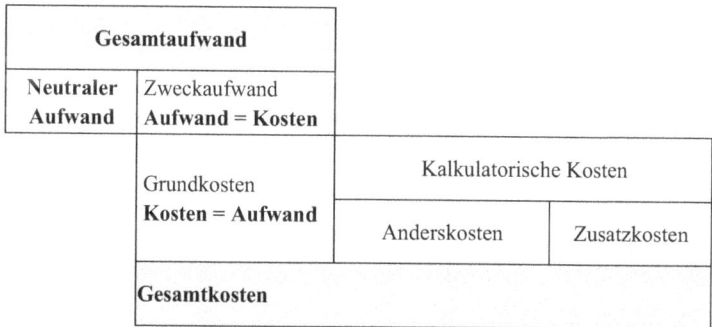

**Abb. 3.3** Abgrenzung von Aufwand und Kosten (Haberstock, 2022, S. 27)

insgesamt in dem Betrieb entstanden ist und welche Kosten dies verursachte. Dabei ist es unerheblich, ob die Leistung verkauft wurde oder nicht. Dies ist gerade in der Legitimationsdebatte von Kulturbetrieben ein starkes Argument, die gesamte Leistungspalette aufzuzeigen, d. h. was alles im Hintergrund einer Einrichtung passiert, z. B. in den wissenschaftlichen Abteilungen, bei der Vermittlungsarbeit etc. (vgl. Haberstock, 2022; Wöhe et al., 2023; Schmalen & Pechtl, 2019) (Abb. 3.3).

Die Schnittmenge von Aufwänden und Kosten sind diejenigen Fälle, in denen so genannter Zweckaufwand (Grundkosten) vorliegt. Das wesentlichste Merkmal dieser Kosten ist, dass sie betriebsbedingt sind, d. h. durch den normalen Betriebsablauf verursacht werden. Alles Untypische und Unregelmäßige wird in der Kosten- und Leistungsrechnung eliminiert. Typisch für den Kostenbegriff ist die Wertmäßigkeit, d. h. es muss ein Preis zugeordnet sein. Für oben genanntes Beispiel hieße das, dass die Verbrauchsmenge mit einem entsprechenden Wert „bewertet" werden muss, dies kann der Anschaffungspreis, ein Tages- oder Durchschnittspreis sein.

Ein Geschäftsvorfall, der einen bewerteten leistungsbezogenen Verbrauch darstellt, kann also mit den Begriffen Zweckaufwand oder Grundkosten bezeichnet werden. Diese Fälle sollten in einem Betrieb die Regel sein.

Neben den neutralen Aufwendungen und den betriebsbedingten Aufwänden (Zweckaufwand) gibt es Kosten, die kein Aufwand sind, nämlich die kalkulatorischen Kosten, die sich wiederum in Anderskosten und Zusatzkosten differenzieren lassen. Kalkulatorische Kosten werden angesetzt, um die Kostenrechnung von Zufälligkeiten und Unregelmäßigkeiten zu befreien, die ihre Stetigkeit stören würden, und um auch jenen Güter- und Leistungsverzehr bei der Ermittlung der Selbstkosten berücksichtigen zu können, der nicht zu Aufwendungen führt (vgl. Olfert,

2013, S. 66). Bei den Zusatzkosten handelt es sich um Beträge, die sich weder mengen- noch wertmäßig im externen Rechnungswesen niederschlagen, z. B. Zinsen auf das Eigenkapital, die Miete für eigene Betriebsräume, der kalkulatorische Unternehmerlohn oder ein Zuschlag für das allgemeine Betriebsrisiko (= kalkulatorische Wagnisse). Mit den Anderskosten, z. B. der kalkulatorischen Abschreibung, wird der Ansatz aus der Finanzbuchhaltung korrigiert. Die Aufwandsart Abschreibung ist eine besondere Aufwandsart, die das Ziel der periodengerechten Erfolgsermittlung unterstützt, indem sie den Wert der Nutzung und den damit verbundenen Verschleiß von Anlagegütern auf die Nutzungsdauer verteilt, z. B. mittels der linearen Abschreibungsmethode.

Beispiel: Es wird ein Kleinwagen für € 20.000 angeschafft. Die Nutzungsdauer des Fahrzeugs wird auf 5 Jahre festgesetzt. Nun wird in der Finanzbuchhaltung jedes Geschäftsjahr mit einem Aufwand von € 4000 ergebniswirksam, also gewinnmindernd belastet. Vom Grundsatz ist es richtig, nicht die gesamten Anschaffungsaufwände im Jahr der Anschaffung ergebniswirksam zu verbuchen und die gängigen Verfahren, wie hier die lineare Abschreibungsvariante, sind einfach zu handhaben. Aber man kann gegen diese Methode zu Recht einwenden, dass sie die Realität oft nur sehr ungenau widerspiegelt, denn gerade bei technischen Anlagegegenständen und auch bei Fahrzeugen gestaltet sich die Abnutzung eher unregelmäßig. Die tatsächliche Abnutzung steht in einem engen Zusammenhang zur Fahrzeugnutzung. Werden jährlich 200.000 km mit dem Fahrzeug zurückgelegt, wird es keine 5 Jahre im Betrieb verbleiben. Typisch ist auch gerade bei Fahrzeugen, dass sie in den ersten Jahren überproportional an Wert verlieren. Übrigens gibt es auch die Möglichkeit, dass Verschleiß ohne Nutzung auftritt.

Wenn ein PC erworben, aber nicht genutzt wird, lässt er sich nach einem oder zwei Jahren nicht mehr zum Anschaffungswert verkaufen, da sich die Technik in rasantem Tempo weiterentwickelt.

Die Kosten- und Leistungsrechnung hat an dieser Stelle die Möglichkeit mit Hilfe der Zusatzkosten korrigierend einzugreifen. Der in der Finanzbuchhaltung verbuchte Abschreibungsbetrag von € 4000 würde also bspw. um € 2000 Anderskosten ergänzt werden, da ein Wertverlust von insgesamt € 6000 der realistischen Abnutzung entspricht.

Die Betonung liegt auf „realistisch", nicht willkürlich. Soll heißen, dass es nicht im Sinne der betrieblichen Zielsetzung ist, die Daten der Finanzbuchhaltung willkürlich zu korrigieren. Ein fehlerhafter Wertansatz führt zu falschen Ergebnissen und schadet somit dem Betrieb.

Die Trennung von Aufwand und Kosten kann entsprechend auf die Erträge und Leistungen übertragen werden (Abb. 3.4).

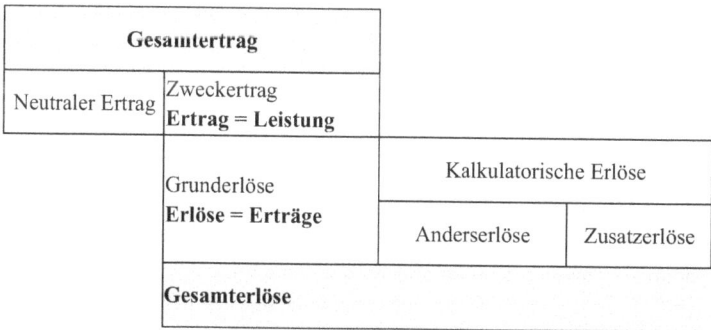

**Abb. 3.4** Abgrenzung von Erträgen und Erlösen

Auch die Begriffe Ertrag und Erlös sind nur zu einem Teil deckungsgleich. Ein neutraler Ertrag liegt z. B. bei Vermietung eines nicht benötigten Lagers, das zunächst als Reserve gehalten wird vor. Ein solcher Wertezugang erhöht zwar das Reinvermögen, ist also Ertrag, er hat aber nichts mit dem Betriebsprozess zu tun, weshalb er keine Leistungsgröße ist. Ähnlich verhält es sich z. B. mit unerwartet hohen Erträgen aus dem Verkauf von ausgesonderten Vermögensteilen (Kulissen, technischen Anlagen, Instrumenten, Kostümen etc.). Auch nicht mehr erwartete Erlöse aus Verkäufen früherer Jahre gelten als Ertrag, nicht aber als Erlös, weil sie nicht dem laufenden Jahr zuzurechnen sind. Die Anderserlöse sind, wie schon die Anderskosten, Korrekturen der in der Finanzbuchhaltung zugelassenen Bewertungen. Die Zusatzerlöse, wie selbst geschaffene immaterielle Vermögensgegenstände des Anlagevermögens, dürfen in der Finanzbuchhaltung gar nicht erfasst und ausgewiesen werden.

## 3.3 Aufgaben und Funktionen der Kosten- und Leistungsrechnung

Die ursprüngliche Aufgabe der Kosten- und Leistungsrechnung war die Kalkulation des Angebotspreises, der im profitorientierten Bereich mindestens kostendeckend sein muss, damit der Betrieb überlebt. Nun spielt die Preiskalkulation im öffentlichen Kulturbereich bisher nur eine untergeordnete Rolle, da die Leistungen teilweise kostenlos oder mit nur einer geringen Kostenbeteiligung angeboten werden. Es wird insgesamt im öffentlich getragenen Kulturbereich akzeptiert und toleriert, dass die Betriebe ihre Leistungen nicht kostendeckend anbieten können. Es ist jedoch damit zu rechnen, dass die Preisermittlung in Zukunft auch im

Kulturbetrieb ein höheres Gewicht bekommen wird. Die Preisbildung wird sich stärker an den Kosten orientieren müssen. Der politische Wille, der bisher die Preisbildung dominierte, wird sich dann mehr in den Rabatt- oder Ermäßigungsformen widerspiegeln.

Aber auch gegenwärtig ist durch die Legitimationsdebatten im Kulturbereich, das Interesse an den Kostenstrukturen der Betriebe stark gestiegen. Mit den bisher vorhandenen Daten kann die Frage nach den Kosten pro Leistung oder pro Produkt nicht beantwortet werden. Die Kosten- und Leistungsrechnung ist aber in der Lage eine Transparenz zu schaffen, die insbesondere für externe Entscheidungsträger Erklärungsansätze bietet, warum im Kulturbereich keine kostendeckende Preise realisierbar sind.

Als Teil des internen Steuerungssystems hat die Kosten- und Leistungsrechnung eine ganze Reihe von Funktionen. Letztlich steht immer die Informationsfunktion im Mittelpunkt, diese lässt sich aufteilen in Erfassungs-, Prognose-, Vorgabe- und Kontrollfunktion. Dabei ist die Erfassungsfunktion Basisfunktion (Djanani & Schöb, 1997, S. 25). Die exakte, vollständige und richtige Erfassung ist Grundlage des Informationssystems. Die Erfassung wird zunächst auf Basis von Ist-Daten vorgenommen, diese allein lässt aber keine Beurteilung in Richtung Wirtschaftlichkeit zu, sodass die Basisfunktion zwingend um die weiteren Funktionen, die ihren Fokus in die Zukunft richten, ergänzt werden muss. Ausgehend von den wesentlichen Grundfunktionen lassen sich die folgenden Aufgaben differenzieren. Die Kosten- und Leistungsrechnung dient als Grundlage für:

1. *Bereitstellen von Daten zur Entscheidungsunterstützung*

Für die ständig anfallenden betrieblichen Entscheidungen sind die Fragen, wie diese sich kostenmäßig auswirken und welche Einflüsse auf das Betriebsergebnis zu erwarten sind, von großer Relevanz. Hilfreich ist, wenn die entsprechenden Entscheidungsträger zu jedem Zeitpunkt Transparenz über die Kosten und Leistungen in ihrem Betrieb haben. Diese sollte durch die verschiedenen Instrumentarien der Kosten- und Leistungsrechnung sichergestellt werden. Sämtliche Sonderanalysen, die die Kosten- und Leistungsrechnung mit Hilfe der entsprechend zweckgerichteten Anwendungen ihrer Instrumentarien durchführen, dienen der Gewinnung von Transparenz und unterstützen somit laufend die Entscheidungsprozesse im Betrieb. Die gängigen Fragen im Kulturbetrieb, die von der Kosten- und Leistungsrechnung beantwortet werden können, sind u. a.: Was kostet wie viel? Wo sind die Kostentreiber im Betrieb? Wie sind die spezifischen Kostenstrukturen des Betriebes (Einzelkosten, Gemeinkosten, fixe Kosten, variable Kosten)? Gibt es auf der Kostenseite Einsparpotenziale? Gibt es Möglichkeiten der Erlössteigerung? Welche Leistungen erbringt der Betrieb? Wie setzt sich das Ergebnis zusammen?

2. *Bereitstellung von Preisinformationen (Preisbildung und Preisbeurteilung)*
* die Kalkulation des Angebotspreises (gilt auch für die Kalkulation von Gebühren)
* die Feststellung von Preisuntergrenzen

In einer Marktwirtschaft bilden sich die Preise durch das Zusammentreffen von Angebot und Nachfrage am Markt. Da der Markt heutzutage ein Käufermarkt ist, sind die Nachfrager/Kunden in einer sehr starken Position. Ihre Entscheidung, welche Summe sie für ein Produkt zu bezahlen bereit sind, ist die Vorgabe für den Betrieb. Warum dann noch eine Preiskalkulation? Für eine kostenorientierte Preisbildung spielen die Selbstkosten eine entscheidende Rolle. Darunter sind die totalen Stückkosten zu verstehen, die ein Angebot verursacht. Unter dem Aspekt der Wirtschaftlichkeit muss der Verkaufspreis mindestens so hoch sein, wie die Kosten, die durch die Herstellung entstehen. Die Selbstkosten sind im profitorientierten Betrieb die Basis für einen Gewinnzuschlag. Mittels Kalkulation oder Kostenträgerstückrechnung, wie diese auch genannt wird, kann die wichtige entscheidungsorientierte Größe der Selbstkosten ermittelt werden. Die Kalkulation von Selbstkosten ist im Sinne einer Nachkalkulation in jedem Fall wertvoll, da sie die Information liefert, ob der Marktpreis über oder unter dem Selbstkostenpreis liegt. Für den Betrieb kann sich daraus die Notwendigkeit ergeben, Kosteneinsparpotenziale zu suchen, das Produkt oder die Zusammensetzung des Produktprogramms zu verändern.

Soll ein neues Produkt eingeführt werden, gibt die Kalkulation (in diesem Fall als Vorkalkulation) einen Anhaltspunkt zur Festlegung eines Einführungspreises (Angebotspreis, bei Abgabe eines Angebots, bspw. an einen öffentlichen Auftraggeber). Das Management muss aber außer den reinen Kosteninformationen bei seiner Preisgestaltung weitere Einflussgrößen berücksichtigen.

Eine Preisbeurteilung muss vorgenommen werden, wenn es beispielsweise um eine preispolitische Entscheidung geht, die bestimmte Marketingziele unterstützen soll (Preisanreiz schaffen, Einstiegsangebote etc.). Dafür muss die Preisuntergrenze ermittelt werden.

## 3. *Kontrolle der Wirtschaftlichkeit*

Um eine wirksame Wirtschaftlichkeitskontrolle durchzuführen, werden neben den Ist-Daten des Betriebes auch Soll- und Plandaten benötigt. Mit den Ist-Daten alleine sind lediglich Zeitvergleiche (Ist-Kosten verschiedener Abrechnungsperioden) oder Betriebsvergleiche möglich, die für eine Wirtschaftlichkeitskontrolle wenig geeignet sind. Besser ist es, eine Kosten- und Erlösplanung durchzuführen und entsprechende Soll-Kosten zu definieren. Damit lässt sich ein Soll-Ist-Vergleich durchführen, der Ist- und Soll-Kosten gegenüberstellt und damit eine Kostenkontrolle ermöglicht. Die entstehenden Abweichungen müssen als Informationsgewinn gesehen werden. Aus der Abweichungsanalyse entstehen wertvolle Informationen für die Zukunft.

## 4.  Ermittlung des Betriebsergebnisses

Durch die Ermittlung des Betriebsergebnisses in der Kosten- und Leistungsrechnung wird eine Informationslücke der Finanzbuchhaltung ausgefüllt. Letztere hat die Erfolgs-/Ergebnisermittlung pro Periode zur Aufgabe. Zur Steuerung eines Betriebes ist die einmal jährlich erstellte Information des Jahresabschlusses jedoch völlig unzureichend. Für die Betriebssteuerung ist es überlebenswichtig, Fehlentwicklungen, Störereignisse, Abweichungen und Risiken frühzeitig zu erkennen. Die Kosten- und Leistungsrechnung bietet für dieses Informationsdefizit der Finanzbuchhaltung die Kurzfristige Erfolgsrechnung (Kostenträgerzeitrechnung) an. Diese zeigt das Monats-Betriebsergebnis in Summe und zusätzlich in seiner Zusammensetzung, also beispielsweise Bereichsergebnisse, Produktergebnisse etc.

## 5.  Ermittlung von Wertansätzen für die Bilanz

Bisher entstand gegebenenfalls der Eindruck, dass der Informationsfluss im Rechnungswesen nur von unten nach oben verläuft, also von der Finanzbuchhaltung zur Kosten- und Leistungsrechnung. Die Beziehungen sind durchaus gegenseitig. Für die zur Erstellung des Jahresabschlusses notwendige Bewertung von Beständen und selbsterstellten Erzeugnissen benötigt die Finanzbuchhaltung die jeweiligen Herstellkosten. Diese können nur in der Kosten- und Leistungsrechnung im Rahmen der Kalkulation ermittelt werden. So stellt also auch die Kosten- und Leistungsrechnung der Finanzbuchhaltung Daten zur Verfügung.

Zusammenfassend, lassen sich die Aufgaben der Kosten- und Leistungsrechnung wie folgt beschreiben: Die Kosten- und Leistungsrechnung hat die Aufgabe, die in der Abrechnungsperiode anfallenden Kosten vollständig und richtig zu erfassen und sie mit den Leistungen dieser Periode zu verrechnen, um so das Betriebsergebnis zu ermitteln. Es soll Transparenz bezüglich der Kosten und Leistungen des Betriebes hergestellt werden, um damit sämtliche Entscheidungsprozesse zu unterstützen. Dass im Fokus der Kosten- und Leistungsrechnung das Ergebnis der einzelnen Produkte steht, ist gerade für die öffentlichen Betriebe etwas völlig Neues. Diese Sichtweise ist das krasse Gegenteil des bisher praktizierten Bruttoprinzips der Kameralistik.

Damit die Rechnung selbst auch wirtschaftlich ist, bleibt es empfehlenswert, die Kosten- und Leistungsrechnung als laufendes Informationssystem einzurichten und zu nutzen, d. h. sie technisch mit der Finanzbuchhaltung so zu verknüpfen, dass die notwendigen Informationen in einem einzigen Erfassungsvorgang in das System eingegeben werden. In diesem Zusammenhang stellt sich auch die Frage, wie eine Kosten- und Leistungsrechnung zu organisieren ist und welche Struktur benötigt wird. Um diese Frage zu beantworten, soll zunächst der Grundaufbau der Kosten- und Leistungsrechnung eingeführt werden.

## 3.4  Aufbau der Kosten- und Leistungsrechnung

Die Kosten- und Leistungsrechnung ist dreistufig aufgebaut, gegliedert in Kostenarten-, Kostenstellen- und Kostenträgerrechnung, siehe Abb. 3.5.

Die Kostenartenrechnung bildet die erste Stufe. Bei ihr steht die Frage: „Was für Kosten und Leistungen fallen an?" im Mittelpunkt. Sie erfasst alle Kosten und Leistungen, die bei der Erstellung und Verwertung betrieblicher Leistungen anfallen. Die Erfassung ist vollständig, periodengerecht und geordnet vorzunehmen. Die Kostenartenrechnung ist die Schnittstelle von externem und internem Rechnungswesen. Sie muss klären, welche Aufwände gleichzeitig auch Kosten

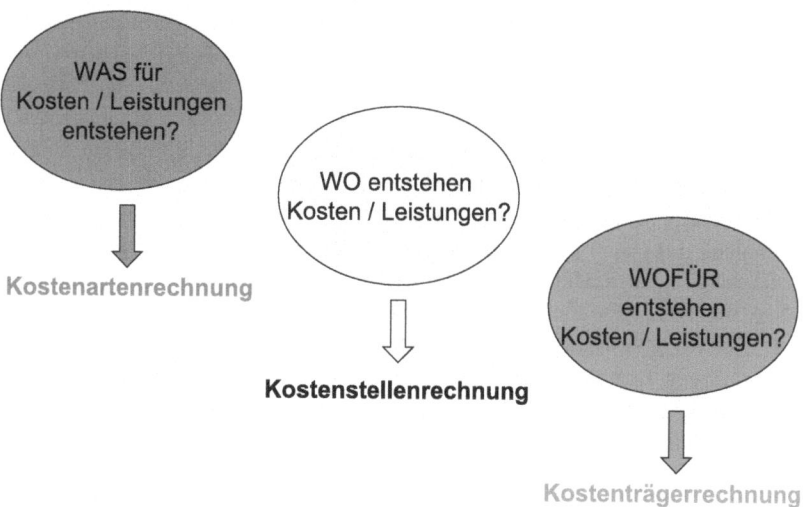

**Abb. 3.5** Aufbau der Kosten- und Leistungsrechnung

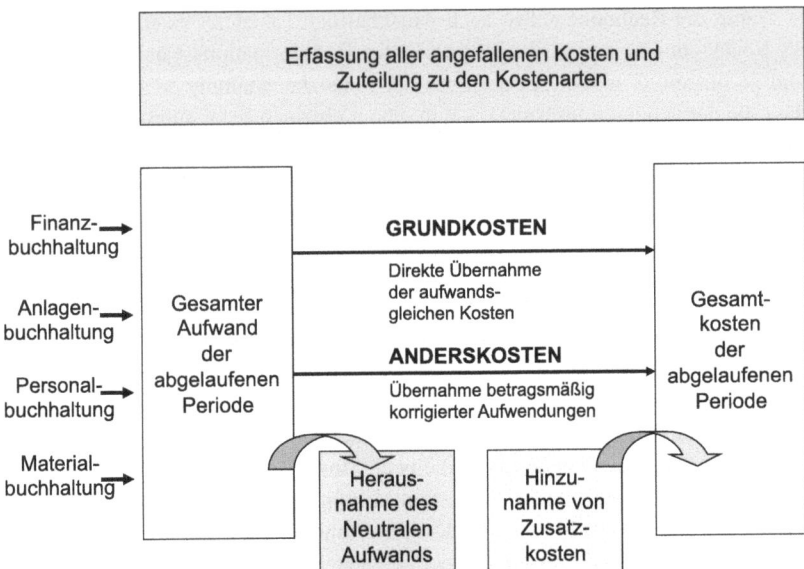

**Abb. 3.6** Schnittstelle Externes – Internes Rechnungswesen (Djanani & Schöb, 1997, S. 35)

darstellen. Wie oben gezeigt wurde, gehören die neutralen Aufwände nicht dazu, diese müssen also herausgefiltert werden. Die verbleibenden aufwandsgleichen Kosten (Grundkosten = Zweckaufwand) sind dann um die kalkulatorischen Kosten (Anderskosten und Zusatzkosten) zu ergänzen. In der Summe entstehen die Gesamtkosten des Betriebes. Ebenso müssen die Zweckerträge ermittelt und in die Kosten- und Leistungsrechnung übertragen werden. Die Abb. 3.6 zeigt die Abläufe an der Schnittstelle zwischen Externem und Internem Rechnungswesen.

Die Festlegung der Kosten- und Leistungsarten geschieht mit Hilfe des „Kostenartenplans" und kann individuell an den Informationsbedürfnissen des Betriebes ausgerichtet werden. Die Kostenarten können individuell differenziert werden. So ist es möglich, dass auch spezifische Kostenarten – in einem Museumsbetrieb z. B. eine Kostenart für den Mitgliedsbeitrag im Museumsverband, Ausgrabungen, Restaurierung, Digitalisierung o. Ä. – gebildet werden. Der Kostenartenplan orientiert sich in der Regel am Kontenplan des externen Rechnungswesens. Bei der Tiefe der Kostenartengliederung sollte das Verhältnis von zusätzlichem Erfassungsaufwand zu zusätzlich gewonnener Information als Entscheidungskriterium dienen. Die Kostenartenrechnung ist als Vorstufe der Kostenstellenrechnung zu sehen. Sie kann jedoch auch für eigenständige Aussagen für Kontroll- und Vergleichs-

**Tab. 3.1** Beispiel für einen Kostenartenplan (Ausschnitt)

Kostenartenübersicht

| Konto-Nr. | Kostenart | Gesamt | Einzelkosten | Gemeinkosten |
|---|---|---|---|---|
| | Vergütung Angestellte | | | |
| | Vergütung Orchestermusiker | | | |
| | Vergütung Orchesteraushilfen | | | |
| | Sonderhonorare | | | |
| | Gagen | | | |
| | Reisekosten | | | |
| | Heizung/Energie | | | |
| | Instrumentenwartung | | | |
| | Urheberrechte | | | |
| | Versicherungen | | | |
| | Mitgliedsbeiträge | | | |
| | Werbung | | | |
| | ... | | | |
| | Summe: | | | |

zwecke nutzbar sein, indem einzelne Kostenarten oder Kostenblöcke analysiert werden. Man gewinnt mit ihr einen Überblick über das Kostenniveau und die Kostenstruktur eines Betriebes. Gleiches gilt für die Leistungen, auch diese können in unterschiedliche Erlösarten differenziert werden, z. B. Erlöse aus Ticketverkäufen (Vollzahler), Erlöse aus Ticketverkäufen (ermäßigt), Erlöse aus Vermietungen, Erlöse aus Catering etc. (Tab. 3.1)

Kostenstellen sind Orte, an denen Kosten entstehen. Die Kostenstellenrechnung gibt die Antwort darauf, *wo* einzelne Kosten und Leistungen entstehen. Für sämtliche Betriebsmittel und Mitarbeiter, die in diesem Bereich zur Durchführung der erforderlichen Tätigkeit im Einsatz sind, werden die angefallenen Kosten zusammen erfasst und verrechnet. Neben der Aufstellung eines Kostenartenplanes ist es beim Aufbau einer Kosten- und Leistungsrechnung folglich zunächst notwendig, Kostenstellen zu bilden. Die Kostenstellenstruktur orientiert sich in der Regel an der Aufbauorganisation des Betriebes, sodass auch hierbei betriebsindividuelle Strukturen berücksichtigt werden können. Typische Kostenstellen in einem Museumsbetrieb sind z. B. die Abteilungen (Marketing/Öffentlichkeitsarbeit, Dauerausstellung, Wissenschaftliche Abteilung etc.) oder Räume bzw. Gebäude (z. B. Ausstellungsräume, Depot, Shop, Zweigstellen). Ähnlich ist die Kostenstellengliederung in einer Stadtbibliothek, auch dort wäre eine abteilungsorientierte Gliederung denkbar (Bibliotheksleitung, Ausleihe, Anschaffungen, Öffentlichkeitsarbeit) oder nach Zweigstellen (Zentrale, Stadtteilbibliothek A, Stadtteilbibliothek B, Bücherbus etc.).

Bei der Bildung von Kostenstellen sollten die folgenden Grundsätze beachtet werden:

- Kostenstellen sollten in der Weise gebildet werden, dass jeweils möglichst eindeutige proportionale Beziehungen zwischen den anfallenden Kosten und den von der Kostenstelle erstellten Leistungen feststellbar sind. Dies ist eine Voraussetzung für die Ermittlung aussagefähiger kostenstellenbezogener Verrechnungssätze.
- Um wirksame Wirtschaftlichkeitskontrollen durchführen zu können, sollte eine Identität von Kostenstelle und Verantwortungsbereich angestrebt werden. Gilt dies nicht, besteht die Gefahr von Unwirtschaftlichkeit und mangelnder Motivation.
- Die Kostenstellen sollten klar voneinander abgegrenzt werden, sodass jederzeit eine zweifelsfreie Zuordnung der Kosten auf einzelne Kostenstellen vorgenommen werden kann. Die Kostenstellengliederung muss eindeutig sein.
- Tendenziell gilt, je feiner ein Betrieb in Kostenstellen gegliedert wird, umso besser lassen sich letztlich die angefallenen Kosten den Produkten zuordnen. Beim Separieren einzelner Kostenstellen sollte man aber prinzipiell nur so weit differenzieren, wie dies wirtschaftlich gerechtfertigt erscheint und die Übersichtlichkeit nicht gefährdet. Der von einer Steigerung des Differenzierungsgrades zusätzlich ausgelöste Datenerfassungs-, Rechen- und Arbeitsaufwand muss in einer ökonomisch vertretbaren Relation zu der dadurch zusätzlich erzielbaren Aussagefähigkeit der Kostenstellenrechnung stehen.

Es müssen verschiedene Arten von Kostenstellen unterschieden werden. Als Basisunterscheidung differenziert man Vorkosten- von Endkostenstellen (häufig werden auch die Bezeichnungen Hilfskostenstellen und Hauptkostenstellen verwendet). Unter einer Vorkostenstelle versteht man eine Kostenstelle, die Leistungen für andere Kostenstellen erbringt. Endkostenstellen wirken dagegen direkt an der Bereitstellung, Fertigstellung und Vermarktung der absatzbestimmten Produkte mit. Vorkostenstellen verrechnen ihre Kosten auf andere Kostenstellen, Endkostenstellen dagegen direkt auf die Produkte (Kostenträger).

Dadurch entsteht ein weiteres Kriterium zur Differenzierung von Kosten: primäre (direkte) und sekundäre (indirekte) Kosten. Kosten für Leistungen, die im Betrieb selbst erstellt werden, bezeichnet man als sekundäre Kosten. Das Gegenstück dazu sind die primären Kosten, die für von außen bezogene Einsatzfaktoren bzw. Leistungen anfallen und im Rahmen der Kostenartenrechnung erfasst werden. Für sie liegt in der Regel ein Beleg (Rechnung, Gebührenbescheid o. Ä.) des

Dienstleisters oder Lieferanten vor, welcher in der Finanzbuchhaltung erfasst wurde, und in der Kosten- und Leistungsrechnung weiterverarbeitet wird. Sekundäre Kosten können dagegen erst in der Kostenstellenrechnung bestimmt werden (Djanani & Schöb, 1997, S. 82). Geht die Stromrechnung im Theaterbetrieb ein, handelt es sich dabei zunächst um primäre Gemeinkosten, sie werden der Kostenstelle Gebäude verrechnet. Da das Gebäude aber von sämtlichen Kostenstellen und Kostenträgern genutzt wird, versucht man die aufgelaufenen Kosten der Kostenstelle Gebäude auf die nutzenden Einheiten umzulegen. Dabei entstehen sekundäre Gemeinkosten. Man spricht auch von innerbetrieblicher Leistungsverrechnung. Die Kosten des Gebäudes werden beispielsweise mit Hilfe eines Umlageschlüssels, welcher häufig die Nutzfläche ist, auf die Kostenstellen und Kostenträger umgelegt.

Die Kostenträgerrechnung als dritte und letzte Stufe tritt in zwei Ausprägungen auf. Man unterscheidet die Kostenträgerstückrechnung und die Kostenträgerzeitrechnung (kurzfristige Erfolgsrechnung). Die Kostenträgerrechnung ordnet als letzte Stufe des Abrechnungsprozesses Kosten und Leistungen den produzierten Leistungseinheiten zu. Außerdem werden in der Kostenträgerrechnung die Leistungen erfasst, wodurch der leistungsbezogene Erfolg des Betriebes ermittelt werden kann. Kostenträger im Museum sind z. B. die einzelnen Ausstellungsprojekte (Dauerausstellung, Sonderausstellungen) sowie Zusatzangebote wie bestimmte Führungen, museumspädagogische Dienste u. a.

Die Kostenträgerstückrechnung beantwortet die Frage, wofür die Kosten angefallen sind. Sie wird auch bezeichnet als Kalkulation oder Selbstkostenrechnung und ermittelt die Selbst- bzw. Herstellkosten einer betrieblichen Leistungseinheit. Nach dem Zeitpunkt der Durchführung der Kalkulation wird in Vor-, Zwischen- und Nachkalkulation unterschieden. Vorkalkulationen werden vor Auftragserteilung oder Produktionsbeginn erstellt. Sie sind notwendig, um den Angebotspreis zu bestimmen. Die während einer Produktion erfassten Ist-Kosten können zu einer Zwischenkalkulation zusammengefasst werden. Nach Beendigung der Produktion werden sämtliche Ist-Kosten zusammengestellt. Dieser Vorgang wird auch als Nachkalkulation bezeichnet. Die Nachkalkulation dient der Kontrolle, führt zu einem Informationsgewinn für zukünftige Vorkalkulationen und ermittelt Herstellkosten für die Bestandsbewertungen (vgl. Haberstock, 2022; Wöhe et al., 2023; Schmalen & Pechtl, 2019). Die Kostenträgerzeitrechnung, die vielfach auch als kurzfristige Erfolgsrechnung bezeichnet wird, ist eine Periodenrechnung und ermittelt die Gesamtkosten einer Periode gegliedert nach Leistungsarten. Mit Hilfe der kurzfristigen Erfolgsrechnung können Aussagen zum Betriebsergebnis und dessen Zusammensetzung gemacht werden. Sie ist die entscheidende Rechnung

**Tab. 3.2**  Aufbau Kosten- und Leistungsrechnung, Beispiel Museum

| Kostenarten | Kostenstellen | Kostenträger |
|---|---|---|
| Gehälter | Museumsleitung | Dauerausstellung |
| Sozialaufwand | Museumsverwaltung | Sonderausstellung 1 |
| Aushilfen | Aufsichten | Sonderausstellung 2 |
| Versicherungen | Technik | ... |
| Material (Technik) | Restaurierung | Führungen |
| Abschreibungen | Marketing/ÖA | Vorträge |
| Büromaterial | Museumspädagogik | Sonderveranstaltungen |
| Anzeigen/Werbung | Bibliothek | Museumsfest |
| Miete | Wissenschaft | Fachliche Beratung |
| Telefon | | Museumsshop |
| Energie | | Vermietungen |
| ... | | Magazinierung |
| | | Konservierung |
| | | Leihverkehr |

für die Herstellung von Transparenz. Dies ist unter anderem dadurch gewährleistet, dass sie auch die Erlösseite berücksichtigt. Für einen Museumsbetrieb könnte der dreiteilige Aufbau wie folgt aussehen (Tab. 3.2):

Die Kosten- und Leistungsrechnung geht also folgendermaßen vor: Sie ermittelt zunächst in der Kostenartenrechnung die Gesamtkosten und die Gesamtleistung des Betriebes (Kosten- und Leistungserfassung). Von da aus werden die Kosten entsprechend ihrem Charakter als Einzelkosten oder Gemeinkosten entweder auf eine Kostenstelle oder auf einen Kostenträger oder ggfs. auch anteilig auf Kostenstellen und Kostenträger verteilt (Leistungen sind in der Regel immer einem Kostenträger zurechenbar). Maßgeblich für die Verteilung und auch ganz entscheidend für das hier verfolgte Ziel der Transparenzgewinnung ist das Prinzip der „Verursachungsgerechtigkeit", an welchem sich die Kosten- und Leistungsrechnung orientiert.

Wann liegen Einzelkosten (EK), in welchem Fall Gemeinkosten (GK) vor? Typisch für Einzelkosten ist, dass solche Kosten (Leistungen) direkt einem Kostenträger zugerechnet werden können. Wenn beispielsweise für eine Ausstellung eine spezielle Versicherung abgeschlossen werden muss, ist der Kostenverursacher ohne Zweifel diese Ausstellung und die Kosten dafür können dem Kostenträger zugerechnet werden. Es handelt sich also um Einzelkosten. Schwieriger ist die Zuordnung bei Gemeinkosten. Diese lassen sich nicht direkt einem Kostenträger zurechnen, jedoch in der Regel einer Kostenstelle. So ist bspw. nicht genau ermittelbar, wie viele Kosten für Büromaterial von einem bestimmten Kostenträger verursacht werden. Diese Kosten werden als Gemeinkosten bezeichnet und in die-

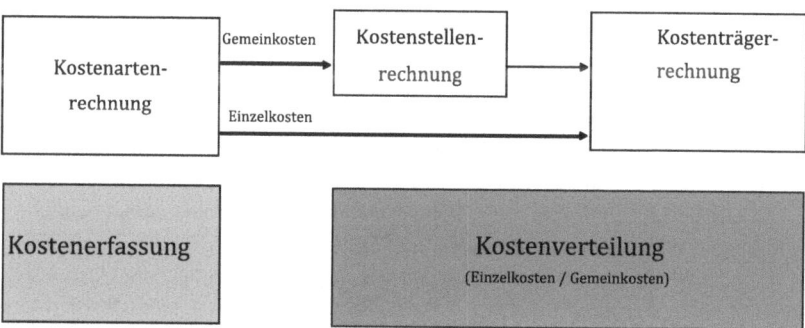

**Abb. 3.7** Kostenerfassung und Kostenverteilung

sem Fall der Kostenstelle Verwaltung zugerechnet. Grafisch lassen sich die Zusammenhänge noch einmal in Abb. 3.7 veranschaulichen.

Die Grafik zeigt auch eine Verbindung zwischen der Kostenstellen- und der Kostenträgerrechnung. Eine Aufgabe der Kosten- und Leistungsrechnung ist die Selbstkostenermittlung bzw. Preiskalkulation der einzelnen Produkte. Dabei geht man im profitorientierten Betrieb in der Regel von folgender Überlegung aus: Wenn der Betrieb überleben soll, müssen sämtliche Kosten, die bei Produktion und dem Vertrieb eines Produktes anfallen, über den Verkaufspreis wieder erwirtschaftet werden. Jedes Produkt muss also zusätzlich zu seinen Einzelkosten einen gewissen Anteil der Gemeinkosten tragen. Die Gemeinkosten, die in der Kostenstellenrechnung gesammelt werden, werden nach bestimmten Schlüsseln auf die Kostenträger verteilt, sodass letztlich der Gesamtkostenblock des Betriebes auf die einzelnen Angebote bzw. Produkte verteilt ist. Die Kostenträgerrechnung hat zwei Ausprägungen. Als Kostenträgerstückrechnung zeigt sie die Kosten des einzelnen Produktes. Die Kostenträgerzeitrechnung fasst die Einzelergebnisse zum Gesamtergebnis zusammen. Die Rechnung sagt schließlich aus, wie viel ein einzelnes Produkt kostet bzw. welchen Anteil am Erfolg es hat – eine Information, die gerade in öffentlichen Betrieben fehlt. Letztere lässt sich allerdings nur dann gewinnen, wenn auch Erlöse zugerechnet werden. Häufig konzentriert man sich ausschließlich auf die Erfassung und Zurechnung der Kosten. Eine Erlösrechnung bleibt der Finanzbuchführung überlassen oder wird ggfs. von den Abteilungen Marketing oder Vertrieb separat gepflegt (Ticketsysteme, Kundenverwaltungen u. Ä.). Für die Zielsetzung der Transparenzgewinnung und um mit der Kosten- und Leistungsrechnung gute Informationen zur Entscheidungsunterstützung zu generieren, muss die Erlösrechnung fester Bestandteil der Kosten- und Leistungsrechnung sein. Man erhält dann pro Kostenträger die folgenden Stückinformationen:

- Wie hoch sind die Gesamtkosten pro Kostenträger?
- Welcher Kostenanteil stellt Einzelkosten, welcher stellt Gemeinkosten dar?
- Wie hoch sind die Erlöse des Kostenträgers?
- Wie ist das Ergebnis des Kostenträgers?
- Welchen Anteil hat das Einzelergebnis am Gesamtergebnis?

Sämtliche Einzelinformationen können zum Gesamtergebnis zusammengefügt werden und bilden dann das Betriebsergebnis (Abb. 3.8).

Kostenträger entsprechen letztlich den angebotenen Leistungen und lassen sich folglich bezüglich ihres Erfolgs nur dann richtig einschätzen, wenn Kosten und Leistungen einander gegenübergestellt werden. Wird dies nach dem dargestellten Verfahren (siehe Abb. 3.9) berechnet, spricht man von einer Vollkostenrechnung, d. h. sämtliche im Betrieb angefallenen Kosten und Erlöse werden auf die ausdifferenzierten Kostenträger verteilt.

Man verwendet dafür auch den Begriff Kalkulation. Historisch betrachtet ist sie der Ausgangspunkt der Entwicklung der Kosten- und Leistungsrechnung. Da, wie bereits dargestellt, die Preisermittlung in einem Kulturbetrieb eine untergeordnete Rolle spielt, ist dieses Verfahren für Kulturbetriebe nicht von großer Relevanz. Es birgt außerdem erhebliche Schwächen wegen der Verteilungsschlüssel der Gemeinkosten. Gerade in Betrieben, die tendenziell hohe Gemeinkosten aufweisen, ist die Verteilung sehr ungenau, da durch die Methode der Verteilungsschlüssel das Verursachungsprinzip nicht eingehalten werden kann. Für die Zielsetzung der Transparenzgewinnung ist eine solche Ungenauigkeit nicht hinnehmbar. Darum soll hier auf eine weitere Vertiefung dieser Variante verzichtet werden, sie ist aber nichtsdestotrotz von großer Bedeutung für die Entwicklung der weiteren Verfahren

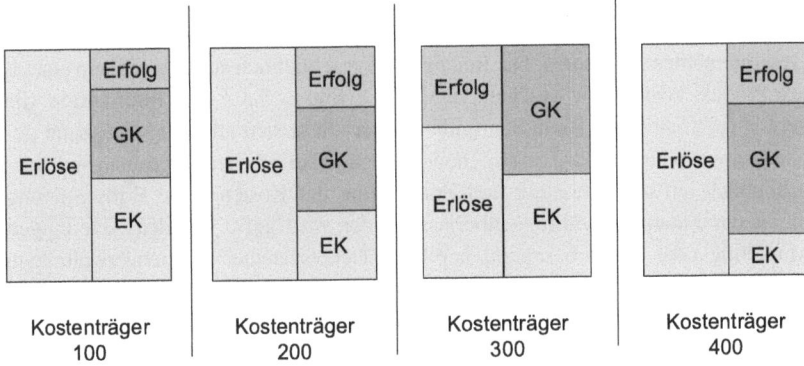

**Abb. 3.8** Kostenträgerstückinformationen (Ausschnitt)

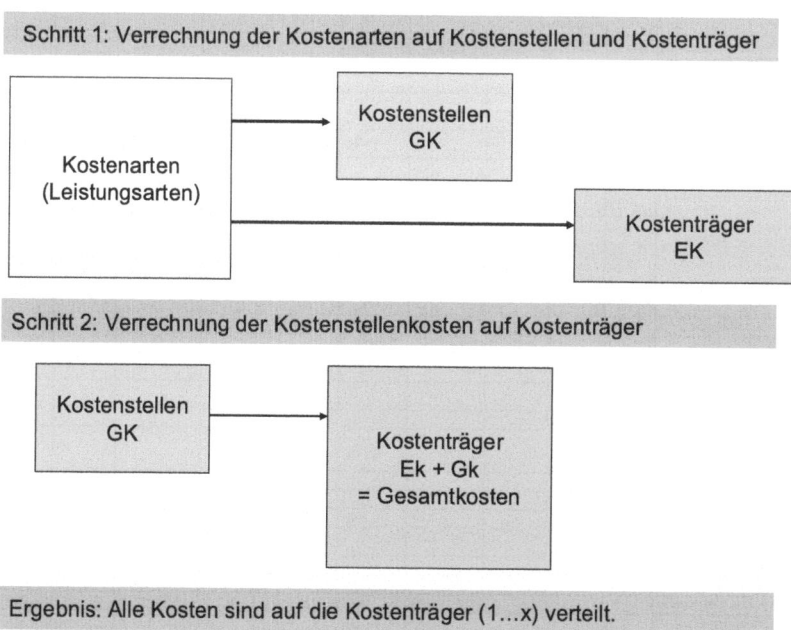

**Abb. 3.9** Die Vollkostenrechnung

der Kosten- und Leistungsrechnung und für das Verständnis derselben. Die genannte Vorleistung, nämlich der Aufbau einer Kostenstellen- und -trägerstruktur muss in jedem Fall geschaffen werden.

Ein großer Vorteil – auch bei der Kosten- und Leistungsrechnung – ist, dass sie schrittweise einführbar ist und damit auch der Informationsgewinn überschaubar bleibt. So könnte auch ein Kulturbetrieb in einem ersten Schritt versuchen, zunächst seine Gesamtkosten (Kostenartensumme) auf Kostenstellen aufzuteilen. Dieser Verteilungsweg, dass man zunächst alle Kosten (ggfs. auch Leistungen) Kostenstellen zuordnet, wird in der Praxis durchaus auch angewendet. Um die Kosten- und Leistungsrechnung z. B. in einem Museum in kleinen Schritten einzuführen, wäre dies durchaus machbar und könnte wie in Abb. 3.10 aussehen.

An diesem Zahlenbeispiel ist erkennbar, wie sich die gesamten Kosten von 1.037.000 Mio. € auf die Kostenstellen und auf die Kostenartengruppen (Personalkosten/Sachkosten) verteilen. Die Kostenarten Abschreibungen und Verzinsung des Anlagekapitals sind sogenannte kalkulatorische Kosten (vgl. Begriff und Beispiel in Abschn. 3.2), also Umlagen die von Seiten des Trägers gemacht werden und vom Museumsbetrieb nicht steuerbar sind. Diese Kostenarten könnte man

| Kostenarten | | Reinigung | Werkstatt | Leitung (+Volontärin) | Verwaltung | Aufsicht | Kasse | Museums-Shop | Ausstellung/ Veranstaltungen | Gebäude/ Geräte/ Grundstück | Summe |
|---|---|---|---|---|---|---|---|---|---|---|---|
| **Personalkosten** | | | | | | | | | | | |
| Besoldung der Beamten | 40.000 | | | 40.000 | | | | | | | 40.000 |
| Vergütung der Beschäftigten | 400.000 | 62.000 | 92.000 | 30.000 | 30.000 | 148.000 | 38.000 | | | | 400.000 |
| Beiträge Versorgungskasse für Beamte | 16.000 | | | 16.000 | | | | | | | 16.000 |
| Beiträge Versorgungskasse für Beschäftigte | 40.000 | 8.000 | 8.000 | 3.000 | 3.000 | 13.000 | 5.000 | | | | 40.000 |
| Beiträge zur gesetzlichen Sozialversicherung Beamte | 1.000 | | | 1.000 | | | | | | | 1.000 |
| Beiträge zur gesetzlichen Sozialversicherung für Beschäftigte | 80.000 | 13.500 | 18.000 | 6.000 | 6.000 | 29.000 | 7.500 | | | | 80.000 |
| Beihilfen, Unterstützung und dgl. | 3.000 | | 1.500 | | 1.500 | | | | | | 3.000 |
| **Summe Personalkosten** | 580.000 | 83.500 | 119.500 | 96.000 | 40.500 | 190.000 | 50.500 | 0 | 0 | 0 | 580.000 |
| **Sachkosten** | | | | | | | | | | | |
| Unterhaltung der Gebäude und baulichen Anlagen | 50.000 | | | | | | | | | 50.000 | 50.000 |
| Geräte, Ausstattung, Ausstattungsgegenstände | 500 | | | | | | | | | 500 | 500 |
| Geräteunterhaltung | 1.500 | | | | | | | | | 1.500 | 1.500 |
| Bewirtschaftung der Grundstücke und baulichen Anlagen | 4.000 | | | | | | | | | 4.000 | 4.000 |
| Eigene Waren Museumsshop | 2.000 | | | | | | | 2.000 | | | 2.000 |
| Sonderausstellungen | 20.000 | | | | | | | | 20.000 | | 20.000 |
| Datenverarbeitung | 5.000 | | | 1.000 | 2.000 | 2.000 | | | | | 5.000 |
| Steuern, Versicherungen, Schadensfälle, Sonderabgaben | 4.000 | | | | | | | | 4.000 | | 4.000 |
| Bürobedarf | 2.000 | | | 1.000 | 1.000 | | | | | | 2.000 |
| Bücher und Zeitschriften | 1.000 | | | 1.000 | | | | | | | 1.000 |
| Post- und Fernmeldegebühren | 8.000 | | | 2.400 | 2.400 | | | | 3.200 | | 8.000 |
| Dienstfahrten, Reisekosten | 1.000 | | | 1.000 | | | | | | | 1.000 |
| Vermischte Ausgaben | 9.000 | | | | | | | | 9.000 | | 9.000 |
| Innere Verrechnungen innerhalb des VwH | 9.000 | | | | | | | | | 9.000 | 9.000 |
| Abschreibungen | 140.000 | | | | | | | | | 140.000 | 140.000 |
| Verzinsung des Anlagekapitals | 200.000 | | | | | | | | | 200.000 | 200.000 |
| **Summe Sachkosten** | 457.000 | 0 | 0 | 6.400 | 5.400 | 2.000 | 0 | 2.000 | 36.200 | 405.000 | 457.000 |
| **Gesamt** | 1.037.000 | 83.500 | 119.500 | 102.400 | 45.900 | 192.000 | 50.500 | 2.000 | 36.200 | 405.000 | 1.037.000 |

**Abb. 3.10** Kostenstellenrechnung eines Museums

auch ausgliedern, sodass dann noch 117.000 € Sachkosten bleiben. Rechnet man dann das Verhältnis von Sachkosten und Personalkosten aus, ergibt sich ein Verhältnis von 83 % Personalkosten und 17 % Sachkosten. Von weiterem Interesse in Bezug auf das Ziel der Transparenz wäre nun als zweiter Schritt, zu untersuchen, wie sich vor allem die Personalkosten auf die Kostenträger aufteilen. Die Kosten- und Leistungsrechnung bietet für diese Fragestellung weitere Analysemöglichkeiten.

Für die Einführung weiterer Verfahren der Kosten- und Leistungsrechnung ist es notwendig, neben der Trennung in Einzel- und Gemeinkosten eine weitere Differenzierung von Kosten einzuführen, nämlich die Trennung in fixe und variable Kosten (vgl. Wöhe et al., 2023; Schierenbeck & Wöhle, 2016; Haberstock, 2022).

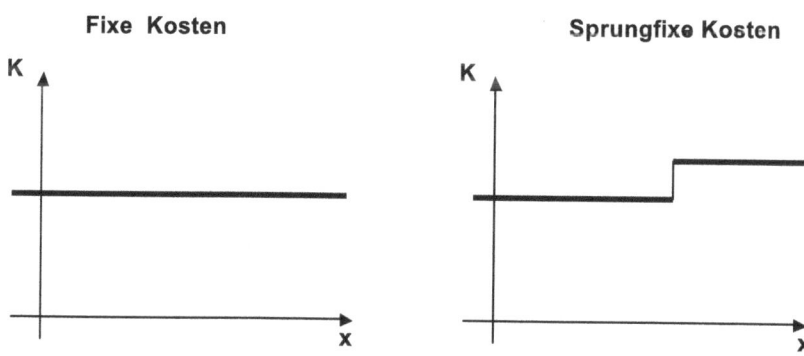

**Abb. 3.11** Fixe Kosten – sprungfixe Kosten

Fixe Kosten, auch beschäftigungsunabhängige Kosten genannt, fallen immer in konstanter Höhe an, egal ob „produziert" wird oder nicht, also Kosten für die Raummiete, für fest angestelltes Personal etc. Fixe Kosten werden auch als Kosten der Betriebsbereitschaft bezeichnet, sind aber nicht völlig unbeeinflussbar. Sie reagieren häufig in Intervallen, dabei spricht man von sprungfixen Kosten. D. h. bis zu einem bestimmten Beschäftigungsgrad ist es völlig unerheblich, ob gar nichts oder die Maximalmenge produziert wird, ab einer bestimmten Beschäftigung erhöhen sich dann die Kosten sprunghaft auf ein neues Niveau, auf dem sie dann wieder bis zum Erreichen einer neuen Grenze stabil sind. Erreicht beispielsweise eine Spielstätte eine bestimmte Größenordnung, muss ein Bühnenmeister eingestellt werden. In diesem Moment würden sich die fixen Kosten sprunghaft erhöhen (vgl. Abb. 3.11). In den öffentlichen Betrieben werden fixe Kosten auch gerne als „Eh-da-Kosten" bezeichnet. Es entsteht mit dieser Bezeichnung verstärkt der Eindruck, dass diese Kosten völlig unantastbar sind. Selbstverständlich lassen sich auch fixe Kosten abbauen bzw. verändern, aufgrund ihres Charakters ist dies allerdings kurzfristig nicht möglich. Wenn man erst Kündigungsfristen bei Mietobjekten oder Personal einhalten muss, ergibt sich bei der Reaktion eine Verzögerung. In der gegebenen Situation der immer geringeren finanziellen Spielräume müssen aber zwingend auch fixe Kosten hinterfragt und überprüft werden.

Variable Kosten ändern sich bei Ausbringungsschwankungen. Es besteht also ein direkter Zusammenhang zwischen Ausbringung und Kostenanfall (z. B. zusätzliches Aufsichtspersonal für eine Sonderausstellung). Die Änderung der Kosteneinflussgröße kann zu unterschiedlichen Kostenverläufen führen (vgl. Abb. 3.12):

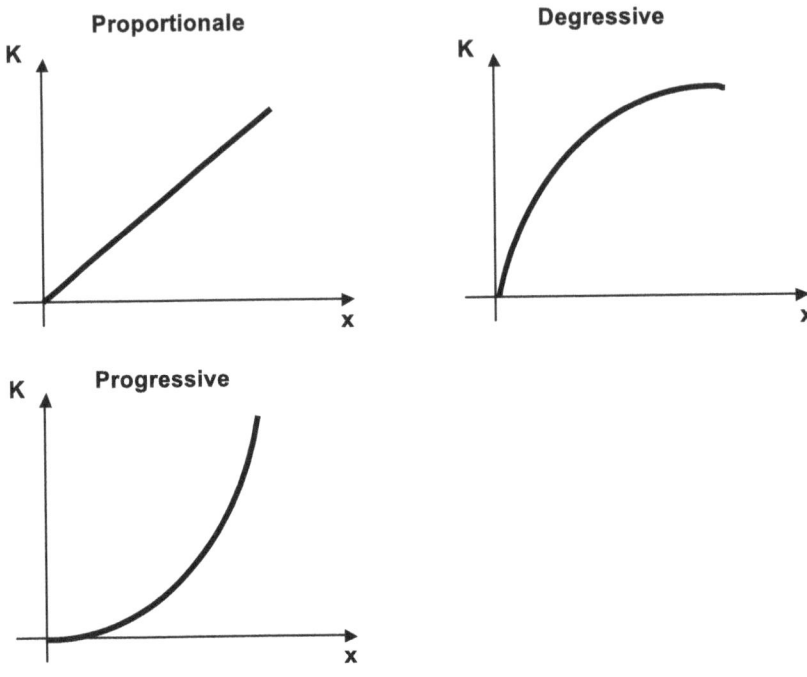

**Abb. 3.12** Ausprägungen von variablen Kosten

- Proportional: Die Kosten steigen im gleichen Ausmaß wie die Kosteneinflussgröße. Eine weitere Aufführung hat genau die gleichen Kosten wie alle anderen Aufführungen.
- Degressiv: Die Kosten steigen unterproportional, also geringer als die Kosteneinflussgröße. Wenn eine Kostenart, z. B. die Miete konstant ist, würde das bei einer weiteren Aufführung zu degressiven Kosten pro Aufführung führen.
- Progressiv: Die Kosten steigen stärker als die Kosteneinflussgröße. Diese Kostenentwicklung wäre z. B. denkbar, wenn bei einer zusätzlichen Aufführung Zuschläge fällig werden, dann steigen die Kosten pro zusätzlicher Aufführung progressiv.

Geht es darum, Einsparpotenziale in einem Betrieb zu finden, muss zunächst bei den variablen Kosten gesucht werden, denn nur bei diesen ist kurzfristig eine Kostensenkung machbar.

Das bedeutet jedoch nicht, dass fixe Kosten unveränderlich sind. Sie können selbstverständlich angepasst werden, wenn auch mit einer zeitlichen Verzögerung, z. B. aufgrund von Kündigungsfristen etc.

Zum Verständnis einige Beispiele von fixen und variablen Kosten in einem Theaterbetrieb:

Variable Kosten im künstlerischen Bereich:

- Solistenhonorare (Gäste)
- Instrumententransporte, Instrumentenreparaturen, Stimmung
- Notenleihgebühren
- Reinigungskosten für Kostüme
- Kosten für Druckerzeugnisse

Fixe Kosten im künstlerischen Bereich:

- Miete für Lager, Fundus, Probenbühne
- Beiträge zum Deutschen Bühnenverein
- Bezüge von festangestellten Mitarbeitern im künstlerischen Bereich (z. B. Dramaturgie, KBB, Intendanz)

Variable Kosten im Bereich Verwaltung:

- Telefonkosten und Porti
- Gerichtsgebühren
- Fahrzeugkosten

Fixe Kosten im Bereich Verwaltung:

- Mieten
- Wartungsverträge EDV
- Hausreinigung
- Versicherungen

Nun darf aber nicht der Eindruck entstehen, dass es Regelmäßigkeiten bei den Kostenarten gibt, oder man etwa davon ausgehen könne, dass fixe Kosten immer gleichzeitig Gemeinkosten wären und variable Kosten immer auch Einzelkosten. Dies ist nicht der Fall. Die nachfolgende Tabelle zeigt am Beispiel des Kulturbetriebs Theater, dass jede Kombinationsmöglichkeit möglich ist (Tab. 3.3).

**Tab. 3.3** Kombinationen von Kostenarten

| Fixe Einzelkosten | Fixe Gemeinkosten |
|---|---|
| Ensemble/Kollektive fest angestellt | Personalkosten für Intendant, Verwaltungsdirektor, Technischer Leiter |
| **Variable Einzelkosten** | **Variable Gemeinkosten** |
| Ausstattungskosten (Bühnenbild, Kostüme) Honorare für Solisten, Regisseure, Bühnenbildner | Öffentlichkeitsarbeit, Plakate, gemeinsame Programme der Institution |

**Tab. 3.4** Typologie der Kostenarten

| Kostenarten | | | | |
|---|---|---|---|---|
| Funktionen | Verrechnung | Erfolgswirksamkeit | Reagibilität auf Beschäftigungsschwankungen | Zurechenbarkeit |
| Beschaffungskosten Lagerkosten Produktionskosten Transportkosten Finanzierungskosten Vertriebskosten Verwaltungskosten | Einzelkosten Gemeinkosten | Grundkosten Kalkulatorische Kosten | *Variabel* Progressiv Proportional Degressiv *Fix* Absolut fix Sprungfix | Primär Sekundär |

Zusammenfassend können Kosten nach folgenden Kriterien unterschieden werden (Tab. 3.4):

## 3.5    Die Verfahren der Kosten- und Leistungsrechnung

Mit Kenntnis der Begriffe fixe und variable Kosten lassen sich weitere Verfahren der Kosten- und Leistungsrechnung einführen: zunächst die einfache Deckungsbeitragsrechnung, die zu den sogenannten Teilkostenrechnungen zählt und erstmal nur mit den variablen Kosten arbeitet. Die unterschiedlichen Verfahren der Teilkostenrechnung liefern steuerungsrelevante Informationen zur Programmsteuerung und Gewinn- bzw. Ergebnisoptimierung. Teilkostenrechnung zu betreiben heißt nun aber nicht, dass ein Teil der Kosten unter den Tisch fällt. Das bedeutet, dass lediglich ein Teil der Kosten, genauer gesagt die variablen Kosten bzw. nur die Einzelkosten, den einzelnen Kostenträgern zugerechnet werden. Die einfache Deckungsbeitragsrechnung (Abb. 3.13) stellt den variablen Teil der Kosten den Umsatzerlösen der einzelnen Kostenträger gegenüber. Die sich ergebende Differenz aus Umsatzerlösen minus variablen Kosten ist der sogenannte Deckungsbeitrag pro Kostenträger.

| | Kostenträger 1 | Kostenträger 2 | Kostenträger 3 | |
|---|---|---|---|---|
| Umsatzerlöse | € 10.000 | € 15.000 | € 13.500 | |
| –Variable Kosten | € 2.000 | € 12.500 | € 9.000 | |
| Deckungsbeitrag | € 8.000 | € 2.500 | € 4.500 | € 15.000 |
| – Fixe Kosten | | | | – € 12.000 |
| Betriebsergebnis | | | | € 3.000 |

**Abb. 3.13** Einfache Deckungsbeitragsrechnung

Das Beispiel zeigt drei Kostenträger, etwa drei verschiedene Ausstellungen in einem Museum, für die die jeweiligen Deckungsbeiträge nach der oben genannten Formel ermittelt wurden. Der Deckungsbeitrag, der sich dann ergibt, ist als Beitrag des jeweiligen Produktes zur Deckung der fixen Kosten zu verstehen. Ziel ist es, und darauf muss sich die betriebswirtschaftliche Steuerung konzentrieren, dass die Summe der erzielten Deckungsbeiträge ausreicht, um die gesamten im Betrieb entstehenden Fixkosten zu decken. Im oben aufgeführten Beispiel stünden also 15.000 € zur Deckung der fixen Kosten zur Verfügung. Liegen die fixen Kosten des Betriebes im Beispiel bei 12.000 €, würde ein Gewinn von 3000 € entstehen; sind die fixen Kosten in der Summe 15.000 €, wäre Kostendeckung erreicht und bei mehr als 15.000 € fixen Kosten läge ein Verlust vor. Der Deckungsbeitrag ist eine einfache Entscheidungsgröße für Dispositionsfragen. Der betriebswirtschaftliche Grundsatz lautet: Ein Produkt (Kostenträger) ist immer dann förderungswürdig, wenn es einen positiven Deckungsbeitrag erwirtschaftet, also einen Beitrag zur Deckung der fixen Kosten leistet. Nun könnte man zu Recht sagen, dass in Museumsbetrieben und Kulturbetrieben oft gar keine positiven Deckungsbeiträge entstehen. Es gibt natürlich Ausnahmen und Einzelfälle, wo es gelingt, durch sehr publikumswirksame Angebote positive Deckungsbeiträge zu erzielen, die dann auch andere Leistungen querfinanzieren. Häufig aber übersteigen bereits die variablen Kostenanteile die erwirtschafteten Erlöse. Trotzdem enthält in diesen Fällen auch ein sich ergebender negativer Deckungsbeitrag eine wichtige Steuerungsinformation. Der Deckungsbeitrag ist nun zu interpretieren als Anteil am Zuschussbedarf.

In Kulturbetrieben wurde bisher die Verwendung einer Deckungsbeitragsrechnung gegenüber der Vollkostenrechnung favorisiert. Dafür spricht, dass dieses Verfahren einfacher zu handhaben ist, also auch schneller eingeführt werden kann. Von Bedeutung ist außerdem, dass es in den Kulturbetrieben derzeit oft um Einsparungen geht und dafür, wie oben ausgeführt, vor allem die variablen Kostenanteile von Interesse sind. Auch darum ist es legitim ein Instrument zu nutzen, das sich gerade auf diese Kostenanteile konzentriert. Die Deckungsbeitragsrechnung leistet aber keinen Beitrag zur Erhöhung der Transparenz. Denn betrachtet man die typischen Kostenstrukturen einer Kultureinrichtung, findet man fast flächendeckend ein Verhältnis von 80:20 (Tendenz geht zu 90:10) fixe Kosten zu variablen Kosten. Das heißt, man betreibt eine Kosten- und Leistungsrechnung für nur 10–20 % der Gesamtkosten. Der große Anteil der fixen Kosten bleibt weiterhin eine „Black Box" und damit intransparent und nicht beeinflussbar. Zudem sind die Einsparpotenziale im Bereich der variablen Kosten in vielen Betrieben auch längst ausgeschöpft.

Auch die Vollkostenrechnung unterstützt das Ziel der Transparenzgewinnung nicht, da diese aufgrund der Umlagen der Gemeinkosten das Prinzip der Kostenverursachung missachtet. Die einfache Deckungsbeitragsrechnung kann die Transparenzerwartung ebenfalls nicht erfüllen, sie ist aufgrund der typischen Kostenstrukturen im Kulturbereich nur in seltenen Fällen bzw. spezifischen Fragestellungen im Zusammenhang mit variablen Kostenanteilen anwendbar. Es gibt aber noch weitere Verfahren, die für das angestrebte Ziel der Transparenzgewinnung relevant sein könnten. Es sollen daher noch zwei weitere Verfahren der Teilkostenrechnung vorgestellt werden, die versuchen Kostentransparenz herzustellen. Das erste Verfahren ist die stufenweise Deckungsbeitragsrechnung oder auch Fixkostendeckungsrechnung genannt. Sie knüpft an die genannten Schwächen der einfachen Deckungsbeitragsrechnung an und nimmt den Fixkostenblock ins Visier. Die gesamten Fixkosten werden entsprechend ihrer Produktnähe in einzelne Fixkostenblöcke aufgeteilt. Es sind entsprechend dem Informationsbedarf zahlreiche und natürlich individuelle Unterteilungen denkbar, in der Regel werden die folgenden (s. Abb. 3.14) unterschieden:

|  | Kostenträger 1 | Kostenträger 2 | Kostenträger 3 | Gesamt |
|---|---|---|---|---|
| Umsatzerlöse | 12.000 | 15.000 | 13.500 | 40.500 |
| – Variable Kosten | 2.000 | 12.500 | 9.000 | 23.500 |
| Deckungsbeitrag I | 10.000 | 2.500 | 4.500 | 17.000 |
| – Produktfixkosten | 1.000 | 1.500 | 500 | 3.000 |
| Deckungsbeitrag II | 9.000 | 1.000 | 4.000 | 14.000 |
| – Produktgruppenfixkosten | 4.000 | | 1.000 | 5.000 |
| Deckungsbeitrag III | 6.000 | | 3.000 | 9.000 |
| – Bereichsfixkosten | 500 | | 1.000 | 1.500 |
| Deckungsbeitrag IV | 5.500 | | 2.000 | 7.500 |
| – Unternehmensfixkosten | | | | 5.000 |
| Gewinn/Verlust | | | | 2.500 |

**Abb. 3.14**  Stufenweise Fixkostendeckungsrechnung

- Produkt-Fixkosten: fallen nur für ein bestimmtes Produkt an
- Produktgruppen-Fixkosten: können nicht einem einzelnen Produkt, aber einer Produktgruppe zugeordnet werden
- Bereichs-Fixkosten: können nicht einem einzelnen Produkt oder einer Produktgruppe aber einem Bereich, z. B. Musiktheater/Schauspiel/Tanz zugeordnet werden.
- Betriebs-Fixkosten: dazu zählen Fixkosten, die für den gesamten Betrieb anfallen bzw. sich nicht auf eine der anderen Ebenen zuordnen lassen, wie beispielsweise das Management, Geschäftsführung, Betriebsrat, Pförtner u. a.

Im Zuge der Rechnung entstehen mehrere Deckungsbeiträge und gleichzeitig Zusatzinformation über die Zusammensetzung der fixen Kosten. Im ersten Schritt entspricht die Vorgehensweise der mehrstufigen Deckungsbeitragsrechnung derjenigen der einstufigen Deckungsbeitragsrechnung. Anstelle der Zusammenfassung dieser Deckungsbeiträge und des Abzuges der gesamten Fixkosten folgt nun eine mehrstufige Rechnung. Zuerst werden eventuell zurechenbare Produktfixkosten von diesen Deckungsbeiträgen abgezogen. Entsprechend den zurechenbaren Fixkosten werden auf jeder Stufe die Deckungsbeiträge derjenigen Bezugsobjekte, auf die sich die Fixkosten beziehen, zusammengefasst. Von diesem aufsummierten Deckungsbeitrag wird jeweils der entsprechende Fixkostenbetrag abgezogen, sodass sich erneut ein Deckungsbeitrag auf der nächsthöheren Stufe der Hierarchie ergibt. Dieses Verfahren soll am Beispiel eines Theaterbetriebes in Abb. 3.15 ausschnittsweise gezeigt werden.

Mit diesem Rechnungsverfahren kommt man der Zielsetzung nach Transparenz schon etwas näher, trotzdem besteht weiter die Gefahr, dass zu geringe Kostenanteile verursachungsgerecht verteilt werden können, damit zu viel im großen Topf der Betriebsfixkosten landet und somit weiterhin nicht transparent wird und nicht steuerbar ist.

Immer das Ziel von Kosten- und Erlöstransparenz vor Augen, muss streng auf die Einhaltung des Kostenverursachungsprinzips geachtet werden. Ein Verfahren, welches versucht, möglichst viele Kosten als Einzelkosten zuzurechnen und auf Gemeinkostenumlagen mittels Schlüsselungen verzichtet, könnte diesem Anspruch gerecht werden. Es ist die Deckungsbeitragsrechnung auf Basis relativer Einzelkosten. Sie gehört ebenfalls zu den Verfahren der Teilkostenrechnung, orientiert sich am strengen Verursachungsprinzip und soll abschließend vorgestellt werden. Dabei wird nicht wie bei der einfachen und stufenweisen Deckungsbeitragsrechnung in fixe und variable Kostenteile unterschieden, sondern es erfolgt die Konzentration auf die Einzelkosten. Alle Kosten werden der untersten Stufe, auf

| | Kostenträger | | | | Summe |
|---|---|---|---|---|---|
| | **La Traviata** | **Die Fledermaus** | **Die Räuber** | **Vagina Monologe** | |
| Umsatzerlöse | Eintrittsgelder | Eintrittsgelder | Eintrittsgelder | Eintrittsgelder | |
| – Variable Kosten | Gasthonorare<br><br>Ausstattung, u. a. | Gasthonorare<br><br>Ausstattung, u. a. | Gasthonorare<br><br>Ausstattung, u. a. | Gasthonorare<br><br>Ausstattung, u. a. | |
| Deckungs-beitrag I | DB 1 | DB 1 | DB 1 | DB 1 | Summe |
| – Produktfix-kosten | Anteil Dramaturgie, Anteil Orchester, Chor etc. | Anteil Dramaturgie, Anteil Chor, Anteil Ballett etc. | Anteil Dramaturgie, Schauspieler aus Ensemble etc. | Anteil Dramaturgie, Schauspieler aus Ensemble etc. | |
| Deckungs-beitrag II | DB 2 | DB 2 | DB 2 | DB 2 | Summe |
| – Produkt-gruppen-fixkosten | Produktgruppe: **Musiktheater**<br><br>Kosten für Generalmusikdirektor, Orchesterbüro etc. | | Produktgruppe: **Sprechtheater**<br><br>Kosten für Oberspielleiter incl. Büro, Sekretariat | | |
| Deckungs-beitrag III | DB 3 | | DB 3 | | Summe |
| – Bereichs-fixkosten | Bereich: **Großes Haus**<br><br>Nach Spielstätten, z. B. Raumkosten, Hausmeister, Reinigung im Großen Haus | | Bereich: **Werkstattbühne**<br><br>Werkstatt, externe Spielstätte<br><br>Energie, Reinigung | | |
| Deckungs-beitrag IV | DB 4 | | | DB 4 | Summe |
| – Betriebs-fixkosten | Restliche, nicht stärker zu differenzierende fixe Kosten | | | | |
| Gewinn/ Verlust | | | | | + / – |

**Abb. 3.15** Stufenweise Fixkostendeckungsrechnung Beispiel

der sie noch als Einzelkosten erfasst werden können, zugerechnet. Der Deckungsbeitrag wird in diesem Verfahren definiert als der Überschuss der Einzelerlöse über die (direkt zurechenbaren) Einzelkosten eines sachlich und zeitlich abzugrenzenden Kalkulationsobjekts (Wöhe et al., 2023, S. 868). Kalkulationsobjekte sind dabei nicht nur Kostenträger, es können auch Kostenstellen sein. Eine Verrechnung von Gemeinkosten, unabhängig davon, ob es sich um fixe oder variable Teile handelt, wird nicht vorgenommen. Der Gemeinkostenbegriff wird relativiert, da Gemein-

## Deckungsbeitragsrechnung auf Basis relativer Einzelkosten

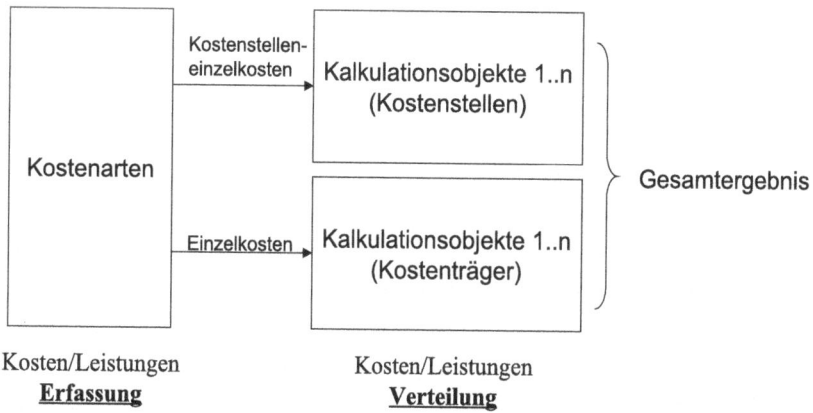

**Abb. 3.16**  Deckungsbeitragsrechnung auf Basis relativer Einzelkosten

kosten je nach Einteilung der Kalkulationsobjekte (Bezugsgrößen) in irgendeiner Hierarchieebene der Bezugsgrößen als Einzelkosten verrechenbar sind. Im Prinzip haben bei diesem Rechenverfahren alle Kosten den Charakter von Einzelkosten, weil sie entweder, wie bei den anderen beschriebenen Verfahren auch, als klassische Einzelkosten direkt dem Bezugsobjekt Kostenträger zugerechnet werden können (z. B. der Abendgast einer Theaterproduktion) oder als relative Einzelkosten „direkt" einem Bezugsobjekt Kostenstelle zuzurechnen sind (z. B. die Personalkosten des Intendanten der Kostenstelle Intendanz). Die Summe aller Bezugsobjekte ergibt das Betriebsergebnis, welches dann aber auch bezüglich seiner Zusammensetzung sehr gut zu analysieren ist. Die Abb. 3.16 stellt die beschriebenen Zusammenhänge dar.

Zum Verständnis sei noch einmal darauf hingewiesen, dass der Einsatz von Teilkostenrechnungssystemen nicht bedeutet, dass ein Teil der Kosten und Leistungen gar nicht an der Kosten- und Leistungsrechnung teilnimmt. Es werden lediglich nicht alle Kosten und Leistungen Kostenträgern zugerechnet. Eine Verrechnung, wie sie die traditionelle Vollkostenrechnung vornimmt, unterbleibt aufgrund der dargestellten Nachteile, die gerade unter der Zielsetzung von Kosten- und Leistungstransparenz gravierend sind. In der Praxis ist es eher üblich, die vorgestellten Verfahren nicht in Reinform einzusetzen, gerade auch wegen der Möglichkeit der individuellen Anpassung finden sich eher Mischformen, welche die jeweils vorteilhaften Elemente einzelner Rechenverfahren miteinander kombinieren.

Wie könnte die Anwendung in einem Museum aussehen? Beim Blick auf die typischen Kostenstrukturen eines Museums fällt auf, dass ein Museum in der Regel ein personalintensiver Betrieb ist und einen Anteil von Personalkosten in der Größenordnung von 80–90 % der Gesamtkosten aufweist. Oft hört man das Argument, das Personal sei ja „eh da". Verfolgt man das Ziel Transparenz herzustellen, ist es aber von großem Interesse, wie diese Ressourcen genutzt werden, wofür die Arbeitskraft eingesetzt wird, wie viel Personalaufwand sich hinter der Konzeption einer neuen Ausstellung oder in der Katalogerstellung, in der Presse- und Öffentlichkeitsarbeit für das Haus oder für eine konkrete Einzelausstellung verbirgt. Um solche Fragen zu beantworten, werden Zusatzinformationen benötigt (siehe Abb. 3.17), d. h. von den Mitarbeitern müssen entsprechende Aufzeichnungen gefordert werden, die darüber Aufschluss geben. Mit leicht zu handhabenden Stundenaufzeichnungen kann dabei ein hohes Maß an Transparenz für den Museumsbetrieb, aber auch für den einzelnen Mitarbeiter gewonnen werden. Anbei ein Muster, wie eine Stundenerfassung aussehen könnte.

Mit den Daten, die durch eine Stundenerfassung gewonnen werden, erreicht man kostenrechnerisch den Effekt, dass aus Kosten, die bisher „nur" einer Kostenstelle zugeordnet werden konnten (im Beispiel der Kostenstelle Technik), nun echte Einzelkosten identifiziert werden können (vgl. Abb. 3.21 Kosten- und Leistungsrechnung im Theaterhaus Stuttgart) die verursachungsgerecht auch

**Stundenabrechnung**

Mitarbeiterin/Mitarbeiter: Herr Neumann
Technik                      Monat: 2   Jahr: 20xx

| Kostenträger | Nr. | 1 | 2 | 3 | 4 | 5 | 6 | 7 | 8 | 9 | 10 | 11 | 12 | 13 | 14 | 15 | 16 | 17 | 18 | 19 | 20 | 21 | 22 | 23 | 24 | 25 | 26 | 27 | 28 |
|---|---|---|---|---|---|---|---|---|---|---|---|---|---|---|---|---|---|---|---|---|---|---|---|---|---|---|---|---|---|
| | | Mo | Di | Mi | Do | Fr | Sa | So | Mo | Di | Mi | Do | Fr | Sa | So | Mo | Di | Mi | Do | Fr | Sa | So | Mo | Di | Mi | Do | Fr | Sa | So |
| Dauerausstellung | 7,0 | | 2,0 | | | | | | | | | | | | | 4,0 | 1,0 | | | | | | | | | | | | |
| Sonderausstellung 1 | 0,0 | | | | | | | | | | | | | | | | | | | | | | | | | | | | |
| Sonderausstellung 2 | 0,0 | | | | | | | | | | | | | | | | | | | | | | | | | | | | |
| Sonderausstellung 3 | 106,0 | | ,0 | 8,0 | | | | | | 8,0 | 8,0 | 8,0 | 8,0 | | | | 5,0 | 3,0 | 8,0 | 8,0 | | | 8,0 | 8,0 | 5,0 | 8,0 | 4,0 | | |
| Sonderausstellung 4 | 9,0 | | | | | | | | | | | | | | | | 4,0 | | | | | | | | | | | | |
| | 0,0 | | | | | | | | | | | | | | | | | | | | | | | | | | | | |
| | 0,0 | | | | | | | | | | | | | | | | | | | | | | | | | | | | |
| Veranstaltung 1 | 0,0 | | | | | | | | | | | | | | | | | | | | | | | | | | | | |
| Veranstaltung 2 | 0,0 | | | | | | | | | | | | | | | | | | | | | | | | | | | | |
| Veranstaltung 3 | 46,0 | | | | 8,0 | 12,0 | 10,0 | 4,0 | 8,0 | | | | | | | | | | | | | | | | | 4,0 | | | |
| | 0,0 | | | | | | | | | | | | | | | | | | | | | | | | | | | | |
| | 0,0 | | | | | | | | | | | | | | | | | | | | | | | | | | | | |
| Museum Allg. | 2,0 | | 2,0 | | | | | | | | | | | | | | | | | | | | | | | | | | |
| | 0,0 | | | | | | | | | | | | | | | | | | | | | | | | | | | | |
| | 0,0 | | | | | | | | | | | | | | | | | | | | | | | | | | | | |
| | 0,0 | | | | | | | | | | | | | | | | | | | | | | | | | | | | |
| | 0,0 | | | | | | | | | | | | | | | | | | | | | | | | | | | | |
| | 0,0 | | | | | | | | | | | | | | | | | | | | | | | | | | | | |
| Sonstiges | 7,0 | | 2,0 | | | | | | | | | | | | | | 3,0 | | | | | | | | | | | | |
| Urlaub | 0,0 | | | | | | | | | | | | | | | | | | | | | | | | | | | | |
| Krankheit | 0,0 | | | | | | | | | | | | | | | | | | | | | | | | | | | | |
| | 177,0 | 4,0 | 8,0 | 8,0 | 8,0 | 12,0 | 10,0 | 4,0 | 8,0 | 8,0 | 8,0 | 8,0 | 8,0 | 0,0 | 0,0 | 4,0 | 8,0 | 8,0 | 8,0 | 8,0 | 0,0 | 0,0 | 8,0 | 8,0 | 8,0 | 5,0 | 8,0 | 0,0 | 0,0 |

**Abb. 3.17** Muster Stundenerfassung

Kostenträgern zuzurechnen sind. Für diesen Transfer müssen die aufgezeichneten Mengen (Stunden) mit einem Verrechnungssatz bewertet werden, so wären beispielsweise aus der obigen Mustererfassung bei einem Stundensatz von 35,00 € der Veranstaltung 3 1610 € für technische Leistungen zuzurechnen. Bei einer Anwendung wie dieser orientiert man sich streng an den tatsächlich geleisteten Stunden und verrechnet diese weiter. Damit ist es auch möglich, dass durchaus mehr Kosten entstehen können, als Personalaufwand für diesen Mitarbeiter entsteht. Dieser Fall tritt beispielsweise ein, wenn in hohem Maße Überstunden geleistet werden. Auch ehrenamtlich geleistete Stunden können mit einem kalkulatorischen Stundensatz angerechnet werden, sodass in der Legitimationsdebatte ein weiteres Argument für die Leistungskraft des Hauses entsteht.

Die wichtige Entscheidungsgröße, die bei der beschriebenen Vorgehensweise ermittelt wird, ist der Deckungsbeitrag. Er wird errechnet, indem die Erlöse pro Kostenträger den Einzelkosten pro Kostenträger gegenübergestellt werden. Diese Vorgehensweise ist angelehnt an die „Teilkostenrechnung auf Basis relativer Einzelkosten" und erfüllt die Forderung an Transparenz am besten. Alle Einzelergebnisse von Kostenstellen und Kostenträgern zusammen ergeben das Betriebsergebnis, das dann in seiner Zusammensetzung sehr gut zu analysieren ist. Eine einzelne Kostenträgerauswertung dieses Verfahrens zeigt der Ausschnitt in Abb. 3.18.

M-MIS SOMMERAUSSTELLUNG Ort: Schloss Geschäftsjahr 20XX

| | Mai XX | | Jun XX | | Jul XX | | Aug XX | | Sep XX | | Okt XX | | Nov XX | | Dez XX | | Plan | Ist |
|---|---|---|---|---|---|---|---|---|---|---|---|---|---|---|---|---|---|---|
| | (Plan) | (Ist) | (Plan) | (Ist) | (Plan) | (Ist) | (Plan) | (Ist) | (Plan) | (Ist) | (Plan) | (Ist) | (Plan) | (Ist) | (Plan) | (Ist) | | |
| Ausstellungszeitraum | | | | | | | | | | | | | | | | | 0 | 0 |
| Besucherzahlen | | | | | | | | | | | | | | | | | 0 | 0 |
| Eintrittserlöse | | | | | | | | | | | | | | | | | 0 | 0 |
| Vollzahler | | | | | | | | | | | | | | | | | 0 | 0 |
| Ermäßigungen | | | | | | | | | | | | | | | | | 0 | 0 |
| Sonstige Erlöse | | | | | | | | | | | | | | | | | 0 | 0 |
| | | | | | | | | | | | | | | | | | 0 | 0 |
| Plan-/Istumsatz kummuliert | 0 | 0 | 0 | 0 | 0 | 0 | 0 | 0 | 0 | 0 | 0 | 0 | 0 | 0 | 0 | 0 | | |
| Abweichung Umsatz | | 0 | | 0 | | 0 | | 0 | | 0 | | 0 | | 0 | | 0 | | |
| Ausstellungskonzeption | | | | | | | | | | | | | | | | | 0 | 0 |
| A. Wissenschaftliche Arbeiten: | | | | | | | | | | | | | | | | | 0 | 0 |
| Konzeption | | | | | | | | | | | | | | | | | 0 | 0 |
| Katalog | | | | | | | | | | | | | | | | | 0 | 0 |
| Konzeption Begleitveranstaltungen | | | | | | | | | | | | | | | | | 0 | 0 |
| | | | | | | | | | | | | | | | | | 0 | 0 |
| B: Technik / Werkstätten | | | | | | | | | | | | | | | | | 0 | 0 |
| Aufbau / Abbau | | | | | | | | | | | | | | | | | 0 | 0 |
| Transporte | | | | | | | | | | | | | | | | | 0 | 0 |
| | | | | | | | | | | | | | | | | | 0 | 0 |
| C: Materialaufwand | | | | | | | | | | | | | | | | | 0 | 0 |
| Ausstellungshilfen | | | | | | | | | | | | | | | | | 0 | 0 |
| Aufhängungssysteme | | | | | | | | | | | | | | | | | 0 | 0 |
| | | | | | | | | | | | | | | | | | 0 | 0 |
| | | | | | | | | | | | | | | | | | 0 | 0 |
| D: Werbung / ÖA / Marketing | | | | | | | | | | | | | | | | | 0 | 0 |
| Personal | | | | | | | | | | | | | | | | | 0 | 0 |
| Grafik / Design | | | | | | | | | | | | | | | | | 0 | 0 |
| Druck | | | | | | | | | | | | | | | | | 0 | 0 |
| | | | | | | | | | | | | | | | | | 0 | 0 |
| E: Begleitende Veranstaltungen | | | | | | | | | | | | | | | | | 0 | 0 |
| Vernisage | | | | | | | | | | | | | | | | | 0 | 0 |
| Finisage | | | | | | | | | | | | | | | | | 0 | 0 |
| Führungen | | | | | | | | | | | | | | | | | 0 | 0 |
| | | | | | | | | | | | | | | | | | 0 | 0 |
| F: Sonstige zurechenbare Kosten | | | | | | | | | | | | | | | | | 0 | 0 |
| | | | | | | | | | | | | | | | | | | |
| | | | | | | | | | | | | | | | | | | |
| Gesamtaufwand | 0 | 0 | 0 | 0 | 0 | 0 | 0 | 0 | 0 | 0 | 0 | 0 | 0 | 0 | 0 | 0 | 0 | 0 |
| | | | | | | | | | | | | | | | | | | |
| Deckungsbeitrag | 0 | 0 | 0 | 0 | 0 | 0 | 0 | 0 | 0 | 0 | 0 | 0 | 0 | 0 | 0 | 0 | 0 | 0 |

**Abb. 3.18** Muster Kostenträgerauswertung

| M-MIS | | Ergebnisrechnung Museum | | | | | | | | | | | | Ge |
|---|---|---|---|---|---|---|---|---|---|---|---|---|---|---|
| | | Jan. PLAN | Feb. PLAN | März PLAN | April PLAN | Mai PLAN | Juni PLAN | Juli PLAN | Aug. PLAN | Sept. PLAN | Okt. PLAN | Nov. PLAN | Dez. PLAN | Ist |
| **Summe Ergebnis Kostenträger** | | | | | | | | | | | | | | 0 |
| Kostenträger 1 | Erlöse | | | | | | | | | | | | | 0 |
| | Kosten | | | | | | | | | | | | | 0 |
| Kostenträger 2 | Erlöse | | | | | | | | | | | | | 0 |
| | Kosten | | | | | | | | | | | | | 0 |
| Kostenträger 3 | Erlöse | | | | | | | | | | | | | 0 |
| | Kosten | | | | | | | | | | | | | 0 |
| Kostenträger 4 | Erlöse | | | | | | | | | | | | | 0 |
| | Kosten | | | | | | | | | | | | | 0 |
| Kostenträger 5 | Erlöse | | | | | | | | | | | | | 0 |
| | Kosten | | | | | | | | | | | | | 0 |
| **Summe Ergebnis Kostenstellen** | | 0 | 0 | 0 | 0 | 0 | 0 | 0 | 0 | 0 | 0 | 0 | 0 | 0 |
| Kostenstelle 1 | Erlöse | | | | | | | | | | | | | 0 |
| | Kosten | | | | | | | | | | | | | 0 |
| Kostenstelle 2 | Erlöse | | | | | | | | | | | | | 0 |
| | Kosten | | | | | | | | | | | | | 0 |
| Kostenstelle 3 | Erlöse | | | | | | | | | | | | | 0 |
| | Kosten | | | | | | | | | | | | | 0 |
| Kostenstelle 4 | Erlöse | | | | | | | | | | | | | 0 |
| | Kosten | | | | | | | | | | | | | 0 |
| Kostenstelle 5 | Erlöse | | | | | | | | | | | | | 0 |
| | Kosten | | | | | | | | | | | | | 0 |
| **Verrechnungen / Kalk. Ko.** | | | | | | | | | | | | | | |
| **Ergebnis** | | | | | | | | | | | | | | |
| **Ergebnis kummuliert** | | | | | | | | | | | | | | |

**Abb. 3.19** Muster Ergebnisauswertung (Kostenstellen und Kostenträger)

Welche Detailinformationen in einen Kostenstellen- oder Kostenträgerbericht aufgenommen werden, wird individuell bestimmt. Was mit dem oben integrierten Muster gut gelingt, ist die Integration der Planungsrechnung. Es ist empfehlenswert, Plan und Ist in einer Auswertung zu führen. Wenn zum Startzeitpunkt noch keine Plandaten vorliegen, ist das nicht problematisch Es ist durchaus legitim, sich zunächst auf eine gute Aufbereitung der Ist-Daten zu konzentrieren. Wenn alle gewonnenen Daten zusammengefasst werden, könnte man zu einer Auswertung ähnlich dem folgenden Muster wie in Abb. 3.19 kommen.

Die vorgeschlagenen Auswertungen für einzelne Kostenträger bzw. das Gesamtergebnis, können in dieser Form auch gute Dienste für die Erstellung von Haushalts-/Wirtschafts- oder Budgetplanung leisten. Die Planung orientiert sich an Aufgaben bzw. Kostenträgern, nicht wie bisher üblich an den Daten der Vorjahre. Bei Etablierung einer solchen Vorgehensweise lassen sich Haushaltsplanung und Planung von Kosten und Leistungen in einem Arbeitsgang bewältigen.

Ein großer Vorteil der Kosten- und Leistungsrechnung ist, dass sie sukzessive eingeführt, erweitert und verbessert werden kann. Jeder kleine Schritt bietet wertvolle Informationen, z. B. über die Zusammensetzung der Erfolge und über Wirkungen von Maßnahmen, die sich in jeder beliebigen Variation simulieren lassen (Was wäre wenn?). Im Laufe der Zeit wird sich das Instrument der Kosten- und Leistungsrechnung verfeinern und um weitere Rechnungen in Richtung eines ganzheitlichen Controllingsystems ergänzt werden.

In der Praxis trifft man auf die genannten Mischformen der vorgestellten Verfahren, darum an dieser Stelle wieder ein Blick in die Kulturbetriebe.

Zunächst ein Rückblick in das Jahr 2010, wo in den Berliner Landesmuseen auf Beschluss der Lenkungsgruppe eine Vollkostenrechnung eingeführt wurde. Dr. Robert Knappe war in dieser Zeit Verwaltungsdirektor der Berlinschen Galerie, er berichtet:

**Blick in die Praxis. Controlling in der Berlinischen Galerie**
Nach mehrjährigem Implementationsprozess können in der Berlinischen Galerie beispielsweise folgende Fragen durch das interne Rechnungswesen beantwortet werden:

- Wie verteilen sich die Gesamtaufwendungen des Museums (Personaleinsatz, Sach- und Gebäudekosten) auf die musealen Ziele (angelehnt an die ICOM-Ziele)?
- Welche mengenmäßigen (in Stunden) und wertmäßige (in Euro) Personalressourcen entfallen auf die Kostenstellen (Abteilungen) und Kostenträger (Produkte, z. B. Sonderausstellungen)?
- Welche Aufwendungen (Arbeitszeiten, Sachmittel etc.) werden durch die Abteilungen für die einzelnen Produkte eingesetzt (entspricht einer Verknüpfung von Kostenträgern mit Kostenstellen)?
- Welche Leistungen erbringen die Serviceabteilungen (Verwaltung, Technik, Besucherbetreuung, Marketing etc.) für die kulturfachlichen Produkte?
- In welchen Proportionen stehen Personal-, Sach- und Gebäudekosten sowie Erlöse in den einzelnen Kostenstellen und Kostenträgern zueinander?
- Daraus kann ein Benchmark vergleichbarer Produkte (z. B. Ausstellungen) und Abteilungen (z. B. Sammlungsbereiche) abgeleitet werden.
- In Verbindung mit Erlösen: Welche Deckungsbeiträge bzw. Kostendeckungsgrade erwirtschaften die Produkte und Abteilungen (Deckungsbeitragshierarchie)? Wie hoch sind die Zuschussintensitäten durch den Zuwendungsgeber?
- Wie entwickeln sich diese Daten im intertemporalen Vergleich?
- Durch eine Plankostenrechnung können beabsichtigte Entwicklungen als Zielsetzungen zum späteren Vergleich festgehalten werden.

Die wesentlichen Voraussetzungen für das Funktionieren der Systeme und die Entfaltung ihrer Aussagekraft lauten: die verlässliche Partizipation der Beschäftigten bei der produktorientierten Arbeitszeiterfassung, eine stringente Kontierung in der Buchhaltung, klare Definitionen und Abgrenzungen von Kostenstellen und Kostenträgern, ein „sprechender" Kontenplan welcher die Bedürfnisse des externen und internen Rechnungswesens zugleich berücksichtigt, die systematische Verbindung von Erlös- und Kostendaten, adressatenorientierte Auswahl von Routineberichten, eine an übergeordneten Zielen orientierte betriebliche Führungs- und Steuerungskultur sowie die in diesem Zusammenhang erforderliche Bereitschaft der beteiligten Akteure zur offenen Auseinandersetzung und Nutzung der gewonnen Daten als eine Diskussionsgrundlage. Der Zeitaufwand zur Pflege und Auswertung der Systeme sollte nicht unterschätzt werden. Im Zweifelsfall sind eher einfache Gestaltungsansätze zu bevorzugen, um die Praktikabilität und die Wirtschaftlichkeit der Controllingprozesse an sich zu gewährleisten.

Zur kompetenten Interpretation der Daten gehört auch die Beachtung ihrer Grenzen. Bei der Vollkostenrechnung schwanken die umgelegten Kosten und ggf. Erlöse in starker Abhängigkeit von den zu Grunde liegenden Definitionen der Umlageschlüssel. Nur in Einzelfällen wird man die Kostenstellen- und Kostenträgerverantwortlichen für umgelegte Gemeinkosten verantwortlich machen können. Umgelegte Gemeinkosten bleiben auch dann bestehen und schlagen wirtschaftlich zu Buche, wenn das belastete Bezugsobjekt entfällt. (Umso wichtiger ist das Gemeinkostenmanagement als übergeordnete Controllingaufgabe).

Die gewonnenen Informationen dienen weniger der kurzfristigen Steuerung, sondern vielmehr der informationsbasierten Unterstützung der mittel- bis langfristigen Entwicklung des Museumsbetriebs. Viele Kulturbetriebe sind einem wachsenden finanziellen Druck ausgesetzt. Eigenständiges Entscheiden und Handeln der Kulturbetriebe wird zunehmend von den Trägern und der Öffentlichkeit erwartet. Ein professionelles Controlling bedeutet an dieser Stelle, fundierte Entscheidungsgrundlagen zu liefern und mit den Entscheidungsträgern in einem konstruktiven Dialog zu erörtern. Die Transparenz museumsinterner wirtschaftlicher Zusammenhänge kann dabei Ansatzpunkte für Erlössteigerungen und Kostenreduktionen in der Zukunft hervorbringen. Auch u. U. erforderliche Konzentrations- und Schrumpfungsprozesse können analytisch gestützt werden. Das interne Rechnungswesen ist somit ein Beitrag zur zielorientierten Profilierung und Weiterentwicklung des Kulturbetriebs. Die Voraussetzungen hierfür lauten, dass die Kosten-Leistungs-Rechnung als

Controllinginstrument adäquat eingerichtet und als Datengrundlage für das strategische (potenzialorientierte) Management genutzt wird.

Auch 2024 basiert das Controllingsystem der Berlinschen Galerie auf dem Fundament, das in der beschriebenen Einführungsphase gelegt wurde. Die Erfahrung zeigt, dass es eine hohe Stabilität hat und seine Ergebnisse nach wie vor in die laufenden Entscheidungsprozesse einfließen. Die Verwaltungsdirektorin Birgitta Müller-Brandeck, lobt die vorhandene Vorleistung, die sie nutzen kann. Der von ihrem Vorgänger gewählte Ansatz ist stabil und für den Betrieb passgenau. Sie betont im Gespräch auch, dass sie damit eine gute Grundlage hat, um notwendige, laufende Anpassungen vorzunehmen. Dabei richtet sich der Fokus immer mehr darauf ein IT-unterstütztes Planungsinstrument zu sein.

Ein grafisches Beispiel für die nahezu unbegrenzten Auswertungsmöglichkeiten und Visualisierungen zeigt die Abb. 3.20 Gesamtressourcenverteilung 2010 der Berlinischen Galerie in Aufwendungen (Sach-, Personal- und Gebäudekosten in %) und Personaleinsatz (in Arbeitsstunden) anhand getroffener Zuordnungsdefinitionen von Kostenträgern zu ICOM-Zielen.

Einen weiteren Einblick in die Praxis bietet Franziska Thiel. Sie zeigt, wie die Kosten- und Leistungsrechnung als Teil des Management-Informationssystems im Theaterhaus Stuttgart konzipiert wurde, die auch dort als zentrale Informationsbasis für das Berichtswesen angesehen wird.

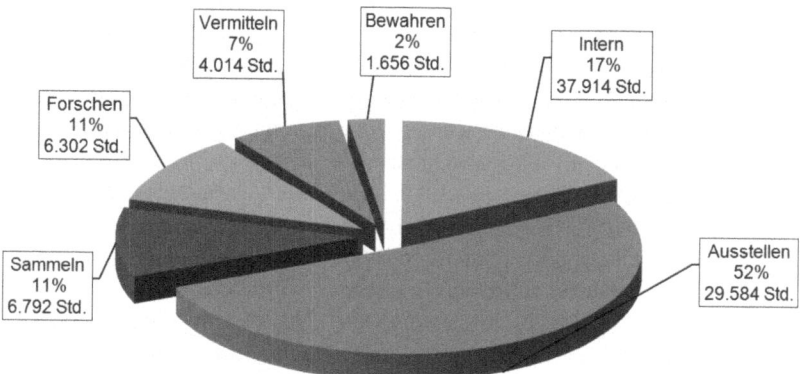

**Abb. 3.20**  Gesamtressourcenverteilung 2010 der Berlinischen Galerie

**Blick in die Praxis: Kosten- und Leistungsrechnung im Theaterhaus Stuttgart**
Die Grundlage des Berichtswesens ist die vollständige Erfassung aller monetären Bewegungen auf den Erfolgskonten der Finanzbuchhaltung (Aufwand und Ertrag a. d. V.). Sie stellen die Kostenarten dar, logisch getrennt nach den Vereinssparten des ideellen Bereichs, des Zweckbetriebs und des wirtschaftlichen Geschäftsbetriebs. In einer zweistufigen Kaskadierung werden sie zu Kostengruppen zusammengefasst, bspw. Personalkosten, Sachkosten, Hauskosten etc. So können alle Kosten hinsichtlich ihrer Art übersichtlich dargestellt werden. Die Kostenartenrechnung ergibt sich also gewissermaßen automatisch aus den Erfolgskonten der Finanzbuchhaltung und bedarf lediglich einer Strukturierung, die dem Zweck des Berichtswesens sinndienlich ist.

Eine besondere Rolle nimmt im Rahmen des Reportings die Kostenstellenrechnung ein. Üblicherweise werden in der Kostenstellenrechnung nur die allgemeinen Kosten erfasst, bspw. die Sachkosten des Hauses, die Kosten der Geschäftsführung, der Verwaltungs- oder der Marketingabteilung. Kosten für Produktionen und Aufführungen werden in der Regel nur auf Kostenträgern erfasst. Damit entsteht jedoch eine Informationslücke. Während in der Kostenartenrechnung auf Basis der Erfolgskonten der Finanzbuchhaltung der gesamte Etat vollständig abgebildet ist, werden die Kosten – und ebenso die Erlöse – in der Kostenstellen- und Kostenträgerrechnung getrennt. Aufgrund der hohen Personalintensität des Kulturbetriebs zeigen die Kostenstellen zwar den Großteil der Kosten, jedoch gehen im Fall der Theater Informationen über Sachkosten der Produktionen (z. B. Bühnenbild und Kostüme) oder Gästepersonal für die Kostenstellenrechnung „verloren", wenn sie nur auf Kostenträger gebucht werden. Im Theaterhaus Stuttgart wurden deshalb sogenannte „Kostenträger-Kostenstellen" gebildet, über die auch solche Kosten auf Kostenstellen gebucht werden müssen, die sonst nur auf Kostenträgern erfasst würden. Eine Buchung muss folglich neben dem Erfolgskonto der Finanzbuchhaltung (= Kostenart) immer auch eine Kostenstelle aufweisen, gegebenenfalls auch einen Kostenträger. Damit werden alle Kosten der Kostenartenrechnung in der Kostenstellenrechnung sicht- und vor allem auswertbar. Da so neben dem „Was" auch das „Wo" des Ressourcenverbrauchs vollständig transparent ist, wird die Kostenstellenrechnung zum tragenden Informationsdienst. Und noch einen Vorteil haben diese „Kostenträger-Kostenstellen": Auch die direkten Erlöse aus Veranstaltungen, sonst nur in der Kostenträgerrechnung sichtbar, werden in der

Kostenstellenrechnung erfasst. So kann der gesamte Etat abgebildet werden. Damit kann die kurzfristige Erfolgsrechnung zügig und lückenlos auch mit dem Haushaltsplan abgeglichen werden, und zwar mehrdimensional, sowohl hinsichtlich der Kostenarten als auch der Kostenstellen. Das vereinfacht nicht nur die Analyse von Abweichungen, sondern auch das Forecasting und das Aufstellen von Szenarien.
Die Kostenträgerrechnung wird dadurch nicht beeinflusst.

Den individuellen Aufbau der Kosten- und Leistungsrechnung im Theaterhaus Stuttgart zeigt Abb. 3.21.

Bei der grafischen Darstellung wird deutlich, dass beim Aufbau dieser individuellen Lösung sowohl das Verursachungsprinzip als auch die Gewinnung von Transparenz eine große Rolle gespielt hat und die Verantwortlichen im Theaterhaus die Ungenauigkeiten einer Vollkostenrechnung nicht akzeptieren wollten. Gleichwohl

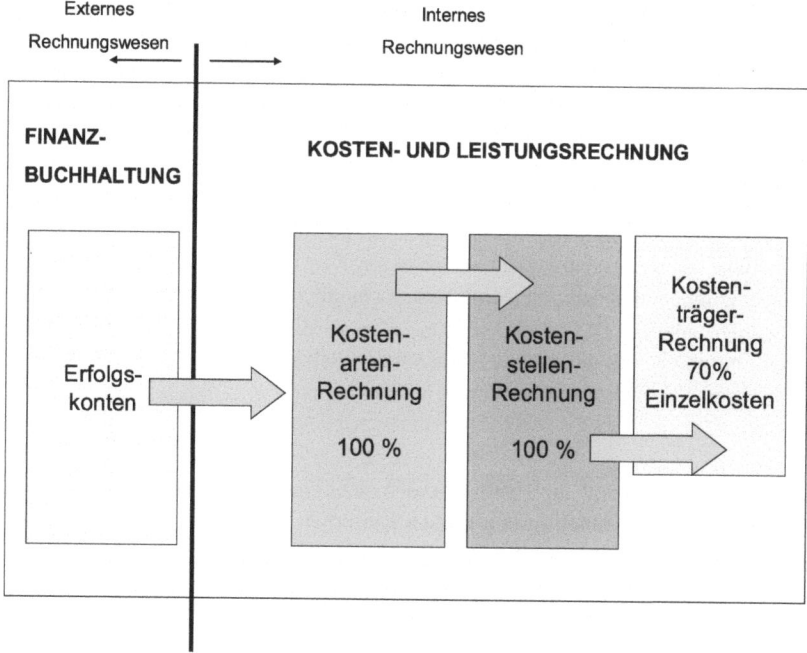

**Abb. 3.21** Kosten- und Leistungsrechnung im Theaterhaus Stuttgart

kann aber mit diesem gewählten Verfahren auch eine Vollkostenrechnung simuliert werden. Die Ergebnisse hätten dann auch wichtige Signalwirkungen. Die Verantwortlichen im Theaterhaus berichten von folgender Erfahrung: Wenn Kostenträgerberichte mit den Verantwortlichen besprochen werden, fällt deren Blick zuerst auf die Summe von Kosten bzw. auf das Ergebnis, welches für den Kostenträger ermittelt wurde und diese Zahl setzt sich sogleich fest. Gelegentlich entsteht der Eindruck, dass das doch gar nicht so teuer ist und es ist schwer für den Controller den Kostenverantwortlichen bewusst zu machen, dass ein Teil der Kosten bei der angewandten Rechnung fehlt, weil sie nicht verursachungsgerecht zugerechnet werden können. In der Darstellung und Kommunikation des Ergebnisses ist es also durchaus eine Überlegung wert, ob man die Vollkostenvariante wählt, um das Gesamtvolumen bewusst zu machen und daraus die Teilkostensumme pro Kostenträger herausarbeitet, die verursachungsgerecht ist. Damit wäre dann wirklich ein ideales Analyseinstrument entstanden.

Auch in der Bayerischen Staatsoper wird punktuell das System der Vollkostenrechnung angewendet, z. B. im Bereich des Produktionskostencontrollings. Durch kontinuierliche Weiterentwicklung – vor allem bei der Erfassung von Stunden, also Personalkosten – können in München Herstellkosten einzelner Produktionen verursachungsgerecht ermittelt werden (vgl. Liczewski 2011). Diese Information hat für Steuerungszwecke eher eine geringere Bedeutung, wird aber beispielsweise benötigt, wenn Produktionen verliehen werden, zur Angabe von Versicherungswerten und als Grundlage für Verhandlungen. In der Staatsoper ist die Kosten- und Leistungsrechnung inzwischen so weit entwickelt, dass mehrere Verfahren gleichzeitig zum Einsatz kommen und dadurch parallel unterschiedliche Fragestellungen verfolgt werden können. Die besondere Sorgfalt wird darauf gelegt, dass die ausgeführten Verrechnungen und Umlagen wirklich verursachungsgerecht sind, betonen Neubacher und Nebel im Gespräch.

An dieser Stelle soll auch betont werden, dass eine Kosten- und Leistungsrechnung nicht ausschließlich in den großen Kulturbetrieben angewendet wird – der Eindruck könnte entstehen. Aber auch bei kleinen Veranstaltungsbetrieben, Musikschulen, VHSen, Bibliotheken etc. ist die Anwendung nützlich, wie hier Johannes Pfeffer (Geschäftsführer des Schwäbischen Chorverbandes) beschreibt:

„Durch die Einführung der Kosten-Leistungsrechnung wurde unser Finanzwesen deutlich durchsichtiger. Wir sehen jetzt auch für kleinere Projekte
schnell, welchen Finanzbedarf diese haben und erkennen frühzeitiger, wenn
sie von der Planung abweichen. Durch die klare Projektzuordnung können
auch Ehrenamtliche, die nicht für das Finanzwesen verantwortlich sind,
einen Überblick über die von ihnen verantworteten Projekte erhalten. Be-
dingt durch starke periodische Schwankungen bei den Einnahmen durch
Mitgliedbeiträge und Zuschüsse ist auch eine verlässliche Liquiditätsplanung für uns wichtig. Ein weiterer wichtiger Effekt der Erweiterung
unseres Rechnungswesens ist, dass wir die Nachweise für unsere Fördermit-
tel quasi auf Knopfdruck ausgeben können, was Zeit spart, und Fehler
vermeidet.

Welche weiteren, auch technische Anforderungen sind für die Datengewinnung
zu berücksichtigen? Auch dazu noch einmal ein Blick ins Stuttgarter Theaterhaus:

**Blick in die Praxis: Theaterhaus Stuttgart**
Dass ein solches Informationsmanagementsystem am Theaterhaus auch
Berührungspunkte mit Organisationsentwicklungsprozessen in den Bereichen Digitalisierung oder interner Kommunikation bietet, betont Natascha Reith:
    Die technischen Voraussetzungen für eine Kosten- und Leistungs-
rechnung dieser Art sind relativ gering. Aufbauend auf dem Kontenrahmen
und den „Kostenträger-Kostenstellen" wurde im Theaterhaus Stuttgart mit
Microsoft Excel ein schematischer Standard generiert, der mithilfe der Pi-
vot-Funktion die datenbankähnliche Auswertung von Informationen ermöglicht, die aus der Buchhaltungssoftware eingespielt werden. Eine solche
monatliche Auswertung bildet dann die Grundlage für Budgetkontrolle und
Prognosen und trägt zu einem verbesserten internen Kommunikationssystem
bei, das bei der digitalisierten Rechnungseingangsverarbeitung beginnt. Bereits hier werden die betroffenen Abteilungen bei der richtigen Zuordnung
und Verbuchung von Kostenarten, Kostenstellen und Kostenträgern eingebunden. Der monatliche Plan-Ist-Abgleich und die daraus jeweils aktualisierte Prognose für das Restjahr bilden einen iterativen Prozess, bei dem die
Schnittstellen aus den einzelnen Abteilungen punktuell als Informations-

geber eingebunden werden. So werden über die standardisierte Form nicht nur eine konsistente Planung, sondern auch ein stetiger Informationsfluss und die abteilungsübergreifende Generierung von zeitnahen Informationen ermöglicht.

Die übersichtliche monatliche Auswertung sowie die Ableitung der Prognose daraus wird über Excel erstellt, was zusätzlich den Vorteil hat, diesen Controlling-Prozess im Rahmen einer Nachfolge einfach weitergeben zu können, da das Programm und seine Grundfunktionen allgemein verbreitet und ausreichend bekannt sind.

Auch im Beispiel des Theaterhauses wurde deutlich, dass die Daten des Rechnungswesens zur genauen Zuordnung häufig noch mit weiteren Informationen aus anderen Quellen, die alle im Management-Informationssystem zusammenfließen, ergänzt werden. Diese sollen in den folgenden Kapiteln kurz vorgestellt werden.

## 3.6   Weitere Datenquellen für das Managementinformationssystem

Bei den Ausführungen zur Kosten- und Leistungsrechnung wurde immer wieder betont, dass die Rechnungswesendaten nur ein Teil der Gesamtsysteminformationen sind und dass zur zielorientierten Steuerung im Rahmen eines Informationssystems weitere Datenquellen hinzugezogen werden müssen (siehe Kap. 2, Abb. 2.3). Dabei ergeben sich die relevanten Informationen aus den zuvor beschriebenen, vielfältigen Kausalitäten und Austauschbeziehungen, die für Betriebe typisch sind.

Für Kulturbetriebe sind alle Informationen rund um die Besucher besonders bedeutsam. Aufgrund der für Kulturbetriebe charakteristischen Personalintensität gilt das auch für die Informationen das Personal betreffend. Überlebenswichtig für alle Betriebe ist zudem die Sicherung der Liquidität. Auf diese drei Themen soll der Fokus in diesem Kapitel gerichtet werden, damit soll die Notwendigkeit ganzheitlicher Betrachtung bei der Steuerung eines Kulturbetriebes deutlich gemacht werden. Die Arbeit einzelner Abteilungen ist eng miteinander verzahnt. Die Sensibilität für Gesamtzusammenhänge ist jedoch in der Praxis nicht immer gegeben. Viele Abteilungen, einzelne Mitarbeiter oder Mitarbeitergruppen pflegen ihren Egoismus und verlieren dabei die Gesamtzielerreichung aus dem Auge, mit der Konsequenz von Konflikten und Unwirtschaftlichkeiten.

## 3.6.1 Besucherinformationen

Daten zu den Besuchern werden in der Regel von der Marketingabteilung erhoben. Das Marketing zählt, wie auch das Controlling, zu den Serviceleistungen im Management. Die beiden Funktionen sind sehr stark miteinander verzahnt (vgl. Klein/ Schneidewind 2001). Marketing ist gleichermaßen ein analysierendes Vorgehen wie gestaltendes Handeln. Ähnlichkeiten zur Controllingfunktion sind erkennbar. Die Analyse der „Kunden" übernimmt im Rahmen des Marketingmanagementprozesses die „Nachfrageanalyse", sie untersucht beispielsweise (vgl. Klein 2012):

- Wer sind die tatsächlichen und möglichen Besucher des Kulturbetriebs?
- Was erwarten die Besucher vom Kulturbetrieb?
- Was weiß der Kulturbetrieb von den Besuchern und ihrem Verhalten?
- Wer sind die überzeugten Nichtbesucher?
- Welche möglichen Noch-Nichtbesucher gibt es?
- Aus welchen Gründen kommen die „Nicht-mehr-Besucher" nicht mehr?

Es ergibt sich eine große Anzahl von Fragen, die teilweise intern bearbeitet werden können, teilweise sind zur Beantwortung zusätzlich Informationen aus der Umwelt, dem Umfeld oder von Seiten der Konkurrenz notwendig. Es gilt gleichermaßen zwei Strategien zu verfolgen. Zum einen die Besucher zufriedenzustellen, damit sie immer wieder kommen und so zu Stammkunden werden. Man muss also etwas tun für die Besucherbindung. Zum anderen muss das Aufgabenfeld der Besuchergewinnung mit dem Ziel bearbeitet werden, nicht mit einmaligen Besuchen die Statistik zu verbessern, sondern durch eine konsequente Besucherorientierung bzw. ein speziell konzipiertes Marketing neue Zielgruppen zu erreichen und zu binden. Jede neue oder weitere Information über die Besucher ist ein Gewinn und damit ein Mehrwert für die interne Steuerung. Beispielsweise gibt die Altersstruktur der Besucher Hinweise über die zukünftige Auslastung und die damit zusammenhängenden Risiken. Auch Informationen hinsichtlich der demografischen Entwicklung im unmittelbaren Umfeld lassen Einschätzungen zu den zukünftigen Besucherpotenzialen zu. Für diese Zwecke müssen keine aufwändigen empirisch fundierten Besucherforschungen betrieben werden. Es genügt oft sich einfache Instrumentarien einzurichten, um konsequent zu Zusatzinformationen zu kommen. Dazu zählen:

- die Besucherzahlen insgesamt,
- die Information bezüglich des Anlasses, warum kommt der Besucher/Nutzer (Dauerausstellung/Sonderausstellung/Veranstaltung/Seminar etc.),
- kommt der Besucher/Nutzer zum ersten Mal?

- Ist der Besucher/Nutzer aus dem Sitzort des Kulturbetriebes?
- Kommt der Besucher/Nutzer alleine oder in Begleitung, wenn ja mit wem?
- Wie lange bleiben die einzelnen Besucher/Nutzer?
- Wie sind die Besucher/Nutzer auf den Kulturbetrieb/das Kulturangebot aufmerksam geworden? etc.

Informationen dieser Art werden in vielen Kulturbetrieben an der Kasse abgefragt. Sehr häufig soll man die Postleitzahl des Wohnortes nennen. Daraus lassen sich leicht Rückschlüsse zum Einzugsgebiet ziehen. Weitere beliebte Frage ist: wie man von der Veranstaltung/Ausstellung erfahren hat oder mit welchem Verkehrsmittel man angereist ist. Die Rückmeldungen lassen sich mit einfachen Tabellen oder Strichlisten aufzeichnen und auswerten. Um auf diese Weise belastbare Daten zu gewinnen und frühzeitig Veränderungen erkennen zu können müssen diese konsequent abgefragt und gepflegt werden. Dazu ist es notwendig, die Mitarbeiter entsprechend zu informieren, warum diese Daten notwendig sind und was damit gemacht wird. Schnell kann es sonst zu Ängsten und Misstrauen kommen und die Informationen werden im schlimmsten Fall verfälscht, das wäre fatal für die Datenqualität.

Mit den genannten manuellen Methoden sind die zu erzielenden Ergebnisse sicher begrenzt. Man könnte alternativ ein Online-Umfrage-Tool verwenden. Kulturbetriebe können, in Abhängigkeit der spezifischen Anforderungen und des zur Verfügung stehenden Budgets, aus einer Reihe von Alternativen wählen, die zum Teil kostenfrei zur Verfügung stehen. Für einfache Umfragen wird häufig „Google Forms" oder „2aks. com" verwendet.[1] Für umfangreichere Abfragen eignen sich SurveyMonkey oder Questionstar. Große Bedeutung bei der Auswahl des passenden Tools spielt sicher auch der Datenschutz und die Frage, ob die Konformität zur DSGVO gegeben ist.

Die wesentliche Botschaft im Kontext zur Controllingfunktion lautet, dass die interne Informationsquelle Marketing von großer Bedeutung ist und ein regelmäßiger Austausch und Datentransfer zwischen den Abteilungen sicher wertvolle Ergebnisse für die Entscheidungsträger liefern.

Sofern der Kulturbetrieb ein Ticketsystem im Einsatz hat, sind die darin enthaltenen Daten zentrale Informationen für das Controlling. Schon seit vielen Jahren sind Ticketsysteme weit mehr als nur Vertriebskanäle. Viele Marketinginformationen werden über das Ticketing erhoben. Heute werden in vielen Betrieben sowohl klassische Elemente des Ticketing als auch solche des Online-Ticketing eingesetzt. Damit kann eine Fülle von Informationen zum Kunden, den Verkaufswegen, der Auslastung u. a. gewonnen werden. Über die Ticketsoftware

---

[1] Am Ende des Literaturverzeichnisses sind unter „Quellen" einige Links zu Online-Befragungstools eingefügt.

werden auch Vorverkaufsstellen gemanagt, es kann nachvollzogen werden, welche Wirkungen bspw. ein Newsletter hat, das Zahlungsmanagement wird unterstützt, sodass es an dieser Stelle auch zu einer sehr engen Verzahnung mit dem Rechnungswesen des Betriebes kommt. Einige Ticketinganbieter haben ein Tool „Business Intelligence" das vielfältige Analysen, auch über mehrere Jahre liefern kann. Ähnlich wie bei der Controllingfunktion wird es auch im Marketing große betriebsspezifische Unterschiede geben. Es soll aber deutlich geworden sein, dass man auch mit einfachen Methoden wertvolle Informationen erheben kann.

## 3.6.2   Personalinformationen

Das Personal gilt als Herzstück jedes Betriebes, dies gilt besonders für die personalintensiven Kulturbetriebe. Der Personalbereich wird verwaltungstechnisch in vielen Kulturbetrieben durch den Träger, also bspw. die Kommune verwaltet. Sämtliche steuerungsrelevanten Daten im Zusammenhang mit dem Personal gehören aber in den zentralen „Topf" des Informationssystems im Betrieb. Zu den steuerungsrelevanten Personaldaten zählen:

- Persönliche Stammdaten
- Angaben zur Qualifikation (Ausbildung, Abschlüsse, Weiterbildung)
- Art der Stelle (Vollzeit/Teilzeit/befristet/unbefristet/Aushilfe/Ehrenamtlich/etc.)
- Bruttogehalt (Grundgehalt, variable Anteile)
- Sozialaufwand/Personalnebenkosten
- Sollstunden (Kapazität/Überstunden/Fehlstunden)
- Urlaubsanspruch (Jahresurlaub, Resturlaub)
- Betriebszugehörigkeit (Eintritt, ggfs. geplanter Austrittstermin: Rente/Pension)
- Kostenstellenzuordnung (z. B. Kostenstelle Verwaltung 100 %)
- Kostenträgerzuordnung (z. B. Kostenträger Sonderausstellung 50 %)
- Mitarbeitergespräch (Termine, Protokolle, Zielvereinbarungen)
- Weiterbildung (Personalentwicklungsplan)

Die Personaldaten sollten dann auch in die Planungsrechnung einfließen. Hat z. B. ein Mitarbeiter im September noch seinen gesamten Urlaubsanspruch und eine große Menge an Überstunden angesammelt, hat das erhebliche Konsequenzen für die operative Planung. Dieser Mitarbeiter wird im letzten Quartal nicht zur Verfügung stehen, es entstehen trotzdem Kosten auf der Kostenstelle, der er zugeordnet ist und möglicherweise Zusatzkosten, wenn eine Vertretung oder Aushilfe benötigt wird, um die Zeit zu überbrücken.

Eine wesentliche Zusatzinformation, die dem Personalbereich zugerechnet wird, ist die Stundenerfassung. Nur wenn das Personal dazu verpflichtet wird einen Nachweis zu führen, können gute Aussagen und Analysen zu den Fragen des Ressourceneinsatzes und der Ressourcennutzung abgeleitet werden. Die Arbeitsnachweise wären das Mengengerüst (Std.), die durch die Einbindung in die Kosten- und Leistungsrechnung mit einem Stundensatz bewertet zu Kosteninformationen werden. Im Kulturbereich sind diese Daten ganz besonders wertvoll, da die Betriebe typischerweise besonders personalintensiv sind. Eine Stundenerfassung kann individuell konzipiert und durchgeführt werden (siehe Abb. 3.17 Muster Stundenerfassung) oder auch mit einer professionellen softwaregestützten Zeiterfassung. Sämtliche Entscheidungen im Rahmen von Personalentwicklung und Personalplanung haben Einfluss auf das Gesamtsystem Kulturbetrieb und bilden sich wiederum in Kosten und Leistungsgrößen ab. Denkbar wäre auch, ein spezielles System zur Kapazitätsplanung einzusetzen und die darin festgelegten Ressourcen wieder mit der Planungsrechnung zu verbinden, wo diese dann in Kosten und Leistungsgrößen ausgedrückt werden. Dies ist z. B. in einer Musikschule von großem Wert, deren Angebot extrem stark von der vorhandenen Personalressource abhängt. In der Musikpädagogik bringen die Lehrkräfte häufig mehrfache Qualifikationen mit, es gibt aber durchaus auch Einschränkungen. Ein Pianist kann nicht einspringen, wenn gerade verstärkt das Fach Querflöte nachgefragt wird. Basis für das Angebotsspektrum der Musikschule ist der Mix bei den Qualifikationen und die Kombination mit den vereinbarten Deputaten. Interne Verschiebungen sind da möglich, wo Mehrfachqualifikationen gegeben sind und im Rahmen der vertraglichen Absprachen auch ein variabler Einsatz möglich ist. Wenn diese Alternativen ausgeschöpft sind, muss die Musikschule zusätzliches Personal akquirieren. Dabei ist die Flexibilität durch das Herrenberger Urteil von 2023, das die Möglichkeiten die Kapazitäten durch Honorarverträge zu steuern deutlich eingeschränkt, kaum mehr gegeben.

Die globalen Veränderungsprozesse mit vielen daraus resultierenden Krisen trifft auch die Kulturbetriebe mit ihren Mitarbeitern und stellt diese vor große Herausforderungen. Das Verhalten der Betroffenen wird die Auswirkungen in den Betrieben zusätzlich beeinflussen. Die Grundhaltung der Menschen gegenüber Veränderungen ist grundsätzlich eher negativ. Sie reagieren mit Bedenken und Zweifeln oder sogar mit Widerstand. Diese Gegenpositionen können durch mangelnde Kommunikation, durch persönliche Vorbehalte, durch fehlendes Vertrauen, fehlende Motivation oder auch Ängste hervorgerufen werden. Auch in diesem sensiblen Bereich findet Controlling statt, hier stehen die weichen Faktoren im Zentrum, es geht um die sozialen und persönlichkeitsbezogenen Aspekte der einzelnen Mitarbeiter. Ziel des Controllings muss es sein, gemeinsam mit den Führungskräften Verständnis für die Veränderungen zu erzielen, Ängste und Misstrauen abzubauen. Controlling im Personalbereich heißt folglich Daten zu den vorhandenen

Ressourcen und dem Ressourceneinsatz zu gewinnen, gleichzeitig aber auch durch Kommunikation steuernd auf die Mitarbeiter im Sinne der betrieblichen Ziele einzuwirken.

### 3.6.3 Liquiditätsinformationen

Liquide sein bedeutet, dass ein Betrieb zu jedem Zeitpunkt in der Lage ist, seine fälligen Verbindlichkeiten zu bezahlen. Die Liquidität zu sichern ist die entscheidende Voraussetzung, um langfristig überleben zu können. Das operative Augenmerk muss bei der Steuerung folglich auf der Liquiditätssicherung liegen. Der Erfolg eines Betriebes kann sich im Laufe des Geschäftsjahres noch einstellen. Sollte das erste Quartal eines Geschäftsjahres beispielsweise mit einem negativen Erfolg abschließen, muss das noch keine Katastrophe sein. Das Jahresergebnis kann im Laufe der nächsten Monate durchaus noch erreicht werden. Ein Liquiditätsengpass dagegen wirkt kurzfristig, die Zahlungsbereitschaft muss gesichert werden.

Für viele Kulturbetriebe ist dieses Thema nicht bzw. noch nicht aktuell, da alle Zahlungsbewegungen in den überwiegend verwendeten kameralen Systemen über die Kämmerei laufen. Die Kulturbetriebe selbst müssen Ein- oder Auszahlungsanordnungen ausstellen, nicht aber dafür Sorge tragen, dass auch ausreichend Liquidität vorhanden ist. Anders ist das in den Kulturbetrieben, die beispielsweise als Verein (gilt generell für alle privatwirtschaftlichen Rechtsformen) organisiert sind und „nur" einen kommunalen Zuschuss erhalten. Sie sind auch für die Abwicklung sämtlicher Zahlungsverpflichtungen ihres Betriebes verantwortlich. Bei der Liquiditätsplanung muss nun sehr genau unterschieden werden, ob eine Zahlungsverpflichtung laufend und regelmäßig erfolgt oder unregelmäßig. Dies ist das entscheidende Charakteristikum für die Steuerbarkeit. Zu den regelmäßigen und laufenden Zahlungen gehören beispielsweise Mieten oder Gehälter.

Diese Zahlungen haben feste Auszahlungstermine etwa zum Monatsende oder zur Monatsmitte und lassen sich nicht aufschieben. Wird Material eingekauft und liegt dafür dann eine Rechnung mit einem Zahlungsziel von 14 oder 30 Tagen vor, kann individuell entschieden werden, wann diese Zahlung ausgelöst wird. Eine Liquiditätsplanung sollte aus der Ergebnisplanung eines Betriebes abgeleitet werden, indem die dort geplanten Größen auf ihre Liquiditätswirkung hin untersucht werden. Es gibt Positionen der Ergebnisplanung, die gar nicht zu Auszahlungen führen, z. B. die Abschreibungen. Es gibt Positionen, die zu regelmäßigen Auszahlungen führen, z. B. Personalkosten, die im gleichen Monat, in dem sie als Kosten entstehen, auch auszuzahlen sind. Oder Fälle, in denen Kosten entstehen, z. B. für Grafik oder Druck eines Plakates, die aber erst mit etwas zeitlicher Verzögerung auch zu einer Auszahlung führen (vgl. die Begriffspaare des Rechnungswesens Abschn. 3.2).

Auf der Einnahmeseite sind im Kulturbetrieb besonders starke Schwankungen üblich. Die typischen Abläufe eines Museumsbetriebes beispielsweise lassen oft eine Vorfinanzierung notwendig werden. Kosten und damit Auszahlungen für eine Sonderausstellung entstehen immer lange bevor der erste Besucher kommt und ein Ticket erwirbt. Öffentliche Zuschüsse fließen selten gerade in dem Moment zu, wenn im Betrieb eine Unterdeckung entsteht. Die Regel sind zeitverzögerte Abschlagszahlungen, die nach Eingang für einige Wochen die Liquidität entlasten können.

Einen Vorschlag wie eine Liquiditätsplanung aussehen könnte und welche Zusammenhänge zwischen Ergebnisplanung und Liquiditätsplanung bestehen, zeigen die folgenden Tabellenausschnitte in Abb. 3.22.

Die erste Abbildung zeigt die Ergebnisplanung eines Museumsbetriebes, welcher sowohl eine Dauerausstellung zeigt als auch drei Sonderausstellungen. An dieser Stelle ein grundsätzlicher Hinweis zum Aufbau von Planungsinstrumenten. Bei diesem Beispiel handelt es sich um eine Jahresplanung mit 12 Monatsspalten, die zu Beginn des Geschäftsjahres die Plan- oder Zielgrößen beinhalten und während des Geschäftsjahres mit den entstehenden Ist-Daten überschrieben werden. Möglich ist es auch pro Monat zwei Spalten anzulegen, also eine Plan- und eine Ist-Spalte, und auf diese Weise die ursprünglichen Plandaten sichtbar zu halten. Es ist bei dieser Vorgehensweise möglich am Ende des Geschäftsjahres die Abweichungen zwischen Plan und Ist noch einmal genau zu analysieren. Auf diese Weise lassen sich grundsätzlich Erfahrungswerte gewinnen. Jedoch sollte der Aufwand der rückwärtsgerichteten Analyse nicht zu groß sein. Die Planung für das nächste Jahr sollte sich an den Rahmendaten des Geschäftsjahres orientieren, welche sich gegenüber dem Vorjahr unter Umständen verändert haben und nicht an den Vergangenheitsdaten. Für die Anlage des Planungsinstruments ist es entscheidend, dass immer zwei Aussagen deutlich werden. Wo steht der Betrieb im Moment und wo will er am Ende des Geschäftsjahres stehen? Aus dem dargestellten Beispiel sollen nun einige Zahlen herausgegriffen werden, um den Zusammenhang zwischen Ergebnisplanung und Liquiditätsplanung zu erläutern.

Die Einnahmeseite ist meist gut planbar und in der Regel von zwei Parametern abhängig, nämlich der Menge an Besuchern und dem Preis. Der Preis ist festgelegt, vorhandene Preisvariationen können in der Planung auch berücksichtigt werden. Dafür wäre eine differenzierte Planung mit detaillierten Zielgrößen notwendig, z. B. erwartet man im Monat Januar x Vollzahler und x Besucher, die einen Ermäßigungsanspruch haben. Alternativ könnte man auch eine durchschnittliche Zielgröße Besucher definieren und einen pauschalen Abzug für alle Ermäßigungsarten einkalkulieren. Es ergibt sich die Planzahl für den Planerlös Dauerausstellung, das gleiche gilt für die Sonderausstellungen bzw. andere Erlösarten. Die Erlösarten oder geplanten Umsätze sind die Basis, um die geplanten Einnahmen also

M-MIS                    ERGEBNISRECHNUNG MUSEUM                    Geschäftsjahr 20XX

| | Jan. PLAN | Feb. PLAN | März PLAN | April PLAN | Mai PLAN | Juni PLAN | Juli PLAN | Aug. PLAN | Sept. PLAN | Okt. PLAN | Nov. PLAN | Dez. PLAN | Ist | Plan |
|---|---|---|---|---|---|---|---|---|---|---|---|---|---|---|
| **Umsatzerlöse** | 40.000 | 40.000 | 41.000 | 8.000 | 8.000 | 37.000 | 46.500 | 51.500 | 8.000 | 10.000 | 20.000 | 11.000 | 321.000 | 321.000 |
| Dauerausstellung | 10.000 | 10.000 | 10.000 | 8.000 | 8.000 | 6.000 | 10.000 | 10.000 | 8.000 | 10.000 | 10.000 | 10.000 | 110.000 | 110.000 |
| Sonderausstellung 1 | 30.000 | 30.000 | 30.000 | | | | | | | | | | 90.000 | 90.000 |
| Sonderausstellung 2 | | | | | | 30.000 | 35.000 | 40.000 | | | | | 105.000 | 105.000 |
| Sonderausstellung 3 | | | | | | | | | | | 10.000 | | 10.000 | 10.000 |
| Veranstaltungen | | | 1.000 | | | 1.000 | 1.500 | 1.500 | | | | 1.000 | 6.000 | 6.000 |
| | | | | | | | | | | | | | 0 | 0 |
| Vermietungen | | | | | 1.000 | | | | | | 2.000 | 2.000 | 5.000 | 5.000 |
| Zuschuss Kommune | 29.967 | 29.967 | 29.967 | 29.967 | 29.967 | 29.967 | 29.967 | 29.967 | 29.967 | 29.967 | 29.967 | 29.967 | 359.600 | 359.600 |
| **Gesamterlöse** | 69.967 | 69.967 | 70.967 | 37.967 | 38.967 | 66.967 | 76.467 | 81.467 | 37.967 | 39.967 | 51.967 | 42.967 | 685.600 | 685.600 |
| **Gesamterlöse kumm.** | 69.967 | 139.933 | 210.900 | 248.867 | 287.833 | 354.800 | 431.267 | 512.733 | 550.700 | 590.667 | 642.633 | 685.600 | | |
| **Personalkosten** | 34.500 | 34.500 | 29.800 | 36.000 | 33.000 | 36.000 | 36.000 | 38.000 | 36.000 | 36.000 | 36.000 | 36.000 | 421.800 | 421.800 |
| Externe Mitarbeit | 5.000 | 0 | 5.000 | 0 | 0 | 1.000 | 0 | 5.000 | 0 | 0 | 0 | 0 | 16.000 | 16.000 |
| Raumkosten | 7.000 | 7.000 | 7.000 | 7.000 | 7.000 | 7.000 | 7.000 | 7.000 | 7.000 | 7.000 | 7.000 | 7.000 | 84.000 | 84.000 |
| Fahrzeugkosten | 1.500 | 1.500 | 1.500 | 1.500 | 1.500 | 1.500 | 1.500 | 1.500 | 1.500 | 1.500 | 1.500 | 1.500 | 18.000 | 18.000 |
| Reisekosten | 1.500 | 1.500 | 1.500 | 1.500 | 1.500 | 1.500 | 1.500 | 1.500 | 1.500 | 1.500 | 1.500 | 1.500 | 18.000 | 18.000 |
| Werbekosten | 2.000 | 2.000 | 2.000 | 2.000 | 2.000 | 2.000 | 2.000 | 2.000 | 2.000 | 2.000 | 2.000 | 2.000 | 24.000 | 24.000 |
| Bürokosten/Sonst. Kosten | 1.500 | 1.500 | 1.500 | 1.500 | 1.500 | 1.500 | 1.500 | 1.500 | 1.500 | 1.500 | 1.500 | 1.500 | 18.000 | 18.000 |
| Vers./Zinsen/AO-Aufw. | 12.900 | | | | | | 12.900 | | | | | | 25.800 | 25.800 |
| Abschreibungen | 5.000 | 5.000 | 5.000 | 5.000 | 5.000 | 5.000 | 5.000 | 5.000 | 5.000 | 5.000 | 5.000 | 5.000 | 60.000 | 60.000 |
| **Kosten** | 70.900 | 53.000 | 53.300 | 54.500 | 51.500 | 55.500 | 67.400 | 61.500 | 54.500 | 54.500 | 54.500 | 54.500 | 685.600 | 685.600 |
| **Kosten kummuliert** | 70.900 | 123.900 | 177.200 | 231.700 | 283.200 | 338.700 | 406.100 | 467.600 | 522.100 | 576.600 | 631.100 | 685.600 | | |
| **Ergebnis** | -933 | 16.967 | 17.667 | -16.533 | -12.533 | 11.467 | 9.067 | 19.967 | -16.533 | -14.533 | -2.533 | -11.533 | | |
| **Ergebnis kummuliert** | -933 | 16.033 | 33.700 | 17.167 | 4.633 | 16.100 | 25.167 | 45.133 | 28.600 | 14.067 | 11.533 | 0 | | |

M-MIS                    LIQUIDITÄTSPLANUNG MUSEUM                    Geschäftsjahr 20XX

| | Jan. PLAN | Feb. PLAN | März PLAN | April PLAN | Mai PLAN | Juni PLAN | Juli PLAN | Aug. PLAN | Sept. PLAN | Okt. PLAN | Nov. PLAN | Dez. PLAN | Ist | Plan |
|---|---|---|---|---|---|---|---|---|---|---|---|---|---|---|
| **Anfangsbestand Konto** | 8.600 | -12.300 | -25.300 | 62.400 | 15.900 | -21.600 | 55.900 | 39.000 | 39.000 | -7.500 | 112.600 | 85.100 | 351.600 | 66.728 |
| Dauerausstellung | 10.000 | 10.000 | 10.000 | 8.000 | 8.000 | 6.000 | 10.000 | 10.000 | 8.000 | 10.000 | 10.000 | 10.000 | 110.000 | 110.000 |
| Sonderausstellung 1 | 30.000 | 30.000 | 30.000 | | | | | | | | | | 90.000 | 90.000 |
| Sonderausstellung 2 | | | | | | 30.000 | 35.000 | 40.000 | | | | | 105.000 | 105.000 |
| Sonderausstellung 3 | | | | | | | | | | | 10.000 | | 10.000 | 10.000 |
| Veranstaltungen | | | 1.000 | | | 1.000 | 1.500 | 1.500 | | | | 1.000 | 6.000 | 6.000 |
| Vermietungen | | | | | 1.000 | | | | | | 2.000 | 2.000 | 5.000 | 5.000 |
| Zuschuss Kommune | | | 90.000 | | | 90.000 | | | | 179.600 | | | 359.600 | 359.600 |
| | 40.000 | 40.000 | 131.000 | 8.000 | 9.000 | 127.000 | 46.500 | 51.500 | 8.000 | 189.600 | 22.000 | 13.000 | 685.600 | 685.600 |
| | 40.000 | 80.000 | 211.000 | 219.000 | 228.000 | 355.000 | 401.500 | 453.000 | 461.000 | 650.600 | 672.600 | 685.600 | | |
| **Personalkosten** | 34.500 | 34.500 | 29.800 | 36.000 | 33.000 | 36.000 | 36.000 | 38.000 | 36.000 | 36.000 | 36.000 | 36.000 | 421.800 | 421.800 |
| Externe Mitarbeit | 0 | 5.000 | 0 | 5.000 | 0 | 0 | 1.000 | 0 | 5.000 | 0 | 0 | 0 | 16.000 | 16.000 |
| Raumkosten | 7.000 | 7.000 | 7.000 | 7.000 | 7.000 | 7.000 | 7.000 | 7.000 | 7.000 | 7.000 | 7.000 | 7.000 | 84.000 | 84.000 |
| Regelmäßige Ausgaben | 4.000 | 4.000 | 4.000 | 4.000 | 4.000 | 4.000 | 4.000 | 4.000 | 4.000 | 4.000 | 4.000 | 4.000 | 48.000 | 48.000 |
| Sonstige Ausgaben | 2.500 | 2.500 | 2.500 | 2.500 | 2.500 | 2.500 | 2.500 | 2.500 | 2.500 | 2.500 | 2.500 | 2.500 | 30.000 | 30.000 |
| Versicherungen/Zinsen/A | 12.900 | | | | | | 12.900 | | | | | | 25.800 | 25.800 |
| Investitionen | | | | | | | | | | 20.000 | | | 20.000 | 20.000 |
| | 60.900 | 53.000 | 43.300 | 54.500 | 46.500 | 49.500 | 63.400 | 51.500 | 54.500 | 69.500 | 49.500 | 49.500 | 645.600 | 645.600 |
| | 60.900 | 113.900 | 157.200 | 211.700 | 258.200 | 307.700 | 371.100 | 422.600 | 477.100 | 546.600 | 596.100 | 645.600 | | |
| **Liquidität operativ** | -20.900 | -13.000 | 87.700 | -46.500 | -37.500 | 77.500 | -16.900 | 0 | -46.500 | 120.100 | -27.500 | -36.500 | | |
| **Kontostand BANK** | -12.300 | -25.300 | 62.400 | 15.900 | -21.600 | 55.900 | 39.000 | 39.000 | -7.500 | 112.600 | 85.100 | 48.600 | | |

**Abb. 3.22**  Muster Ergebnis- und Liquiditätsplanung

die Zahlungsflüsse abzuleiten. Im hier dargestellten Beispiel Museum entstehen Erlöse und Einnahmen gleichzeitig. Kommt ein Museumsbesucher an die Kasse und kauft ein Ticket entsteht gleichzeitig ein Erlös und eine Einnahme. Dies ist für die Liquiditätsplanung der einfachste Fall. Anders stellt es sich dar bei der Erlösart Vermietungen. Das Museum plant im Geschäftsjahr 5000 € Umsatz mit diesem Geschäftsfeld. Dafür werden Räume des Museums z. B. für Betriebsveranstaltungen vermietet. Für die Nutzung wird eine Rechnung gestellt. Die Zahlung der Rechnung fällt üblicherweise zeitlich nicht mit der Erlösentstehung zusammen. Für die Liquiditätsplanung heißt das, dass man die Zuflüsse dieser Erlösarten mit einer zeitlichen Verzögerung einplant, z. B. im Folgemonat. Die Erlösart „öffentliche Zuwendungen" sind in der Ergebnisrechnung jeweils zu gleichen Anteilen auf die Monate verteilt, also jeweils 1/12 des bewilligten Zuschusses. Die Zusagen gelten in der Regel für ein Jahr. Die Technik, diesen Jahresbetrag den Monaten anteilig zuzurechnen, führt dazu, dass dadurch keine Ausschläge auftreten, die sofort Fragen aufwerfen. Wenn etwa der Zuschuss in demjenigen Monat als Erlös aufgenommen wird, in dem die Zusage dafür eintrifft, würde dieser Monat aus dem Rahmen fallen und die Frage auslösen, was da los sei? Die Optimierung, die die Controllingfunktion anstrebt, hat auch etwas mit der Herstellung, Erhaltung und Sicherung der Kontinuität zu tun. Also das Geschäft in sicherem und ruhigem Fahrwasser zu bewegen. Dies ist durchaus der bereits thematisierten Vertrauensbildung dienlich. Darum ist die Lösung, eine Gleichverteilung in der Ergebnisplanung vorzunehmen, sicher sinnvoll.

Bei der Liquiditätsplanung gilt ein anderes Prinzip. Für deren Zwecke ist es von großer Bedeutung, wann genau die einzelnen Raten zufließen, wie viele Teilzahlungen geplant sind oder ob eine Einmalzahlung vorgesehen ist. Dies ist in der Liquiditätsplanung deutlich zu sehen, dort sind die Zahlungsbewegungen konkret den Monaten zugeordnet, in denen der Zufluss zu erwarten ist. Die Herausforderung der Liquiditätssteuerung ist es, in den Zeiträumen dazwischen den Liquiditätsbedarf auszugleichen, sodass insgesamt das Ziel der Liquiditätssicherung zu jedem Zeitpunkt gegeben ist.

Die Ausgabenseite der Liquiditätsplanung leitet sich von den geplanten Aufwandsarten der Ergebnisrechnung ab. Auch hier sind Verschiebungen zwischen dem Entstehen von Aufwand und der Auslösung einer Zahlung typisch. Personalaufwand entsteht monatlich, die Zahlung erfolgt in der Regel zu bestimmten Stichtagen, meist in der Monatsmitte oder am Monatsende, wobei zusätzlich zu unterscheiden ist, dass das auszuzahlende Nettoeinkommen der Mitarbeiter andere Zahlungsfristen haben kann als die Beitragszahlungen an die Sozialversicherungsträger oder die Steuerzahlung an das Finanzamt. Auch gibt es unterschiedliche Zahlungspraktiken für fest angestelltes und freies Personal. Da der Kulturbereich sehr personalintensiv ist, müssen diese Spezifika besonders berücksichtigt werden. Das können schnell große Beträge sein, die früher oder später zu bezahlen sind. Viele Aufwandsarten haben fixe Zahlungstermine, Mietzahlungen z. B. sind in der Regel monatlich im Voraus zu leisten, Versicherungsprämien haben ebenfalls feste Fälligkeitstermine (monatlich, quartalsweise, halbjährlich, jährlich). Auch Zinszahlung, Leasingraten, Steuerzahlungen sind normalerweise an Termine gebunden. Für die Liquiditätsplanung und -steuerung sollte analysiert werden, zu welchen Terminen ein besonders hoher Liquiditätsbedarf notwendig ist, z. B. immer zur

Monatsmitte oder zum Monatsende, immer zum Jahresbeginn oder immer zum Spieljahresende. In jedem Betrieb gibt es hier typische Zahlungsverläufe. Erhöhter Liquiditätsbedarf kommt nicht über Nacht, er ist planbar und damit lassen sich die Risiken einer Zahlungsunfähigkeit minimieren. Eine ganze Reihe von Aufwendungen, die im Betrieb entstehen, werden durch die jeweiligen Lieferanten oder Dienstleister per Rechnungsstellung geltend gemacht. Dazu zählen die Leistungen für Reparaturen, Energielieferungen, Kommunikationsdienstleistungen, Büromaterialien, Beratungsleistungen, Grafik und Druck etc. Bei diesen Fällen lässt sich im Betrieb steuern, wann die Zahlungen ausgelöst werden. In einigen Betrieben sind fixe Zahlungstermine üblich, z. B. werden an zwei Terminen im Monat Rechnungen ausgeglichen werden. Andere Betriebe nehmen grundsätzlich die maximalen Zahlungsfristen in Anspruch (z. B. 10 oder 30 Tage Zahlungsziel als Richtgröße), wieder andere zahlen nach Eingang oder nach völlig individuellen Gesetzmäßigkeiten. Letztlich gilt für alle diese Zahlungsarten, dass der Betrieb hier mehr oder weniger Steuerungsmöglichkeiten nutzen kann. Dabei können durchaus auch Zahlungsziele bewusst oder unbewusst überschritten werden, sodass ein Liquiditätsvorteil auf Kosten der Lieferantenbeziehung erzielt wird. Dies muss jeweils abgewogen werden.

Eine besondere Bedeutung für die Liquiditätsplanung haben die Aufwandsarten, die gar nicht zu Auszahlungen führen und die Auszahlungen, die keinen Aufwand darstellen und daher zusätzlich zu Auszahlungen führen. Erstere sind die Abschreibungen, die keine Auszahlungen verursachen. In der Liquiditätsplanung können aber Investitionen auftreten, die u. U. sehr viel Liquidität zum Zeitpunkt der Anschaffung von Anlagevermögensgegenständen benötigen (siehe Markierung in Abb. 3.22). Zu dieser Art der Zahlungen, die nicht aus der Ergebnisplanung abgeleitet werden können, zählen beispielsweise auch Steuerzahlungen oder Tilgungsraten. Zahlungen dieser Art können erheblichen Liquiditätsbedarf verursachen und müssen daher in der Liquiditätsplanung unbedingt berücksichtigt werden. Es ist empfehlenswert die Stichworte im Planungstool aufzunehmen, auch wenn sie im Moment keine Rolle spielen. Sollten die Themen mal vergessen werden, kann das fatale Wirkungen haben. Das Planungsinstrument zur Liquiditätsplanung zeigt auf einen Blick, ob und wenn ja, wann Unterfinanzierungssituationen zu erwarten sind (siehe Markierung in Abb. 3.22). Man kann auch sehen, ob es zur Ansammlung von Liquiditätsreserven kommt, die ggfs. zu einem attraktiveren Zinssatz für eine gewisse Zeit angelegt werden können oder das Vorziehen von Investitionen zulassen. Durch Informationen zur Entwicklung der Liquidität lässt sich die Investitionsplanung steuern und man sieht sehr genau, wie viel operative Liquidität monatlich benötigt wird, also welcher Betrag kontinuierlich monatlich anfällt. Das Zusammenspiel dieser beiden Instrumente und die daraus entstehenden Informationen sind für das Verständnis der zahlenmäßigen Zusammenhänge im Betrieb unerlässlich.

# Das Ergebnis: der Controllingbericht 4

Als Aufgabe des Controllings wurde bereits beschrieben, die richtigen Informationen zum richtigen Zeitpunkt, in der richtigen Menge und am richtigen Ort (für den richtigen Adressaten) zur Verfügung zu stellen. Dieses „Management Reporting" oder „Interne Berichtswesen" stellt das Ergebnis des Controllingprozesses dar. Das Controlling trägt die Verantwortung für die optimale Informationsversorgung aller Entscheidungsträger. Die Anforderungen an das Berichtswesen ergeben sich aus den Schwächen vieler bestehender betrieblicher Informationssysteme von Organisationen. Es ist von einem sehr engen Zusammenhang zwischen Information und Entscheidung auszugehen, denn Entscheidungen sind nur so gut wie die Informationen, die zur Entscheidungsfindung herangezogen werden. Bei den bestehenden Informationssystemen finden sich i. d. R. folgende Schwächen (Horváth & Partners, 2016, S. 225):

- Informationen kommen zu spät;
- Informationen sind zu detailliert;
- Informationen sind zu umfangreich;
- Informationen sind überwiegend vergangenheitsorientiert;
- Informationen enthalten nur die Daten, die sich quantifizieren lassen;
- Informationen werden nicht gut visualisiert;
- Die einzelnen Führungsbereiche erhalten inkonsistente, häufig sogar einander widersprechende Informationen;
- Informationen für zukünftige, noch unbekannte Zwecke sind unzureichend, d. h. die Informationsversorgung für die strategische Planung ist vielfach ungeklärt.

© Der/die Autor(en), exklusiv lizenziert an Springer Fachmedien Wiesbaden GmbH, ein Teil von Springer Nature 2025
P. Schneidewind, *Controlling im Kulturmanagement*, Kunst- und Kulturmanagement, https://doi.org/10.1007/978-3-658-47538-3_4

Mit den Informationen aus dem Controllingbericht müssen die Berichtsempfänger befähigt werden, die gegenwärtige Lage des Betriebes einzuschätzen: Wo steht man gerade? Welche Entwicklungen sind zu erwarten? Die Berichtsinhalte müssen folglich so konzipiert sein, dass diese notwendigen Informationen vollständig und aktuell im Bericht enthalten sind und darüber hinaus zum einen das Kriterium „entscheidungsorientiert" und zum anderen die Anforderung „empfängerorientiert" erfüllen. In Abhängigkeit von den Empfängern werden bei Menge und Detailliertheit der Informationen Unterschiede gemacht. Zwischen der Informationsmenge, der Darstellung (reine Zahlenkolonnen, Grafiken, Schaubilder, Tabellen, Piktogramme, u. a.) und der Aktualität der Informationen muss das Controlling die Balance herstellen. Dabei ist gleichzeitig das Wirtschaftlichkeitsprinzip zu beachten, denn grundsätzlich gilt: „Schnelligkeit geht vor Genauigkeit". Es genügt eine Trendaussage wie z. B. „Zielerreichung ist in Gefahr!", Informationen auf die Kommastelle genau sind nicht notwendig. Von entscheidender Bedeutung und letztlich Zweck der Berichte ist, dass sie Aktionen bzw. Reaktionen auslösen sollen. Die Entscheidungskompetenz liegt immer beim Management, der Leitung oder Geschäftsführung, aber mögliche Entscheidungsalternativen können vom Controlling gleich mitgeliefert werden.

Der Controllingbericht hat also eine ganz entscheidende Bedeutung dafür, dass Controlling überhaupt funktioniert. Mit dem Bericht sollte eine gewisse Kontinuität verbunden sein, dies betrifft das Layout des Berichtes, welches nicht laufend wechseln sollte. Durch betriebsspezifische Routinen soll gewährleistet werden, dass das Wesentliche schnell erkannt wird. Terminlich wird der Bericht auf einen Stichtag für das Erscheinen bzw. die Präsentation der Berichtsergebnisse fixiert. Auf diesen Termin hin muss der notwendige Informationsfluss gesteuert werden. Rückfragen und Störungen im Ablauf entfallen, wenn der Prozess in dieser Art standardisiert wird.

Berichte beinhalten nicht zwingend ausschließlich quantitative Informationen. Zahlen können ergänzend kommentiert werden, in der Regel ist ausreichend Raum für die Interpretation des Zahlenmaterials gegeben bzw. für die Ergänzung von qualitativen Elementen (dazu zählen im Kulturbereich vor allem Kritiken, Besprechungen, Medienresonanz, Pressespiegel, Besuchermeinungen, Preise/Auszeichnungen etc.). Grundsätzlich stehen als Berichtsformen Tabellen, Schaubilder (Diagramme, Piktogramme etc.), Texte und Kennzahlen zur Verfügung. Letzteren kommt eine sehr große Bedeutung zu. Gerade von Trägerseite werden immer wieder Informationen in Form von Kennzahlen angefordert. „Kennzahlen sind numerische Informationen, die eine Aussage über betriebswirtschaftliche Sachverhalte zulassen" (Baus, 2003, S. 131). Bei der Bildung von Kennzahlen werden die einfließenden Informationen sehr stark komprimiert. Ziel ist es, schnell und prägnant zu informieren, statt zahlreiche Einzelinformationen zu liefern. Die Verwendung von Kennzahlen ist innerhalb des Berichtswesens sehr weit verbreitet. Sie werden vor allem zu Vergleichszwecken herangezogen. Dies können innerbetriebliche Vergleiche (z. B. einzelner Abteilungen), aber auch Branchen- oder Betriebsvergleiche sein. Um die gewonnenen Ergebnisse richtig zu interpretieren, sollte darauf geachtet werden, dass die zum Vergleich herangezogenen Kennzahlen den gleichen Aufbau haben. Durch die starke Komprimierung und den damit einhergehenden Informationsverlust ist die nur scheinbare Vergleichbarkeit ein großes Risiko bei der Nutzung von Kennzahlen.

Als Aufgaben und Zwecke des Berichtswesens lassen sich also zusammenfassen:

- Informationsübermittlung
- Dokumentation von Ergebnissen
- Kontrolle des Betriebsablaufes
- Auslösen von betrieblichen Vorgängen
- Vorbereitung von Entscheidungen
- Ursachenanalyse (auch unter Einbeziehung der am Erfolg/Misserfolg Beteiligten)
- Einleiten von Gegenmaßnahmen
- Informationsversorgung der Verantwortungsträger

Der gesamte Controllingprozess, von der Informationsgewinnung bis zur Übermittlung des Controllingberichts, muss mit Kommunikationsmaßnahmen begleitet werden. Diese haben großen Einfluss auf Akzeptanz und Nutzen der Controllingfunktion – Dies bestätigt auch Roman Passarge im folgenden Praxistipp:

**Stimmen aus der Praxis: „Zahlenfeeling"**
Zahlenverständnis und Controlling-Kompetenz sind das Fundament, auf dem gesunde Institutionen und Unternehmen stehen. Aber selbst das perfekteste und umfassendste Controlling- und Berichtswesen ist nutzlos, wenn die Kommunikation mit den Empfängern und Nutzern nicht gelingt. Deshalb ist neben Fachkompetenz und methodischem Wissen vor allem Kommunikationsfähigkeit gefragt: ZDF (Zahlen, Daten, Fakten) klar und verständlich „an den Empfänger" zu bringen, zur Umsetzung einzuladen und die Handlungskompetenz zu stärken.
Diese Herausforderung hat sich über die letzten Jahrzehnte hinweg nicht verändert – was sich jedoch gewandelt hat, sind die technischen Möglich-

keiten. Vom Taschenrechner über Excel und VBA-Programmierungen, hin zu automatisierten Dashboards und KI-Anwendungen bietet die Technik heute Werkzeuge, die Prozesse beschleunigen und erleichtern. Doch hierin liegt auch eine Gefahr: Durch Technologisierung und Automatisierung kann das tiefere Verständnis für Zahlen und Zusammenhänge verloren gehen.

Es bleibt eine grundlegende Weisheit: Nur wer „seine" Zahlen wirklich kennt und versteht, kann sie auch wirksam vermitteln. Erst wenn sie klar und korrekt vermittelt wurden, können sie ihre Wirkung entfalten.

Wie könnte nun der Controllingbericht einer Kultureinrichtung aussehen? Die folgende Auswahl zeigt mögliche Bausteine für Controllingberichte im Kulturbetrieb:

- Erfolgsrechnung: Gesamtergebnis, Teilergebnisse einzelner Produkte, Sparten, Bereiche, dazu im Einzelnen Erlöse und Kosten gegliedert nach, Einzelkosten, Gemeinkosten, fixen und variablen Kosten
- Absatzbereich: Kundendaten, z. B. Besucher/Nutzer gesamt, spezielle Besucher-/Nutzerdaten, z. B. Alter, Besuchszeit, Besuchsfrequenz, Kundengruppen, Einzugsgebiet etc.
- Personalbereich: Beschäftigtenstand, Beschäftigtenverhältnisse, Lohn- und Gehaltskosten nach Kostenarten, Krankenstand, rückständiger Urlaub, Fluktuation, Weiterbildungsbedarf/Personalentwicklung etc.
- Produktionsbereich: Betriebsauslastung, geleistete Stunden
- Finanzbereich: Liquiditätskennzahlen, Liquiditätsentwicklung, Investitionsentwicklung
- Materialbereich: Preisentwicklung, Lieferantenbeziehungen, Lagerbindung
- Kostenübersichten: Kostenarten, variable Kosten, fixe Kosten, Kostenstellenkosten
- Beobachtungen der Konkurrenzsituation
- Beobachtungen der Zielgruppen und Kunden: Kunden, Noch-Nicht-Kunden, Nicht-Mehr-Kunden.

Berichte werden in der Regel monatlich erstellt. Dabei können die Berichtsteile variiert werden. Bei einzelnen Themen genügt ein Update pro Quartal, pro Halbjahr oder sogar nur einmal pro Jahr. Man muss sich für die Berichtsgestaltung immer den Zweck des Berichtes vor Augen halten: **Der Bericht soll Reaktionen und Aktionen auslösen.** Die Berichtsempfänger müssen folglich schnell in die Lage versetzt werden zu reagieren. Lange Zahlenlisten oder wie ein häufiges Vorurteil lautet gar „Zahlenfriedhöfe", die von den Controllern erarbeitet werden, sind fehl am Platz. Die Serviceleistung des Controllings ist erfolgreich, wenn es gelingt, die Entscheidungsträger ohne großen Zeiteinsatz ihrerseits immer auf dem Laufenden zu halten und ihnen zu signalisieren, ob, wann und in welcher Form Handlungsbedarf vorliegt. Daraus folgt auch, dass die Berichte sehr knapp und präzise und wie bereits betont, vor allem aktuell sein müssen. Welche Form die richtige ist, muss individuell zwischen Controlling und Berichtsempfänger entwickelt werden. Für die einen sind Texte die richtige Berichtsform, andere präferieren Grafiken, wieder andere Tabellen (vgl. Abb. 4.1). Die Individualität jedes Controllingkonzeptes zeigt sich gerade am jeweiligen Controllingbericht. Das Beispiel in Abb. 4.1 zeigt einen gemischten Bericht, der sowohl Ist- als auch Planzahlen beinhaltet und Abweichungen deutlich macht. Die Zahlen werden darin sehr stark komprimiert dargestellt. Das Formular lässt darüber hinaus Platz für Kommentare. Ein „Themenspeicher" stellt sicher, dass Gedanken, die aus unterschiedlichen Gründen gerade nicht verfolgt werden können, nicht in Vergessenheit geraten. Die Ergänzung um einige Stichworte ist sehr wichtig, da Zahlen alleine nicht immer aussagekräftig sind und Spielräume für Interpretationen zulassen. Daraus resultierende Missverständnisse können durch Kommentierungen verhindert werden. Im Kulturbereich bietet diese Möglichkeit auch die Chance, einige qualitative, schwer messbare Faktoren des künstlerischen Bereiches mit aufzunehmen

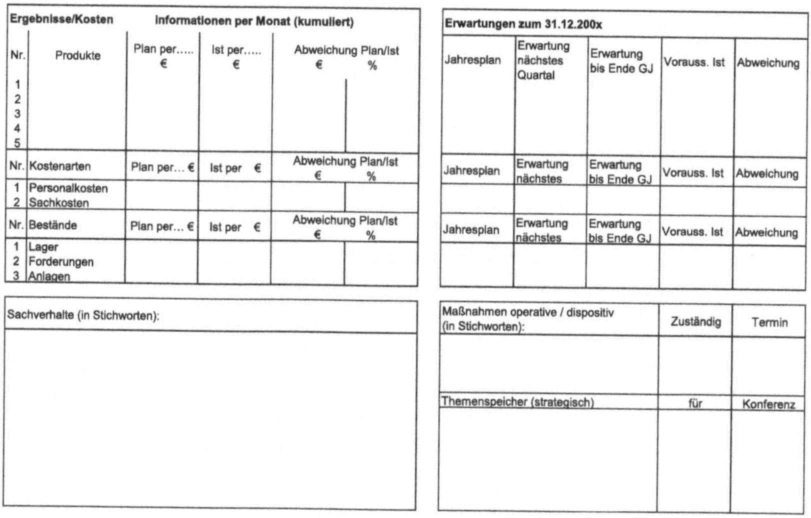

| Ergebnisse/Kosten | | Informationen per Monat (kumuliert) | | | |
|---|---|---|---|---|---|
| Nr. | Produkte | Plan per..... € | Ist per..... € | Abweichung Plan/Ist € | % |
| 1<br>2<br>3<br>4<br>5 | | | | | |
| Nr. | Kostenarten | Plan per... € | Ist per € | Abweichung Plan/Ist € | % |
| 1<br>2 | Personalkosten<br>Sachkosten | | | | |
| Nr. | Bestände | Plan per... € | Ist per € | Abweichung Plan/Ist € | % |
| 1<br>2<br>3 | Lager<br>Forderungen<br>Anlagen | | | | |

| Erwartungen zum 31.12.200x | | | | |
|---|---|---|---|---|
| Jahresplan | Erwartung nächstes Quartal | Erwartung bis Ende GJ | Vorauss. Ist | Abweichung |
| | | | | |
| Jahresplan | Erwartung nächstes | Erwartung bis Ende GJ | Vorauss. Ist | Abweichung |
| | | | | |
| Jahresplan | Erwartung nächstes | Erwartung bis Ende GJ | Vorauss. Ist | Abweichung |
| | | | | |

| Sachverhalte (in Stichworten): |
|---|
| |

| Maßnahmen operative / dispositiv (in Stichworten): | Zuständig | Termin |
|---|---|---|
| | | |
| Themenspeicher (strategisch) | für | Konferenz |
| | | |

**Abb. 4.1** Beispiel Controllerbericht: 4-Felder-Matrix. (Quelle: Controller Verein e. V.)

| Informationen zu Besuchern | Mrz XX | Summe 20XX | Ziel 20XX | Abw. |
|---|---|---|---|---|
| Vollzahler | | | | |
| Ermäßigt | | | | |

| | Besucher | Führungen | Ziel 20XX | Abw. |
|---|---|---|---|---|
| Dauerausstellung | | | | |
| Sonderausstellung 1 | | | | |
| Sonderausstellung 2 | | | | |
| Sonderausstellung 3 | | | | |

| Mitarbeiterdaten | Sollstd. | Iststd. | +/- |
|---|---|---|---|
| Hauptamtlich Vollzeit | | | |
| Hauptamtlich Teilzeit | | | |
| Aushilfen | | | |
| Praktikanten | | | |
| Ehrenamtliche | | | |

| Kennzahlen: |
|---|
| Kosten pro Besucher |
| Zuschuss pro Besucher |
| Besucher pro Mitarbeiter |

| Informationen zu Kosten/Erlösen | Mrz XX | Summe 20XX | Ziel 20XX | Abw. |
|---|---|---|---|---|
| Vollzahler | | | | |
| Ermäßigt | | | | |

| | | Mrz XX | Summe 20XX | Ziel 20XX | Abw. |
|---|---|---|---|---|---|
| Dauerausstellung | Erlöse | | | | |
| | Kosten | | | | |
| Sonderausstellung 1 | Erlöse | | | | |
| | Kosten | | | | |
| Sonderausstellung 2 | Erlöse | | | | |
| | Kosten | | | | |
| Sonderausstellung 3 | Erlöse | | | | |
| | Kosten | | | | |

| Ergebnis | | Mrz XX | Summe 20XX | Ziel 20XX | Abw. |
|---|---|---|---|---|---|
| Kostenträgerergebnis | Erlöse | | | | |
| | Kosten | | | | |
| Kostenstellenergebnis | Erlöse | | | | |
| | Kosten | | | | |
| Gesamtergebnis Museum | | | | | |

| Bemerkungen/Zusätze/Status |
|---|

**Abb. 4.2** „Vier-Felder-Matrix" Beispiel Museum

und sie neben die quantitativen Daten zu stellen. Dieses Formular wurde unter dem Titel „Vier-Felder-Matrix" vom Controller Verein entwickelt und stellt einen der typischen „Onepager" dar.

In einem Museumsbetrieb könnte die Struktur wie im Beispiel Abb. 4.2 übernommen werden.

Zunächst werden im linken oberen Feld die wesentlichen Daten zu den Besuchern aufgenommen. Dies geschieht differenziert für den Berichtsmonat, hier März 2025 und kumuliert auf das gesamte Geschäftsjahr 2025. Gegenübergestellt wird diesen Ist-Ergebnissen die Zielgröße für das Geschäftsjahr und eine sich ergebende Abweichung. Die Leistung des Museums wird weiter differenziert und den einzelnen Angeboten (Dauerausstellung/Sonderausstellungen) zugeordnet. Zusätzlich kann erfasst werden, ob auch eine Zusatzleistung, hier Führung (denkbar wären auch andere museumspädagogische Dienste) nachgefragt wurde. Das zweite Feld stellt wesentliche Daten zur Personalressource zusammen. Das dritte Feld auf dieser Seite beinhaltet einige Kennzahlen, die aus der Korrelation von Besucherdaten und Personaldaten abgeleitet werden können.

Die rechte Seite erfasst die monetären Daten, nämlich Erlöse und Kosten, und ordnet diese auch den Kostenträgern Dauerausstellung und Sonderausstellungen zu. Das Gesamtergebnis wird in den Teilergebnissen Kostenträgerergebnis und Kostenstellenergebnis ausgewiesen (resultiert aus der Anwendung einer Kosten- und Leistungsrechnung auf Basis relativer Einzelkosten). Über die Ampel im Feld rechts unten, kann eine Gesamtbewertung der Lage vorgenommen werden. Der freie Raum links daneben dient entsprechend dem Themenspeicher für Notizen, die für die Analyse und Interpretation des Berichtes notwendig sind.

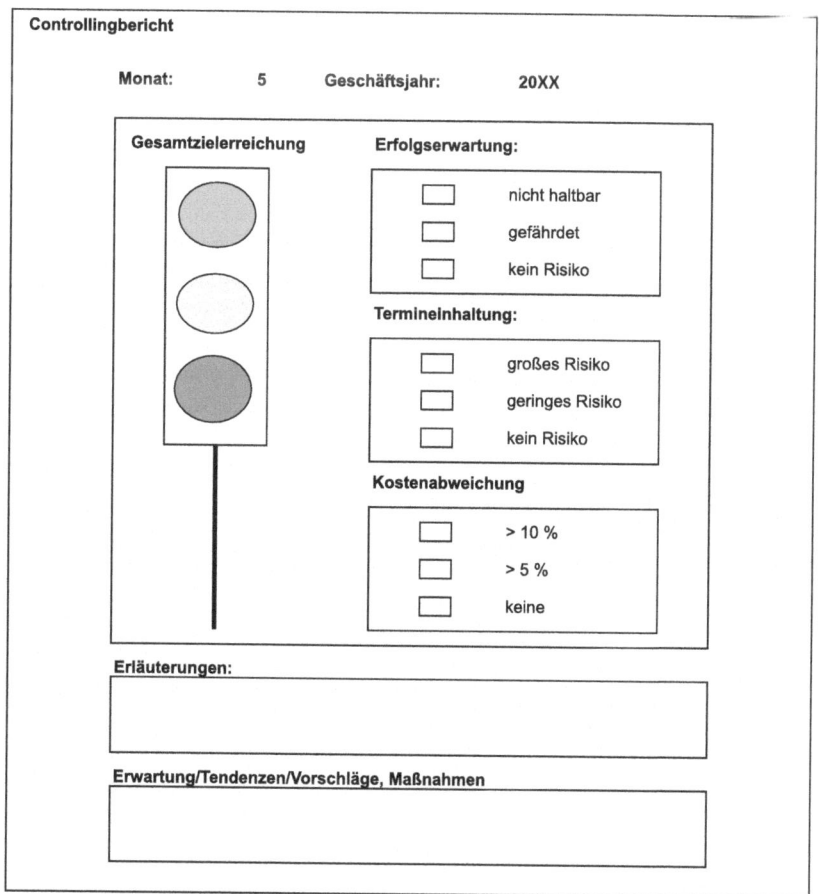

**Abb. 4.3**  Beispiel Controllerbericht

Die Berichtsvariante in Abb. 4.3. arbeitet stärker mit einer Symbolsprache. Das Hilfsmittel ist eine Ampel, welche die wesentliche Botschaft: „sind wir noch auf Kurs oder läuft etwas aus dem Ruder?" vermittelt. Daneben gibt es ergänzende Informationen zu kritischen Punkten, z. B. Zielen, Terminen, Kosten (es können natürlich auch andere Themen ausgewählt und entsprechend herausgestellt werden). Die Trendinformation, wie die gegenwärtige Lage einzuschätzen ist, wird durch einfaches Ankreuzen gegeben. Auch bei dieser Berichtsart ist Raum für ergänzende Informationen geschaffen.

Zuletzt soll noch das sogenannte „Cockpit-Chart" vorgestellt werden. Auch dieses ist eine sehr beliebte Berichtsform, die ganz auf die Kernfunktionen des Controllings gerichtet ist und die notwendigen Informationen sehr stark verdichtet. Ein Cockpit-Chart ist eine Visualisierungsform großer Mengen von Einzelinformationen. Es soll den Informationsempfängern einen leichten und schnellen Zugang zu den wesentlichen Betriebsinformationen geben. Cockpits sind in Fahrzeugen aller Art im Einsatz und unterstützen dort die Zielerreichung. Für die Fahrt von A nach B ist man mit bestimmten Ressourcen ausgestattet, z. B. Art des Fahrzeugs (Fahrleistung/Geschwindigkeit), Tankfüllung, Kapazität des Fahrers (Kondition/Routine) und es ist ein Zeitbudget vorhanden, in dessen Rahmen man das Ziel erreichen will. Während der Fahrt orientiert man sich immer wieder im Cockpit des Fahrzeugs, wo wesentliche Steuerungsinformationen komprimiert sind, und erfährt so zeitnah Details zur Fahrt (Tempo, Benzinverbrauch, Zeit, zurückgelegte Strecke, Reststrecke etc.). Auch in Betrieben wird zur Visualisierung von Ergebnissen das vertraute Cockpit als Berichtsart genutzt, es könnte wie in Abb. 4.4 aussehen.

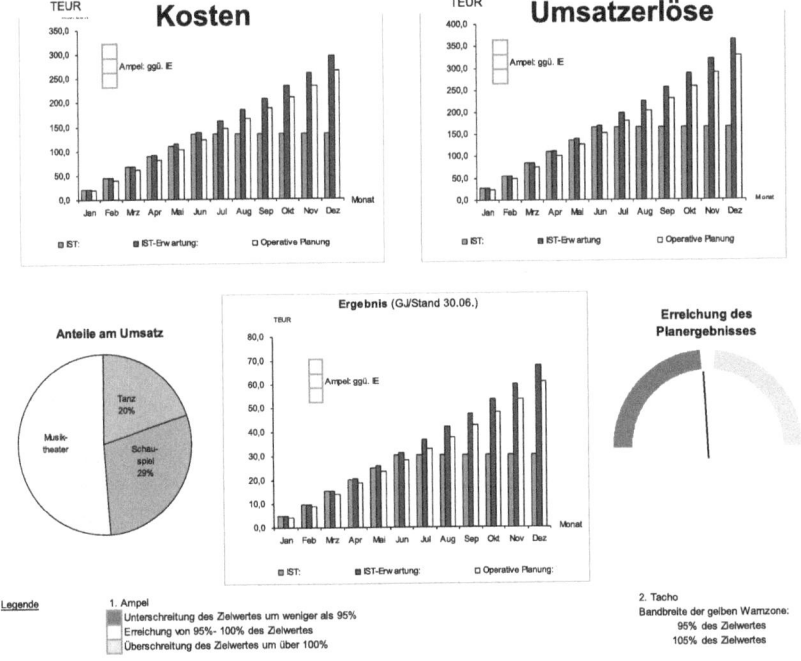

**Abb. 4.4**  Beispielbericht: Cockpit-Chart

Bei der Gestaltung des Berichtes sind also viele Variationen und individuelle Formen möglich. Wesentlich ist, dass die Botschaft ankommt. Diese Bedingung steckt bereits in der zugrunde liegenden Controllingdefinition, in der gefordert wird, „empfängerorientiert" zu berichten. Ein Controllingbericht im Kulturbetrieb sollte kein umfangreiches, sprödes Zahlenwerk sein, sondern ein wesentliches Hilfsmittel, welches zur Kreativität des Betriebes und seinen Mitarbeitern passt. Allen gezeigten Beispielen gemeinsam ist die Konzentration von Informationen auf nur eine Seite, ein Phänomen, das in Controllerkreisen „one-page-only" genannt wird.

Zusammenfassend soll bei der Berichtsgestaltung Folgendes beachtet werden (vgl. Schneidewind, 2006; Preißler, 2020; Griga et al., 2024):

Das Berichtswesen sollte standardisiert werden, d. h.

- gleichbleibende formale und inhaltliche Gestaltung (trotzdem Flexibilität beim Umfang),
- Terminsicherheit und Regelmäßigkeit,
- Kosten-Nutzen-Verhältnis beachten (Anzahl der Berichte, Knappheit der Darstellung, aber keine „Kennzahlen-Friedhöfe").

Empfängerorientiert zu berichten bedeutet:

- in sachlich-inhaltlicher Hinsicht Informationen in logischer Form aufzubauen; Übersichtsblatt für den eiligen Leser evtl. mit Kurzkommentar, Informationsmenge auf den Empfänger zuzuschneiden,
- in sprachlicher Hinsicht Begriffe und Termini zu verwenden, die im Betrieb üblich und beim Empfänger gebräuchlich sind.

Um sicher zu gehen, dass die Informationen ankommen – und das heißt nicht nur, dass sie im Postfach des Empfängers oder auf dessen Schreibtisch ankommen – ist es am günstigsten, wenn die Ergebnisse präsentiert werden. Dazu wird empfohlen, entsprechend der oben genannten Terminsicherheit, einen „jour fixe" zur Präsentation des Controllerberichts einzurichten, z. B. immer der 2. Mittwoch eines Monats um 10.00 Uhr. Im persönlichen Gespräch hat man die Sicherheit, dass die Informationen ankommen, und man kann unter Umständen auch gleich Entscheidungen herbeiführen, indem die Handlungsalternativen vorgestellt und etwaige Vor- und Nachteile diskutiert werden.

Was bisher beschrieben wurde, waren Standard- oder Routineberichte. Kommt es im Betrieb zu einer brisanten Situation (Streik, Pandemien, Naturkatastrophe u. a.), kann und darf das Controlling natürlich nicht warten, bis der Stichtag für die Berichtspräsentation erreicht ist, vielmehr muss sofort bzw. schnellstmöglich re-

agiert werden. Neben den Standardberichten lassen sich z. B. Abweichungs-
berichte, Melde- und Warnberichte, Auskunftsberichte u. a. unterscheiden.

Beim Blick in die Praxis werden die Empfehlungen bestätigt. In der Hamburger
Kunsthalle wurde schon 2001 geradezu idealtypisch die Controllingfunktion mit
individuellem Berichtswesen eingeführt. Dabei hatten die kommunikativen Ziele
einen hohen Stellenwert, die das Vertrauen der unterschiedlichen Partner nach-
weislich stärken konnten.

**Blick in die Praxis: Controllingbericht der Hamburger Kunsthalle**

Der für die Einführung verantwortliche Controller Roman Passarge erläuterte
sein Vorgehen: „Das Berichtswesen stellt einen Teil des internen Controllings
der Hamburger Kunsthalle dar. Zentraler Bestandteil des Berichtswesens ist
der Monatsbericht, er wird jeden Monat spätestens am 4. Arbeitstag elektro-
nisch versandt und weist den Vorstand, die Abteilungsleiter und den Stiftungs-
rat der Hamburger Kunsthalle sowie des Weiteren das Beteiligungs-
management der „Behörde für Kultur und Medien" als Empfänger auf.

Wichtigstes Ziel des Monatsreportings ist es, entscheidungsrelevante,
konsistente Informationen über die gegenwärtige Situation der Institution zu
liefern, dank derer konkrete Handlungen hinsichtlich der Zielerreichung
möglich sind. Dabei ist es notwendig, nicht nur die Gesamtsicht aufzuzeigen, sondern auch die Entwicklung unterschiedlicher Teilbereiche sichtbar zu machen.

Neben der informativen Darstellung der aktuellen Zahlen ist es eine zentrale Aufgabe des Monatsberichtes, den intensiven Austausch aller Beteiligten über die wirtschaftliche Situation der Hamburger Kunsthalle sicherzustellen. Mittels Kommunikation erfolgt eine permanente Kontrolle der aktuellen Entwicklungen, der Entscheidungen der verschiedenen Akteure und
der damit verbundenen Zielerreichung.

„Obwohl der Aufbau des Berichtes permanent überprüft und weiterentwickelt wird, bleiben die Art und Struktur der Darstellung und die wesentlichen Teile unverändert: Kommentierung von Ergebnis (Monat & kumuliert)
und Forecast (zusammen „One-Page-Only"), „Keyfigures", Gewinn- und Verlustrechnung (GuV), Besuche- und Marketingbericht, Personalkennzahlen
sowie der Forecast als zentrales Element.

Aufgrund des heterogenen Empfängerkreises kommen verschiedene
Darstellungsarten zum Einsatz: Texte, Tabellen und Grafiken. Im Bericht
werden die wichtigsten Informationen simultan auf alle drei Arten vermittelt.

> Aus meiner Sicht stellt der Ablauf der Berichterstellung selbst ein weiteres entscheidendes Element dar: In der Hamburger Kunsthalle findet keine „Berichtsgenerierung per Knopfdruck" statt, sondern einzelne Bestandteile des Berichtes werden von den jeweiligen Mitarbeitern vorbereitet und von mir dann zum endgültigen, konsistenten Bericht aufbereitet. Dieses Verfahren stellt sicher, dass sowohl die einzelnen Mitarbeiter die für sie relevanten Zahlen monatlich aufbereiten und „durchdenken", als auch ich selbst als Geschäftsführer diesen Prozess durchlaufe. Die Alternative zu diesem Ablauf ist oft die scheinobjektive Produktion automatisch erstellter, nicht reflektierter Zahlenkolonnen direkt aus der Finanzbuchhaltung, die niemand liest oder wirklich durchdrungen hat. Die Informationen zu den Besuchen werden im Stil eines Cock-Pit-Berichtes dargestellt."

Eine beispielhafte Übersicht über die Berichtsinhalte der Kunsthalle Hamburg gibt Abb. 4.5. Das Praxisbeispiel der Kunsthalle Hamburg zeigt sehr gut, wie durch ein konsequentes Controlling positive Wirkungen auf das Ergebnis des Hauses erzielt werden können. Der ganzheitliche Blick und die Mehrdimensionalität der Controllingfunktion wird im Aufbau des Controllingberichtes deutlich. Die Bedeutung der Kommunikation ist ebenfalls leicht nachvollziehbar. Viele Informationslieferanten sind am Controllingprozess beteiligt. Es sind sichtbar nicht nur Daten des Rechnungswesens, die hier einfließen. Sowohl während als auch nach der Berichtserstellung ist Kommunikation notwendig und finden Aktionen und Reaktionen statt. Der Bericht ist mit 14 Seiten recht umfangreich, wird aber nicht allen Berichtsempfängern in der Gesamtheit zur Verfügung gestellt. Er ist flexibel genug auch einzelne Teile auszulassen, wenn es keine Inhalte gibt.

Ein weiterer Blick in die Praxis gibt hier Rouven Schöll, Leiter Organisation und Kommunikation der Südwestdeutschen Philharmonie Konstanz (heute Bodensee-Philharmonie), die im Jahr 2015 mit der Veröffentlichung ihres Jahresberichts einen Meilenstein in der Entwicklung von Controlling in Kulturbetrieben markierten. Der erste Bericht sowie die folgenden in den Jahren 2016–2019 sind unter den im Literaturverzeichnis angegebenen Links abrufbar. Die Zielsetzung der Transparenz wird hier in vorbildlicher Weise erreicht, dabei liegt der Fokus nicht alleine auf der Kostenseite, sondern zeigt sehr detailliert auch die Leistung des Betriebs und für beide Seiten die Chancen und Risiken. Die Besonderheiten, die typischerweise auf die Struktur des Betriebs zurückzuführen sind, werden ebenfalls deutlich und nachvollziehbar.

---

Übersicht über den Berichtsinhalt Februar 2011

Erläuterungen zum Monatsreporting
Finanzen / KeyFigures
Finanzen / Gewinn- und Verlustrechnung
Finanzen / Liquiditätsübersicht (Grafik)
Finanzen / Übersicht Sponsoring / Übersicht Besucherentwicklung Plan-IST
Finanzen/ Übersicht Kosten & Erlöse & Ergebnis
Besucher / Wochen (Grafik) & Monate (Grafik)
Besucher / Durchschnittserlös (Grafik) & Verteilung (Grafik)
Übersicht Katalogverkauf pro Woche / Umwandlungsquote
Besucher / Museumspädagogik
Besucher / WebSite Besuche & WebSite Seitenaufrufe pro Besucher
Besucher / Marketingbericht
Besucher / Resonanzbericht
Personal / Abwesenheit & Personalstand
Aktuelles Ausstellungsplakat


Hamburger Kunsthalle
Monatsreporting 02/2011                          14 Seiten
R. Passarge                                      Gedruckt: 04.03.2011
04.03.2011                                       13:51

---

**Abb. 4.5** Übersicht über den Berichtsinhalt Februar 2011 (Kunsthalle Hamburg)

Die Anforderung „kurz und knapp" erfüllt der Bericht dagegen nicht, macht aber deutlich, welche Fülle an Informationen bei einem idealtypischen, ganzheitlichen Ansatz des Controllings generiert werden kann. Hier ist sowohl Zahlenmaterial aus dem Rechnungswesen enthalten und ausgewertet als auch qualitative Größen, Besucherdaten, Veranstaltungsdaten sowie Details aus den Bereichen, Personal, Vermittlung, Produktion u.v.m. Auch der angewandte Methodenmix in der Aufbereitung und Darstellung zeigt die große Bandbreite der Möglichkeiten. Man konnte damit auf Seiten der Träger, Geldgeber und der Öffentlichkeit in hohem Maße Vertrauen gewinnen und den Betrieb aus einer schwierigen Situation erfolgreich auf neue Ziele ausrichten.

Die Abb. 4.6, 4.7, 4.8, 4.9 und 4.10 zeigen weitere Instrumentarien die Rouven Schöll im operativen Controlling einsetzt. Welche Fragestellungen kurzfristig relevant sind und welche Informationslieferanten und -empfänger in den Controllingprozess involviert sind, berichtet er im folgenden Praxisbeitrag:

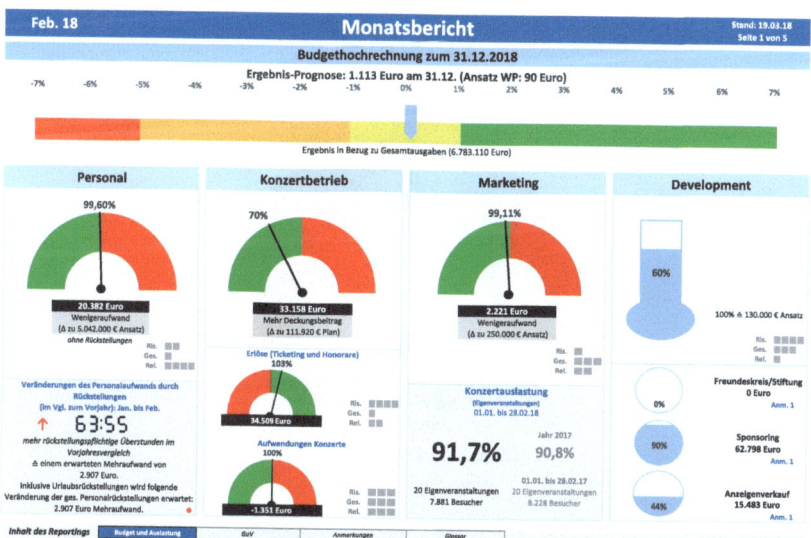

**Abb. 4.6**  Monatsbericht der Südwestdeutschen Philharmonie Konstanz

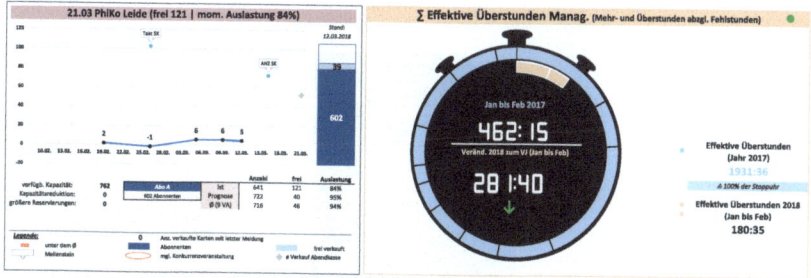

**Abb. 4.7**  Dashboard (Auszug) Südwestdeutschen Philharmonie Konstanz

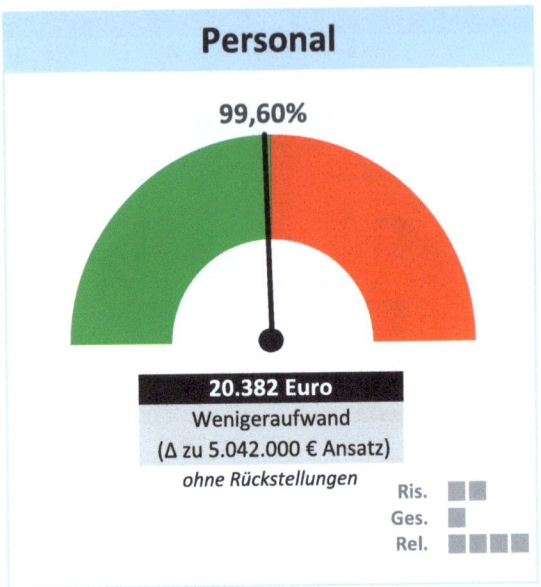

**Abb. 4.8**  Dashboard (Auszug Personal)

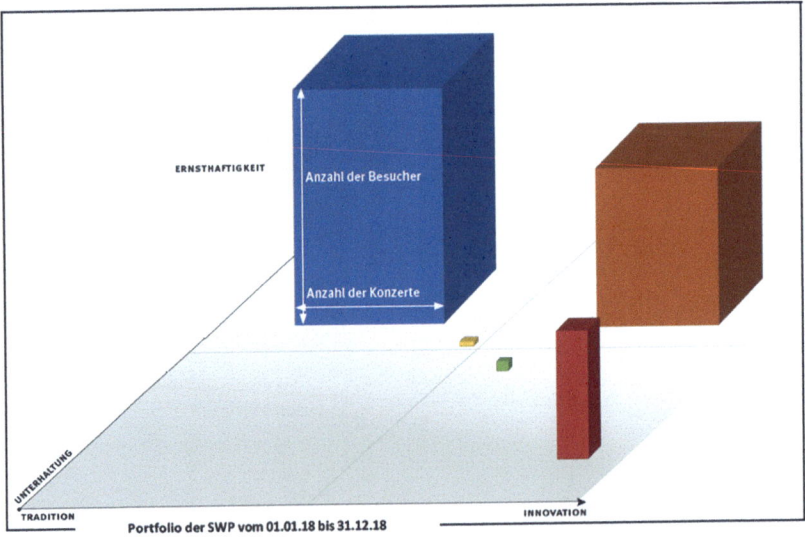

**Abb. 4.9**  Portfolio

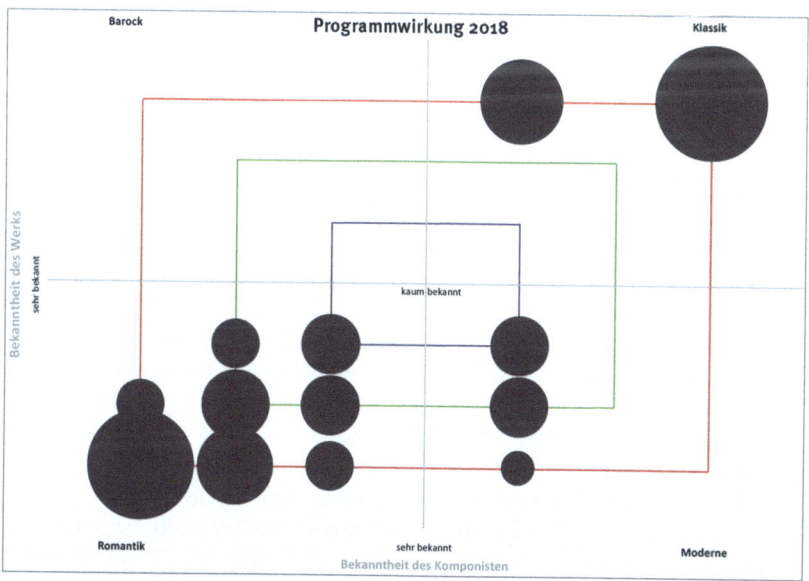

**Abb. 4.10** Programmwirkung

**Blick in die Praxis: Die Erfolgsgeschichte SWP**

Eine Philharmonie am Bodensee mit zwei aufeinanderfolgenden Jahresabschlüssen, die unter dem Doppelstrich jeweils über 300.000 € Verlust zeigten. Das war das Erbe, welches der damals neue Intendant Beat Fehlmann antrat. Die Idee, sich mit Controlling im Kulturbetrieb zu beschäftigen, lag also auf der Hand. Schließlich erwarteten die Vertreter des Trägers – der Stadt Konstanz – und die Öffentlichkeit mehr Transparenz und unterjährig eine verlässlichere Berichterstattung. Mindestens in den beiden genannten Krisenjahren stand nach vorherigen anderslautenden Prognosen am Ende mit dem Jahresabschluss eine „böse Überraschung".

Das Ergebnis unserer gemeinsamen Überlegungen waren zwei wesentliche Elemente:

1. Ein monatliches Berichtswesen, welches im Wesentlichen finanzielle Aspekte in den Vordergrund stellt und welches der strengen Logik von Ist/ Soll-Abweichungen folgt.

2. Eine jährliche Berichtsform, die zwar auch das liebe Geld betrachtet, aber im Kern dem Gedanken nachgeht, dass ein Orchester mehr ist als eine Institution, die möglichst viele Tickets verkauft. Ein Orchester geht einem Auftrag nach, schafft Werte und erzielt Wirkung innerhalb der Gesellschaft. Und genau dies sollte in einem guten Controlling dokumentiert und evaluiert werden.

Die Monatsberichte

Zentraler Punkt ist die Erwartung der Zuschussgeber, dass der zur Verfügung gestellte Finanzierungsrahmen ausreichend ist. Dreh- und Angelpunkt ist also, unter Verarbeitung aller zum Berichtszeitpunkt vorliegenden Erkenntnisse, eine Ergebnisprognose zum 31.12., Monat für Monat. Ein Dashboard zeigt die wesentlichen Einflussfaktoren: Personalkosten, Ergebnis des Konzertbetriebs im Vergleich zum Plan und die Drittmittelakquise. Der Monatsbericht, dessen Titelseite einen ausreichenden Überblick zur Beurteilung der finanziellen Situation hergibt, geht in derselben Form an den Träger (Stadt), das Kontrollorgan (Fachausschuss des Gemeinderates) und dient ebenso der Intendanz als Grundlage für Steuerungsentscheidungen. Ein möglichst hoher Automatisierungsgrad der Berichterstellung war das Ziel, um die Regelmäßigkeit der Berichterstattung gewährleisten zu können. Diese Regelmäßigkeit und die große Transparenz (keine Unterscheidung zwischen internem und externem Bericht) hat schnell verloren gegangenes Vertrauen wiederhergestellt.

Die Informationsquelle dieses Dashboards sind ebenso größtenteils automatisierte Berichte der wesentlichen steuerungsrelevanten Bereiche wie beispielsweise des Stands des Vorverkaufs für die nächsten Konzerttermine oder die Entwicklung der Personalstunden der Mitarbeitenden des Managements.

Diese Detailberichte dienen aber ausschließlich der Leitung des Hauses. Sie liefern Hinweise für anstehende Entscheidungen oder Erklärungen für mögliche Auffälligkeiten im Monats-Dashboard. Der Politik wird dieser Teil des Berichtswesens nicht regelmäßig vorgelegt. Die Erfahrung zeigt, dass letztlich auch Kulturpolitiker, die in der Regel eine Affinität zum Thema haben, spätestens in Zeiten knapper öffentlicher Kassen, im Wesentlichen nur die Frage der Budgeteinhaltung interessiert.

Seit beinahe 10 Jahren gibt es nun diese Form der Berichterstattung. Was die Ergebnisprognosen im Vergleich zum letztlichen Ergebnis angeht, gab und gibt es im Schnitt eine Treffergenauigkeit von +/− 20.000 € (0,25 % des Gesamtbudgets). Dies ist für uns deshalb erwähnenswert, weil es mittlerweile um ein Jahresvolumen von 8 Mio. € geht und dieser Durchschnittswert auf jeweils 12 Monatsberichten eines Jahres fußt.

Schon in den ersten Berichten gab es Versuche, auf unterschiedliche Auswirkungen von Plan-Veränderungen in unterschiedlichen Teilbereichen hinzuweisen.

Ein Label wurde tatsächlich nur für außenstehende Berichtsempfänger entwickelt. Auf einen Blick werden die Faktoren Risiko, Gestaltungsspielraum und Relevanz dargestellt. So können beispielsweise unsere Kommunalpolitiker die zentralen Kenngrößen besser einschätzen und mögliche operative Entscheidungen besser nachvollziehen. Spätestens seit der Corona-Pandemie wurde die Anforderung an das Berichtswesen gestellt, deutlicher zu unterscheiden, welche Teilbereiche beeinflussbar sind und welche nicht.

Bei einem Personalkostenanteil am Gesamtbudget von 80 % ist schnell klar, dass ein im laufenden Jahr gefundener Tarifabschluss, der aufgrund der Nachwirkungen der Pandemie und des Ukraine-Krieges deutlich höher ausgefallen ist als geplant, keine Budgeteinhaltung möglich macht. Im Umkehrschluss heißt das dann aber auch, dass − die Philharmonie in Konstanz hat dies erst vergangenes Jahr im Zusammenhang mit einer 20 %-Kürzungsdebatte erleben müssen − in Zeiten knapper Haushalte durch dieses Vorgehen der Fokus stärker und kritischer auf die Einnahmen- und Ausgabenpositionen gelegt wird, die durch Entscheidungen der Leitung beeinflusst werden können: Bei einem Orchester also im Wesentlichen die Ergebnisse des Konzertbetriebs.

Die Jahresberichte

Ein solch hoher Anteil der Personalkosten, plus die mehr oder weniger nicht beeinflussbaren Ausgaben für die grundsätzliche Funktionstüchtigkeit des Betriebs (Mieten für Probengebäude, Versicherungen, Aufwendungen für Leistungen der städtischen Kernverwaltung etc.), ergibt logischerweise einen prozentual kleinen Einflussbereich. Im Konstanzer Fall rund 8 % auf der Ausgaben- und 14 % auf der Einnahmenseite. Je mehr auf die Nicht-Beeinflussbarkeit des großen Brockens hingewiesen wird, desto mehr fokussiert sich der kritische Kontrollblick eines Gemeinderates auf den Teil der Einflusssphäre. Dies ist nachvollziehbar, zumal knappe Kassen immer den ganzen Haushalt betreffen. Mindestens hier steht eine Kulturinstitution dann doch in Konkurrenz zum Sport oder den Kindergärten. Oder anders gesagt, fordern die Vertreter anderer Bereiche zurecht Solidarität: Sparen wir, solltet ihr auch sparen.

Dieser Einflussbereich besteht, er ist oft aber kleiner als gedacht. Das wird auf der Einnahmenseite deutlich. Eintrittspreiserhöhungen sollten zwar regelmäßig in Betracht gezogen werden, um andere Kostensteigerungen abzufedern, überhaupt wäre es möglicherweise dienlich, sich mehr mit Pricing zu beschäftigen, es gibt aber Grenzen. Man denke an den Bereich der Musikvermittlung. Hier zeigt sich besonders, dass hinter der öffentlichen Vorhaltung eines Orchesters auch ein Auftrag steht. Ein Auftrag, der weniger greifbar ist als die finanzielle Perspektive. Warum ist es uns wert, dass wir ein Orchester finanzieren? Die Antwort fällt selbst Insidern nicht immer leicht und in einer öffentlichen Debatte im Zusammenhang mit Sparauflagen genügt die Antwort mit einem Auftrag zur Erhaltung eines reichen musikalischen Erbes längst nicht mehr.

Insofern war das Resultat eingangs erwähnter Krisenzeiten, sich auch regelmäßig mit der inhaltlichen Unternehmensperspektive und einer transparenten, vergleichenden, auch für Nicht-Klassik-Liebhaber nachvollziehbaren Darstellung zu beschäftigen: Was tun wir für die Gesellschaft, welche Wirkungsziele werden verfolgt? Die Ergebnisse dieser Auseinandersetzung sind wichtiger Bestandteil der Jahresberichte, die der Politik vorgelegt werden.

Ziel war es also, den Fokus auf die Wirkung der Institution zu lenken: „Der Auftrag kostet Geld, er hat aber auch einen Wert." Wie richtig es war, sich damit zu beschäftigen, zeigt eine jüngst vorgetragene interessante politische Forderung: „Wir brauchen vom Orchester einen Gesellschaftsindex, der die Leistungen für die Stadt dokumentiert." Daran wollen wir nun arbeiten, nicht nur, um dokumentieren zu können, sondern auch um einen Leitfaden in der (internen und externen) Diskussion zu haben, was müssen wir tun, um die öffentliche Förderung heute noch legitimieren zu können.

Trotz der vorgestellten, umfangreichen Beispiele sollte deutlich geworden sein, dass es bei der Erstellung des Controllingberichtes nicht darum geht einen möglichst umfangreichen Bericht zusammenzustellen. Viel wichtiger als die Menge ist die Qualität und damit die Wirkung, die der Bericht erreicht. Oberste Priorität müssen die Richtigkeit und Aktualität der Berichtsinhalte haben. Die Inhalte sollten so konzentriert wie möglich und entscheidungsrelevant sein. Die Aufbereitung muss formal und stilistisch am Empfänger ausgerichtet werden. Wenn all dies beachtet wird, ist auch der Nutzen der Controllingfunktion für alle Beteiligten spürbar und erfahrbar.

Es sollte außerdem klar geworden sein, dass der Controllingbericht eines Betriebes ein Unikat darstellt. Dies gilt auch für die Anwendung im Projektbereich, der im Kulturmanagement sowohl bei den Kulturbetrieben als auch bei Selbstständigen sowie Kreativunternehmen eine große Rolle spielt. Um die Stärken der Controllingfunktion sicherzustellen und diese gleichzeitig selbst wirtschaftlich zu betreiben, sind einige Regeln zu beachten, die durchaus einen universellen Charakter haben. Die zentrale Quelle des Controllingberichtes ist der Informationspool. Diesen vollständig und aktuell zu halten ist die tägliche Herausforderung für das Controlling. Für die Auswertung der Daten werden inzwischen auch IT-Lösungen angeboten, die auf Basis von importierten Daten, z. B. aus der Finanzbuchhaltung oder der Kosten- und Leistungsrechnung standardisierte Auswertungen bieten.[1]

Diese Lösungen sind im Hinblick auf einen minimalen Ressourceneinsatz reizvoll, jedoch besteht die Gefahr, dass das Feeling für die zahlenmäßigen Zusammenhänge im Betrieb, die Individualität und die Empfängerorientierung vernachlässigt werden.

Mit welchen weiteren Instrumentarien, außer den ausführlich dargestellten Verfahren der Kosten- und Leistungsrechnung, das Controlling die Inhalte für die Berichtsgestaltung gewinnt, soll daher im folgenden Kapitel behandelt werden.

---

[1] Siehe z. B. die Angebote von: https://www.companyon.de.

# Methodenkompetenz im Controlling

**5**

Die Controllingfunktion ist ein ganzheitliches Konzept, welches die Gesamtsystemzusammenhänge eines Betriebes transparent machen soll. Trotzdem sind häufig Einzelprobleme zu analysieren und es werden Sonderanalysen notwendig. Das Controlling eines Betriebes muss, um diese Aufgaben optimal erfüllen zu können, Methodenkompetenz mitbringen. Dabei stehen ihm Instrumente zur Verfügung, also methodische und sachliche Hilfsmittel zur Erfassung und Strukturierung von Informationen. Aufgabe des Controllings ist es, für die jeweilige akute Fragestellung das passgenaue Werkzeug zu wählen. Das zur Verfügung stehende Werkzeugset setzt sich aus operativen und strategischen Instrumenten zusammen, wovon viele auch als Managementinstrumente oder Marketingmanagementinstrumente bekannt sind. Innerhalb des Managementkreislaufs können sie auch den einzelnen Phasen des Managementprozesses zugeordnet werden, entsprechend findet sich häufig auch eine Einteilung in Planungsinstrumente, Prognoseinstrumente und Analyseinstrumente.

## 5.1 Strategische und operative Instrumente – eine Auswahl

Die Tab. 5.1 listet einige gängige strategische und operative Instrumente auf, die im Folgenden kurz vorgestellt werden sollen. Eine Sonderrolle nimmt die Balanced Scorecard ein, sie kann nicht eindeutig zugeordnet werden. Ihre Stärke ist es vielmehr, die beiden Ebenen zu verbinden. Das macht sie besonders interessant, sodass dieses Instrument in Abschn. 5.2. separat dargestellt wird, mit dem besonderen Blick auf den Einsatz im Kulturbetrieb.

© Der/die Autor(en), exklusiv lizenziert an Springer Fachmedien Wiesbaden GmbH, ein Teil von Springer Nature 2025
P. Schneidewind, *Controlling im Kulturmanagement*, Kunst- und Kulturmanagement, https://doi.org/10.1007/978-3-658-47538-3_5

**Tab. 5.1**  Strategische und operative Instrumente (Auswahl)

| Operative Instrumente | Strategische Instrumente |
|---|---|
| ABC-Analyse | Portfolio-Analyse |
| Break-Even-Analyse | Produkt-Lebenszyklus-Kurve |
| Kurzfristige Erfolgsrechnung | Stärken-Schwächen-Analyse |
| Verkaufsgebiets-Analyse | Qualitätsmanagement |
| Balanced Scorecard | |

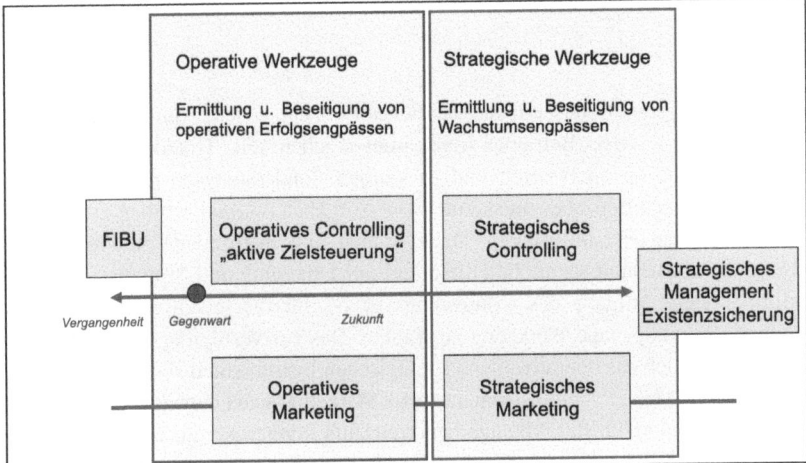

**Abb. 5.1**  Zusammenhänge Strategisch – Operativ. (Quelle: Schäfer, 2011)

Strategische Planung hat die Aufgabe einen Betrieb zukunftsfähig zu machen und damit die Effektivität des Betriebes zu sichern. Dazu ist es notwendig, vor allem Informationen zu den Chancen und Risiken des Betriebes zu gewinnen. Diese können sowohl interne als auch externe Quellen haben und quantitativer oder qualitativer Natur sein. Durch die gewonnenen Informationen können die Betriebsrisiken besser eingeschätzt und neue Erfolgspotenziale entwickelt werden. Die Beobachtungen schließen auch das Umfeld (Konkurrenz, Marktsituation) mit ein. Um die Chancen und Risiken außerhalb des Betriebes gut einschätzen zu können, sind Frühwarnindikatoren hilfreich. Aus den gesamten gesammelten Informationen sollten neue Strategien entwickelt werden können, die die langfristige Existenzsicherung gewährleisten. Diese Zusammenhänge macht auch die Abb. 5.1 deutlich.

Ein wichtiges strategisches Analyseinstrument, das für die Informationsgewinnung eingesetzt wird, ist die *SWOT-Analyse*. Dieses Instrument ist auch als Stärken-Schwächen-Analyse oder Potenzialanalyse bekannt. Ihre Aufgabe ist die

Ermittlung der wichtigsten betrieblichen Faktoren, die die Gesamtheit der Leistungsfähigkeit des Betriebs (ggf. im Vergleich zum stärksten Konkurrenten) bestimmen und die Bewertung ihrer Ausprägungen. Mit ihrer Hilfe kann zwischen internen Potenzialen und externen Umweltveränderungen in der Gegenwart *und* in der Zukunft eine Verbindung geschaffen werden. Dabei wird differenziert in: *S*trengths (Stärken), *W*eaknesses (Schwächen), *O*pportunities (Chancen) und *T*hreats (Risiken). Aus den Analyseergebnissen, die in einer Tabelle zusammengestellt werden, lassen sich Strategien ableiten, die verallgemeinert lauten könnten: Chancen ausbauen, bei Schwächen aufholen sowie Risiken absichern oder meiden (Quelle: Hausmann, 2005).

Ein anderes wichtiges und vielfach eingesetztes strategisches Controllinginstrument ist die *Portfolioanalyse*. Mit Hilfe der Portfolio-Analyse kann der gesamte Betrieb getrennt nach bestimmten strategischen Geschäftseinheiten, den einzelnen Portfolios (Produktgruppen bzw. Geschäftsfelder), analysiert werden. Diese Einteilung wird durch eine grafische Darstellung visualisiert, wobei auf den Achsen die relativen Marktanteile (Ausdruck der Wettbewerbsposition relativ zur Konkurrenz) und die Wachstumschancen der Produkte dargestellt werden. Es ist jene Kombination anzustreben, die unter strategischen Gesichtspunkten Chancen und Risiken optimal verteilt. Die Portfolioanalyse hat folglich eine wichtige Funktion bei der Festlegung des Produkt- oder Dienstleistungsprogramms. Sie macht die Erfolgspotenziale einzelner Produkte transparent und führt so zu einem möglichst effizienten Angebotsmix (vgl. Abb. 2.3).

Heinrichs wandte das Instrument der Portfolioanalyse bereits 1994 beispielhaft für das Angebot einer kommunalen Musikschule an und kam zu folgenden Positionierungen der einzelnen Angebote (Abb. 5.2).

Die Positionierung der jeweiligen Produkte in der Matrix hat Konsequenzen für die Interpretation. Die Boston-Consulting Group hat die vier Matrixfelder benannt und folgende strategische Maßnahmen mitgeliefert (Abb. 5.3).

Würde man die gleiche Analyse für das Musikschulangebot 2024 mit Hilfe einer Portfolioanalyse machen, käme man zu anderen Ergebnissen. Mit dem Vergleich kann sehr schön nachgewiesen werden, wie der Einsatz des Instrumentes die strategischen Entscheidungen unterstützen kann. Heute wären die Geschäftsfelder einer Musikschule wie in Abb. 5.4 einzuschätzen.

Die Grafik zeigt die Einordnung der Musikschulangebote: Instrumentalunterricht der Mittel- und Oberstufe (1). Dieses Produkt hatte lange Zeit wenig Konkurrenz aber auch geringe Wachstumschancen. Man kann pro Jahrgang einen durchschnittlichen Anteil von Kindern und Jugendlichen ermitteln, der eine Instrumentalausbildung absolviert. Da die Zahl der Kinder und Jugendlichen abnimmt, befindet sich dieses Geschäftsfeld eher in einem Schrumpfungsprozess, außerdem ist die private Konkurrenz im Musikschulwesen stark gestiegen. Es müsste folglich gelin-

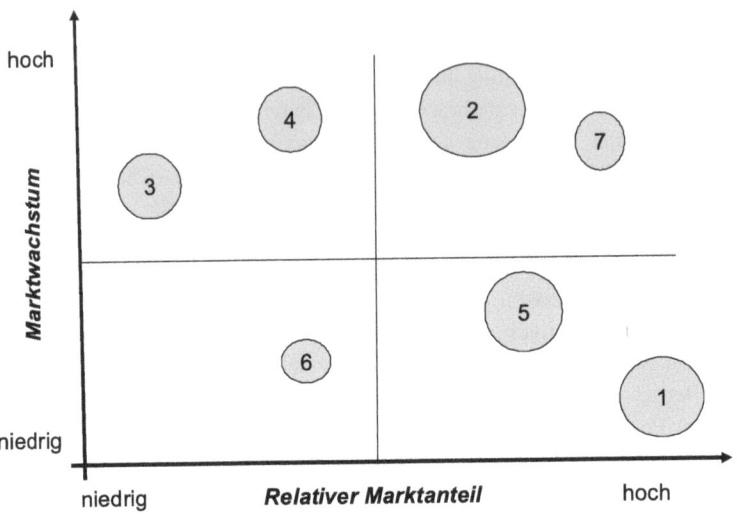

**Abb. 5.2** Portfolioanalyse einer Musikschule
(1) Instrumentalunterricht der Mittel- und Oberstufe „nahezu konkurrenzlos, aber kaum Wachstumschancen"
(2) Instrumentalunterricht der Unterstufe
„stark umworbenes Marktsegment, Konkurrenz der Privatlehrer und der privaten Musikschulen; aber Potential nicht voll ausgeschöpft, deshalb Wachstumschancen"
(3) Musikalische Grundausbildung
„starke Konkurrenz des Musikunterrichts in der Grundschule, teilweise sogar mit Instrumentalunterricht, zum Beispiel Blockflöte, deshalb nur relativ geringer Marktanteil, der aber nach entsprechenden Maßnahmen erhöht werden könnte"
(4) Musikalische Früherziehung
„Konkurrenz des musikalischen Spielangebots der Kindergärten; Situation ähnlich der in der musikalischen Grundausbildung"
(5) Ensemblefächer
„Konkurrenz der Musikvereine, aber insgesamt sehr starke Marktposition, weil keine Konkurrenz der Privatlehrer und der privaten Musikschulen gegeben ist; Potential bei weitem noch nicht ausgeschöpft, da die Zahl der Schüler in Ensemblefächern weit unter der der Unter-, Mittel- und Oberstufen liegt, deshalb Wachstum möglich"
(6) Erwachsenenbereich
„niedriger relativer Marktanteil, starke Konkurrenz von VHS, Privatlehrern, Kirchen, Vereinen usw.; Wachstumserwartungen haben sich nicht bestätigt"
(7) Veranstaltungen (Events, kleine Schülervorspiele)
„begrenzte Konkurrenz der Musikvereine; wie Beispiele einiger Musikschulen zeigen, sehr ausbaufähig"
(Heinrichs, 1994, S. 13)

**Abb. 5.3**  Portfolio Analyse

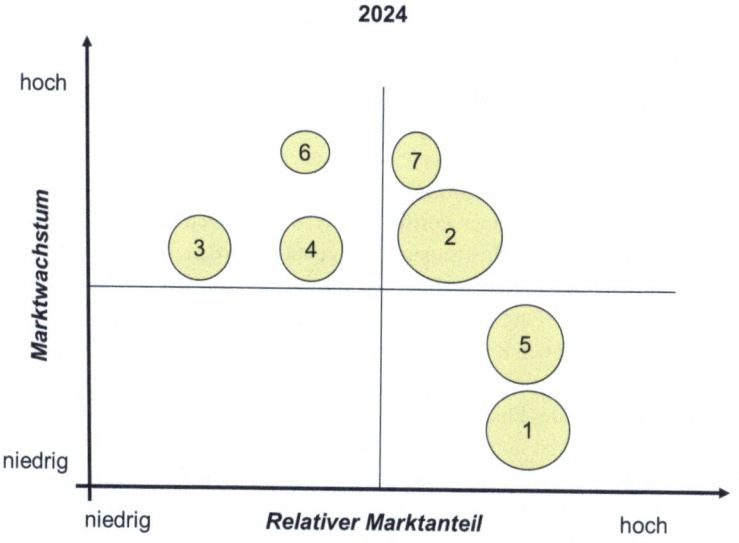

**Abb. 5.4**  Portfolioanalyse Musikschule 2024

gen – und dafür müssen entsprechende Maßnahmen gefunden werden – den Anteil der Kinder und Jugendlichen, die Interesse an einer Instrumentalausbildung haben, pro Jahrgang zu erhöhen. Dies ist eine große Herausforderung für die Musikschulen, da weitere Veränderungen in den Rahmenbedingungen ebenfalls kontraproduktiv für das Musikschulangebot sind. Die Verkürzung der Schulzeiten, der damit einhergehende Ausbau von Ganztagesschulen, die bildungspolitische Schwerpunktsetzung auf Naturwissenschaften und Sprachen, die hohe Freizeitkonkurrenz und der Trend, keine langfristigen Verbindungen einzugehen, sind ungünstige Entwicklungen für ein Ausbildungskonzept, welches langfristig und kontinuierlich angelegt ist.

Dies gilt auch für das Geschäftsfeld 2 (Instrumentalunterricht der Unterstufe). Die Anstrengungen der Musikschulen müssen darauf gerichtet sein, möglichst viele Einsteiger zu akquirieren, damit auch Geschäftsfeld 1 gesichert werden kann. Möglicherweise kann dies durch eine Verbindung und dem Schaffen von möglichst variantenreichen Übergängen der Geschäftsfelder 3 (Musikalische Grundausbildung) und 4 (Musikalische Früherziehung) im Sinne einer Kundenbindungsstrategie gelingen. Der Trend geht zu einem immer früheren Start der musikalischen Ausbildung. Die Akquise zukünftiger Schülerinnen und Schüler beginnt folglich schon im Alter von ca. 1 Jahr. Für diese Kundengruppen muss die Musikschule sich strategisch so aufstellen, dass sie immer wieder Anschlussangebote macht, um letztlich die Kunden langfristig zu binden. Ein großes Wachstumspotenzial hat inzwischen das Geschäftsfeld 6 (Erwachsenenbereich). Diese Zielgruppe ist im Fokus vieler Kulturanbieter. Die Generation 50+ ist häufig durch gute Bildung, Zeit und Finanzbudget sowie großes Interesse an einer sinnvollen Freizeitgestaltung gekennzeichnet, davon viel im Bildungsbereich (lebenslanges Lernen). Musikschulen können hier sicher Marktanteile gewinnen, sehen sich allerdings auch mit einer breiten Konkurrenzsituation konfrontiert (VHS/Privatlehrer/Kirchen/Vereine etc.). Die Erkenntnisse, die aus einer Portfolioanalyse gewonnen werden, können auch beim Einsatz von weiteren Instrumentarien genutzt werden, bzw. die Anwendung von weiteren Instrumentarien nach sich ziehen.

Eine ähnliche Einteilung wie die Portfolioanalyse nimmt auch die Lebenszyklusanalyse (Abb. 5.5) mit den Produkten vor. Sie geht von der Grundannahme aus, dass ein Produkt einen Lebenszyklus mit Einführung, Wachstum, Reife und Sättigung hat. In Abhängigkeit der Phase, in der sich das Produkt gerade befindet, sind unterschiedliche Handlungen notwendig. So benötigt ein Produkt in der Markteintrittsphase Unterstützung durch Marketing und Öffentlichkeitsarbeit. Es muss um Kunden geworben werden. Dazu müssen die Vorzüge des Produktes herausgestellt werden, möglicherweise gibt es bestimmte Einführungsangebote oder auch Einführungspreise. Auch in der Wachstumsphase ist noch Unterstützung notwendig,

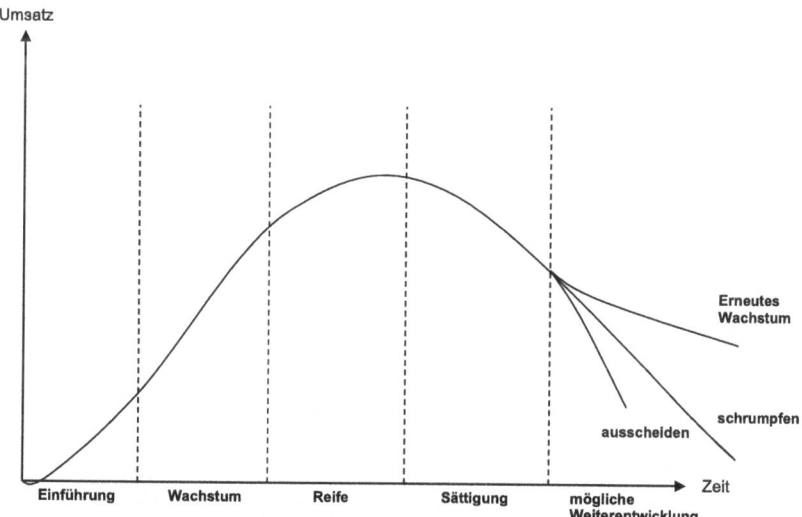

**Abb. 5.5** Lebenszykluskurve

erst in der Reife- und Sättigungsphase sind die Produkte zu Selbstläufern geworden. Strategisches Ziel des Betriebes muss es sein, seine Produkte möglichst schnell dorthin zu entwickeln. Ein Betrieb mit mehreren Produkten muss für eine Ausgewogenheit sorgen. Günstig sind einige Produkte in der Reife- und Sättigungsphase, die wenige Ressourcen binden, aber die finanziellen Mittel für die Unterstützung der neuen Produkte in der Eintritts- und Wachstumsphase sicherstellen.

Ein weiteres strategisches Instrument, welches im Kulturbereich Anwendung findet, ist *das* Qualitätsmanagement. *Dieses* Instrument, auch bekannt als Führungssystem „Total Quality Management (TQM)", hat eine Verbesserung der Produkte zum Ziel. Es geht davon aus, dass der Schlüssel zum Markt und damit zu den Kunden in der Qualität des Angebots liegt. Dies gilt sowohl für Produkte als auch für Dienstleistungen (vgl. Vollmuth, 2017, S. 94). Zu einem nachhaltigen Qualitätsmanagement gehören demnach eine kritische Bestandsaufnahme sowie die Entwicklung von Zielen und Veränderungswegen.

Die systematische Auseinandersetzung mit der Qualität der Organisationen hat auch in den Kulturbetrieben stark an Bedeutung gewonnen, z. B. wird in vielen Bibliotheken der Bibliotheksindex BIX[1] angewendet. Entsprechend adaptierte Qualitätsmanagementverfahren wurden auch zur Qualitätssicherung für Musikschulen mit

---

[1] Siehe auch www.bix-bibliotheksindex.de.

den Qualitätsmanagementprogrammen E-Du® (zusammen mit der Bertelsmannstiftung) oder QsM (Qualitätssystem Musikschule; auf Basis des „Excellence Models" EFQM: European Foundation for Quality Management) entwickelt.

Die besondere Leistung eines Qualitätsmanagements ist die Erkenntnis, dass ein komplexes Beziehungsgeflecht und dessen Dynamik, z. B. einer Musikschule, nicht über nur einen Faktor, z. B. den notwendigen finanziellen Einsatz, zu bemessen ist. Vielmehr muss die Beurteilung im Zusammenwirken mehrerer Dimensionen erfolgen. E-Du® hat sich dabei in Anlehnung an die für die Namensgebung zugrunde liegende Tonart mit 4 Kreuzen auf 4 Dimensionen festgelegt und beurteilt den Erfolg einer Musikschule in Bezug auf die Auftragserfüllung, die Kundenzufriedenheit, die Mitarbeiterzufriedenheit und die Wirtschaftlichkeit. E-Du® baut auf zwei wesentlichen Kernfragen auf: Was macht eine gute Musikschule aus? Und wie kann eine Musikschule ihre eigene Qualität zielgerichtet verbessern? (VdM/ Bertelsmann Stiftung, 2001, S. 5) Diese Fragen sollen mit Hilfe von 18 Kernkennzahlen beantwortet werde.

Eine weit verbreitete Technik, wenn es um Qualität geht, ist das Vergleichen (Benchmarking). Wo stehen wir, wo stehen die anderen, warum sind wir besser, schlechter etc.? Die Bedeutung des Begriffes „Benchmarking" ist gleichzusetzen mit „Leistungen vergleichen". Durch das Setzen eines Benchmarks wird demnach ein externer Maßstab für die eigene Leistung definiert. Dabei kann die Leistung von Funktionen, Tätigkeiten und Geschäften im Vergleich zu anderen beurteilt werden. Das Ergebnis ist meist das Aufdecken einer Leistungslücke zwischen den eigenen Leistungen und den „Best Practices" (vgl. Simon, 2008, S. 144). Benchmarking ist also eine Methode zur Aufdeckung eigener Schwächen durch den systematischen Vergleich mit Bestleistungen anderer Mitbewerber. Fehlerquellen können beseitigt und fortlaufende Verbesserungen ermöglicht werden. Diese Methode wird im Rahmen des Qualitätsmanagement vielfach angewendet (vgl. Simon, 2008, S. 144; Hausmann, 2001).

Neben den strategischen stehen dem Controlling auch operative Instrumente zur Verfügung. Darunter finden sich viele, die auf quantitativen Informationen aufbauen, welche aus dem Rechnungswesen gewonnen werden, wie Umsatz- oder Kostengrößen.

Die *ABC-Analyse* ist ein wichtiges Instrument, um Schwerpunkte im Betrieb zu bilden und durch diese Kenntnis Prioritäten festzulegen. Man trifft häufig auf die Gesetzmäßigkeit, dass relativ kleine Mengen einer Gesamtmasse einen relativ großen Wert ausmachen (z. B. 10 % der Kunden erwirtschaften 90 % des Umsatzes; der Anteil der Theaterabonnenten macht im Verhältnis der Kunden insgesamt nur einen kleinen Teil aus (15 %), sichert aber bereits eine Auslastung von ca. 40 %). Für die Steuerung des Betriebes ist die Kenntnis dieser Zusammenhänge sehr wertvoll. Es können daraus auch Handlungsanweisungen abgeleitet werden, z. B. hat die Einteilung der Kunden in A-Kunden, B-Kunden oder C-Kunden entsprechende

Folgen. A-Kunden, also z. B. die zehn umsatzstärksten Kunden, erhalten die Möglichkeit im Rahmen eines Frühbucherprogramms die besten Karten für sich zu buchen oder sie bekommen Vorabinformationen, Zusatzleistungen wie Hintergrundgespräche, Künstlerkontakte o. Ä. Auch Partner des Betriebes können so differenziert und kategorisiert werden. Wichtig ist, dass solche Informationen im gesamten Betrieb, vor allem auch an den Schnittstellen (Kasse/Vorverkauf/Info/Einlass) nach außen bekannt sind.

Die *Break-Even-Analyse,* auch als Gewinnschwellenanalyse bekannt, ist ein Verfahren zur Errechnung derjenigen Absatzmengen oder Umsätze, deren Überschreitung das jeweilige Objekt in die Gewinnzone bringt und deren Unterschreitung Verlust nach sich zieht. Sie setzt die Trennung in fixe und variable Kostenbestandteile voraus und steht dadurch in enger Beziehung zur Deckungsbeitragsrechnung (s. Abschn. 3.5). Zentrale Aufgabe der Break-Even-Analyse ist die Ermittlung der „kritischen Menge". Darunter versteht man die Menge, bei der das Produktergebnis gerade Null ist, also weder Gewinn noch Verlust erwirtschaftet wird. Man spricht auch von der „Gewinnschwelle", dem „Kostendeckungspunkt", dem „Break-Even-Punkt" oder dem „Toten Punkt". Ein wirtschaftliches Ergebnis dieser Art (eine „schwarze Null") ist für viele Kulturbetriebe das wirtschaftliche Ziel bzw. die wirtschaftliche Randbedingung, unter der die Ziele des Betriebs verfolgt werden. Deshalb könnte diese Rechnung für den Einsatz im Kulturbetrieb geeignet sein. Die Bedeutung könnte auch dadurch wachsen, dass Fragen der Preisbildung in Zukunft wichtiger werden.

Die Break-Even-Analyse wird sowohl als analytisches Instrument als auch grafisch angewendet.

Für die analytische Berechnung der Break-Even-Menge wird die Gewinngleichung Null gesetzt und nach der Absatzmenge x aufgelöst.

Beispiel: Ein kleiner Ausstellungskatalog der Städtischen Galerie wird zum Preis von 10,00 € verkauft. Die variablen Stückkosten (Druckkosten, Druckmaterial, Transport etc.) belaufen sich auf 4,00 €/Stck., die anfallenden fixen Kosten betragen 900,00 € (Anteil Personalkosten und Infrastruktur für fest angestellte wissenschaftliche Mitarbeiter, die die Katalogerstellung redaktionell begleiten). Dann lautet die „Gleichung":

$$\text{Preis} \times \text{Menge} = \text{fixe Kosten} + \text{variable Kosten}$$
$$10^* \, x = 900 + 4{,}00^* \, x$$
$$6^* \, x = 900$$
$$x = 150 \, \text{Stück}$$

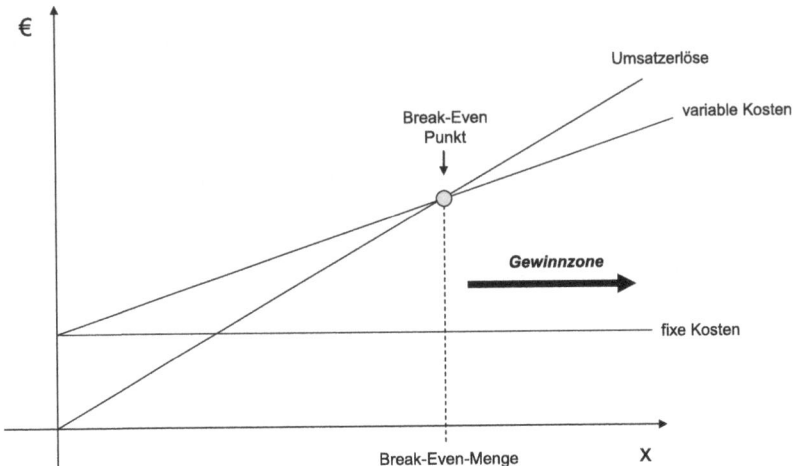

**Abb. 5.6**  Break-Even-Analyse

Unter Verwendung der Break-Even-Analyse können die Möglichkeiten der Gewinnerzielung besser beurteilt werden. Es lässt sich errechnen, welchen Einfluss die Änderungen der Verkaufsmengen, der Verkaufspreise sowie der variablen und fixen Kosten auf das Ergebnis haben. Die grafisch dargestellte Break-Even-Analyse sieht wie in Abb. 5.6 aus.

Die errechnete Break-Even-Menge stellt das Minimalziel dar. Diese Absatzmenge muss in der betrachteten Periode mindestens erreicht bzw. nach Möglichkeit übertroffen werden. Um die Erfolgswahrscheinlichkeit im Hinblick darauf frühzeitig abschätzen zu können, werden die während der Periode realisierten Absatzmengen aufsummiert und deren Differenz zur Break-Even-Menge berechnet. Dadurch können auftretende Risiken rechtzeitig erkannt und geeignete Gegenmaßnahmen ergriffen werden.

Die *Kurzfristige Erfolgsrechnung* gehört zu den wichtigsten Steuerungsinstrumenten für das Management, da dieser Bericht alle wichtigen Daten des Betriebes enthält. Sie basiert auf den Ergebnissen der Kosten- und Leistungsrechnung und stellt den nach Produkten oder Produktgruppen gegliederten Umsatzerlösen die ebenso gegliederten Kosten der verkauften Produkte oder Leistungen gegenüber. Die Ertragskraft der einzelnen Produkte wird dadurch transparent, ebenso die Detailgliederung des Gesamtergebnisses (siehe Kap. 3).

Eine *Verkaufsgebietsanalyse* zeigt die Unterschiede in der Verkaufsgebietsstruktur sowie die Bedeutung der einzelnen Verkaufsgebiete für den Betrieb. Bei einer Abweichungsanalyse sollten schwache Verkaufsgebiete möglichst mit dem besten Verkaufsgebiet verglichen werden, dann werden die Unterschiede und die Verbesserungsmöglichkeiten besonders deutlich. In Kulturbetrieben ist eine solche Analyse auch sehr gut für die Beurteilung einzelner Vorverkaufsstellen einsetzbar oder generell bei der Analyse von verschiedenen Vertriebswegen. Es können entscheidende Hinweise z. B. im Hinblick auf die Kassenöffnungszeiten, Vorverkauf etc. abgeleitet werden.

Mit Hilfe der vorgestellten und weiteren Controllinginstrumenten können viele Einzel- bzw. Zusatzinformationen gewonnen werden. Wesentlich ist, dass das für die Fragestellung richtige Instrument verwendet wird, dazu muss der Controller die geforderte Methodenkompetenz mitbringen. Die durch die isolierte Betrachtung eines Einzelproblems gewonnenen Informationen müssen in das Gesamtsystem einfließen, möglicherweise haben auf diese Weise gewonnene Analyseergebnisse auch Konsequenzen für andere Geschäftsbereiche oder es müssen weitere Untersuchungen angestellt werden.

In jedem Betrieb müssen die strategische Ausrichtung und die operativen Umsetzungen miteinander verbunden sein. Die operativen Vorgaben müssen aus den strategischen Zielen abgeleitet werden und operativ festgestellte Ergebnisse müssen mit den strategischen Vorgaben verglichen werden. Als Konsequenz ergeben sich unter Umständen Anpassungen, sowohl in der strategischen Ausrichtung als auch bei den operativen Maßnahmen.

Ein Instrument das operative und strategische Elemente beinhaltet und diese zusammenwirken lässt ist die Balanced Scorecard, die aufgrund dieser besonderen Eigenschaft im folgenden Kapitel eingeführt werden soll.

## 5.2  Die Balanced Scorecard (BSC)

Nachdem nun eine kleine Auswahl sowohl strategischer auch als operativer Instrumente vorgestellt wurde, soll ein weiteres Instrument in den Fokus rücken, welches beide Ebenen miteinander verzahnt. Die *Balanced Scorecard* konzentriert sich auf strategische Ziele, indem sie ihre Entwicklung unterstützt. Ihre Hauptaufgabe besteht darin, Strategien zu realisieren. Dazu müssen aus strategischen Zielvorgaben konkrete Aktionen abgeleitet werden. Sie ist letztlich das Bindeglied zwischen Vision und Strategien eines Betriebes und der operativen Umsetzung.

Das Managementinstrument Balanced Scorecard entstand Anfang der 1990er-Jahre an der Harvard Business School in den USA. Robert S. Kaplan und sein Team untersuchten das Problem, wie das eher an finanziellen Maßgrößen ausgerichtete Berichtswesen der Unternehmen um nichtfinanzielle Maßgrößen ergänzt werden könnte. Dieser Anspruch ist gerade in den Kulturbetrieben gegeben, deren oberste Ziele keine monetären Größen sind. Möglicherweise kann mit einer Balanced Scorecard die Forderung nach einem Steuerungsinstrument, das die künstlerischen Ziele in den Mittelpunkt rückt unter gleichzeitiger Berücksichtigung der finanziellen Zielsetzungen (i. d. R. Budgeteinhaltung) gewährleistet werden. Zwei wesentliche Eigenschaften machen die Balanced Scorecard für den Kulturbetrieb so interessant, dass ihr hier ein eigener Abschnitt eingeräumt wird. Das ist zum einen die Verzahnung von operativen und strategischen Sichtweisen und zum anderen das gleichzeitige Einbinden von monetären und nichtmonetären Steuerungsgrößen (vgl. Kersten & Schneidewind, 2002). Gerade in Kulturbetrieben konzentrierte sich das Management bisher auf das operative Handeln. Typisches Beispiel dafür ist die Aufstellung der Haushaltspläne. Nicht die Ziele und Aufgabenstellungen des Haushaltsjahres werden als Orientierung für die dazu notwendigen finanziellen Ressourcen herangezogen. Es ist eher üblich, die Ansätze des Vorjahres fortzuschreiben. Zukunft ist aber nicht nur die Fortsetzung der Vergangenheit. Wenn diese Sichtweise vorherrscht, besteht die Gefahr, sowohl Erfolgs- als auch Risikofaktoren zu übersehen. Sinn und Zweck des Einsatzes einer Balanced Scorcard ist es, sich auf die wesentlichen Erfolgsfaktoren im Betrieb zu konzentrieren. Dies geschieht, indem sie einen praxisgerechten Weg von der Strategie zur operativen Aktion transparent macht („translate Strategy to Action!"). Aufgabe der Scorecard soll sein, jene Informationen herauszufiltern, die für die zukünftige Entwicklung des Betriebes wirklich wichtig sind und die es darüber hinaus erleichtern, die maßgeblichen betrieblichen Ziele in leicht verständlicher Weise allen Mitarbeitern nahe zu bringen.

Die von Kaplan gestellte Frage war eine Reaktion auf die starken Veränderungen im betrieblichen Umfeld. Dies zeigte sich bspw. darin, dass die so genannten „weichen Faktoren" (Soft facts), wie Mitarbeiterzufriedenheit, Kundenzufriedenheit, Motivation, Fähigkeit zum Wandel, Flexibilität der Organisation u. a., eine immer größere Bedeutung erlangten. Es setzte sich die Erkenntnis durch, dass die Optimierung der weichen Faktoren auch die harten Faktoren (also bspw. die finanziellen Größen) positiv beeinflusst, denn letztlich „hängt alles mit allem zusammen". Gerade die finanziellen Faktoren sind so genannte „nachfolgende Indikatoren", d. h. sie zeigen die Resultate früherer Handlungen. Eine sehr sorgfältige und innovative Produktentwicklung plus eine passende Werbestrategie bei der Markteinführung des Produktes führt zu hoher Nachfrage, damit hohen Umsätzen und einem guten finanziellen Ergebnis.

Für die Betriebssteuerung bedeutet das, dass eine eindimensionale Zielsteuerung nicht realistisch ist. Zielorientierung eines Betriebes ist immer ein mehrdimensionales Zielsystem, welches bei der Steuerung zu berücksichtigen ist. Dies gilt auch für den sehr komplexen Kulturbetrieb. Es ist notwendig, die bestehende

Vernetzung unterschiedlicher Bereiche innerhalb einer Organisation sowie auch die Beziehungen zur Umwelt zu berücksichtigen.

Das Fazit war, dass die bisher dominierenden finanzwirtschaftlichen Kennzahlen, die hauptsächlich aus dem Rechnungswesen gewonnen werden und dadurch operativ und vergangenheitsorientiert sind, für die zukunftsorientierte Steuerung nicht ausreichen. Ihnen fehlt der Bezug zu den Unternehmensstrategien und sie integrieren keine nichtmonetären Leistungsgrößen. Die Konzentration auf die „klassischen Kennzahlen" verengt den Blick für weitere, ggfs. entscheidende Erfolgsfaktoren der Zukunft. Das heißt nun nicht, dass die finanzorientierten Kennzahlen überflüssig werden, sondern die Anforderung lautet, Finanzkennzahlen mit weichen Faktoren zu verknüpfen. Kennzahlen wie beispielsweise zur Kundenzufriedenheit, Mitarbeiterzufriedenheit, Mitarbeiterqualifikation, Effizienz der Geschäftsprozesse u. a., müssen *gleichberechtigt* neben den finanziellen Kennzahlen stehen. Die Anstrengungen gehen dahin, die Beschränkung traditioneller Steuerungssysteme auf finanzielle Größen durch die Integration nicht finanzieller, quantitativer und qualitativer Informationen zu überwinden. Dies entspricht auch der Controllingphilosophie. Im Controllingsystem des Betriebes müssen auch Informationen und Kennzahlen einfließen, die nicht auf Basis der Kosten- und Leistungsrechnung entstanden sind, wie z. B. die Besucherzufriedenheit, Veranstaltungskritiken, Mitarbeiterzufriedenheit u. a. (vgl. Abb. 2.3).

Wird das Instrument der Balanced Scorecard genutzt, hat dies auch Auswirkungen auf den Informationsfluss im Betrieb. Es müssen deutlich mehr Informationen gewonnen, gesammelt und ausgewertet werden. Jeder Mitarbeiter und Partner ist damit in den Prozess integriert. Eine Balanced Scorecard fasst jene Informationen eines Betriebes zusammen, die für die strategische Entwicklung wirklich wichtig sind und verfolgt damit fünf Intentionen (vgl. Friedag & Schmidt, 2015, S. 19):

- Komplexität des Betriebsgeschehens erfassen und auf für alle Mitarbeiter transparente Teilaspekte reduzieren,
- Visionen und daraus abgeleitete strategische Ziele messbar machen,
- Jedem Mitarbeiter diese strategischen Ziele nahebringen,
- Strategien im Unternehmensalltag verankern und
- Strategien den sich ändernden Lebensumständen anpassen.

Der Grundgedanke der Balanced Scorecard ist folglich eine transparente, sich ständig verbessernde Ursache-Wirkungskette.

Nun soll aber zunächst der Aufbau und die Funktion einer Balanced Scorecard erläutert werden, die sich als ein Instrument zur Strategieentwicklung, Strategiesteuerung und Strategieumsetzung beschreiben lässt. Dazu sind die folgenden Vorgaben notwendig (vgl. Horváth & Partners, 2007; Friedag &Schmidt, 2015; Jossé, 2018):

- eine Mission, die ausdrückt, wie uns andere sehen sollen (Leitbild),
- eine Vision, die sagt, was wir erreichen wollen (Leitziel) und
- Strategien, die die Wege dorthin beschreiben.

Die drei Komponenten stehen hier als Selbstverständlichkeit, in der Praxis sind sie jedoch vielfach nicht vorhanden. Wenn es überhaupt Visionen gibt, sind sie oft in den Köpfen der oberen Führungsetage und bleiben den Mitarbeitern vorenthalten. Wenn die Mitarbeiter Visionen und strategische Ansätze nicht kennen, können sie diese folglich in ihren Bereichen auch nicht umsetzen. Gerade diese Schwachstelle, die in Kulturbetrieben gang und gäbe ist, möchte das Konzept der Balanced Scorecard verbessern. Strategien müssen in den Alltag integriert werden, darum sind die strategischen Ziele auch das Herzstück jeder Balanced Scorecard. Ergänzt werden die oben genannten Bestandteile um vier Grundperspektiven. Die Verwendung der „Perspektiven" stellt eine Art Strukturierungshilfe dar. In der Regel werden die folgenden vier Perspektiven unterschieden:

1. *Kundenperspektive*
   Hier geht es um Marktanteile, Kundentreue und Kundenzufriedenheit (z. B. Ausbau der Marktposition, Image „als Partner der Kunden" aufbauen, Kundenzufriedenheit erhöhen, Bekanntheitsgrad steigern, Stammkundenanteil erhöhen, Zielpublikum verjüngen, Anteil Neukunden erhöhen).
2. *Finanzperspektive*
   Drückt das Unternehmensziel in Zahlen aus (z. B.: Umsätze verdoppeln, neue Finanzquellen erschließen, Budgeteinhaltung sichern, Deckungsbeiträge erhöhen, Rücklagen bilden aus nicht verbrauchten Zuschüssen, Liquidität sichern).
3. *Interne Geschäftsprozesse*
   Hier *werden* Kernprozesse betrachtet, die für die Erreichung anderer Ziele wichtig sind, z. B. Innovationsprozesse, interne Ablaufoptimierung etc. Warum funktioniert beispielsweise der Service nicht? Warum dauert die Bearbeitung einer Kartenbestellung so lange oder die Reaktion und Bearbeitungszeit von Beschwerden u. Ä. Die Zielformulierung könnte lauten: Standardisierung vorantreiben, Reibungsverluste deutlich reduzieren, Planungszeiten verringern, Fehlerquote verringern, Gesundheitsquote erhöhen. Der gesamte Themenkomplex des Qualitätsmanagements lässt sich hier einordnen.

4. *Lernen und Wachstum*

Hier geht es im Wesentlichen um das Personal, um Mitarbeiterzufriedenheit, Weiterbildung und vor allem um die Fähigkeit zu Veränderungen. Beispielsweise die Qualifikation an aktuelle Veränderungen anpassen (z. B. Weiterbildung Digitalisierung von Prozessen, neue Ticketsysteme, Social Media, Einsatz von KI etc.), Umsatzanteil Neuprodukte erhöhen, Verbesserungsindex erhöhen, Innovationsraten erhöhen, Service verbessern, Interne Kommunikation verbessern, Verbesserung der Ausstattung (z. B. neueste Software).

Eine Perspektive kann dabei als eine themenbezogene Auswahl von Zielen, Kennzahlen, Vorgaben und Maßnahmen verstanden werden, die gleichermaßen als Kategorie zur Systematisierung wie als Anhaltspunkt zur Erarbeitung strategierelevanter Mess- und Steuerungsgrößen fungiert (Reichmann, 2017, S. 622). Eine der Perspektiven ist jeweils Ausgangspunkt einer Ursache-Wirkungskette. Die kausalen Zusammenhänge bzw. das „Innenleben" des Betriebes werden transparent und damit auch steuerbar.

Die genannten Perspektiven sind nicht abschließend, sie können in Abhängigkeit von den Anforderungen des Betriebes auch verändert werden. So ist es durchaus denkbar, dass in einem Kulturbetrieb eine auf die künstlerischen oder kulturpolitischen Ziele gerichtete Perspektive aufgenommen wird. Weitere, in unterschiedlichen Branchen genutzte Perspektiven sind: die Lieferantenperspektive, die Kreditgeberperspektive, die Politikperspektive, die Kommunikationsperspektive, die Organisationsperspektive u. a.

Die Aufstellung der Ziele (Ober- und Unterziele), die Zuordnung zu den entsprechenden Perspektiven und die Kommunikation mit allen Beteiligten soll eine Ausgewogenheit sicherstellen, was im Begriff der Balanced Scorecard, übersetzt mit „ausgewogene Punktekarte" zum Ausdruck kommt. Eine andere Übersetzung könnte „übersichtlicher Berichtsbogen" heißen.

Wie dieser in seinem Grundschema aussieht, zeigt die Abb. 5.7.

Strategische Ziele im Sinne der Balanced Scorecard zeichnen sich dadurch aus, dass sie (vgl. Horváth & Partners, 2016, S. 132)

- unternehmensspezifisch und nicht austauschbar sind,
- die Strategie in aktionsorientierte Aussagen für die jeweiligen Perspektiven überführen,
- die strategischen Aussagen der Strategie in ihre Bestandteile aufgliedern. Daraus ergeben sich Elemente für jede Perspektive, die bei einer erfolgreichen Strategieumsetzung erreicht werden müssen.

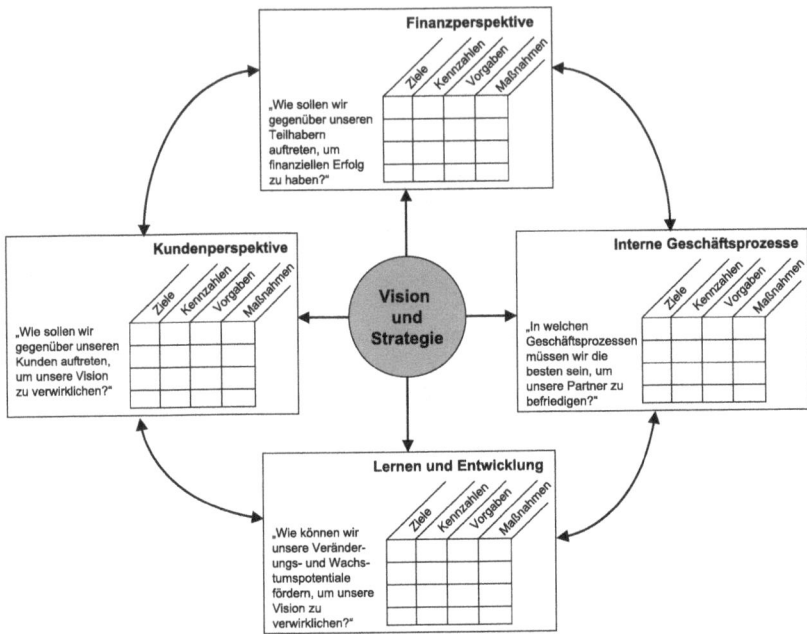

**Abb. 5.7**  Grundschema einer Balanced Scorecard. (Quelle: Reichmann, 2017, S. 620)

Die Bestimmung der strategischen Ziele für jede Perspektive bildet den Ausgangspunkt bei der Erstellung einer Balanced Scorecard und beeinflusst als deren
Herzstück auch entscheidend die Qualität.

Die Zielvorgaben beinhalten finanzielle und nichtfinanzielle Messgrößen zu
den Zielen, Soll- und Ist-Werte dieser Messgrößen, strategische Aktionen zu den
einzelnen Zielen sowie zu jedem einzelnen Ziel, Termin- und Budgetvorgaben
sowie die Angabe des Verantwortlichen. Dabei stehen Messgrößen, Zielwerte und
strategische Aktionen nicht losgelöst nebeneinander, sondern sind durch Ursache-
Wirkungsbeziehungen eng miteinander verknüpft. Aus den aufgestellten Zielen
wird eine Ursache-Wirkungskette abgeleitet. Dazu wird eine Antwort auf die Frage
gesucht: Warum wollen wir Ziel x erreichen? Ursache-Wirkungsketten zeigen Zusammenhänge und Abhängigkeiten zwischen den strategischen Zielen auf und
machen dadurch gegenseitige Effekte bei der Zielerreichung klar. Das Bewusstsein
von den Zusammenhängen fördert das gemeinsame Verständnis von der Strategie
und verbessert somit die Zusammenarbeit im Management. Die Umsetzung eines
strategischen Zieles fördert die Erreichung von anderen Zielen. Erst die Verknüpfung der Ziele beschreibt die Strategie vollständig.

Beim Aufbau der Balanced Scorecard müssen zwei bereits genannte Rahmenbedingungen konsequent durchgesetzt werden: die Kommunikation mit allen Beteiligten und gegenseitiges Vertrauen. Erfahrungsgemäß fördert eine vertrauens-
basierte Unternehmenskultur die Arbeit mit der Balanced Scorecard. In einzelnen
Schritten müssen letztendlich *alle* am Entwicklungsprozess beteiligt werden. Be-
ginnend auf der obersten Führungsebene müssen die Unternehmensziele gesetzt
und die Wege zur Zielerreichung definiert werden. Eine Balanced Scorecard entwickelt sich in der Regel „Top-down", das heißt aber nicht, dass auf dieser Ebene die
damit zusammenhängende Arbeit geleistet werden muss. Das Top-Management
hat die Aufgabe, den Anstoß zu geben und den Prozess aufrechtzuerhalten. Im täglichen Geschäft muss, wie an anderer Stelle bereits erwähnt, die Teamarbeit domi-
nieren. Es entsteht zunächst eine Scorecard für das gesamte Unternehmen. Diese
ist als Rahmen für weitere quasi abgeleitete Scorecards der unteren Führungs-
ebenen zu verstehen. Die Verantwortlichen der nachgeordneten Ebenen sollten in
die Erarbeitung der Scorecard für die übergeordnete Ebene einbezogen werden,
damit das Netzwerk wirklich harmoniert.

Sind die Ziele festgelegt, kann mit der Erarbeitung der Wege dorthin, also mit den
Strategien, begonnen werden. Man sollte zwei bis maximal fünf Strategien entwickeln und kommunizieren. Damit Strategien dann wirklich auch umgesetzt werden,
muss sichergestellt werden, dass sie mit den operativen Zielen verbunden werden.

Sind Mission, Vision und Strategien aufgestellt, müssen diese transparent gemacht werden. Hilfsmittel dazu sind die Kennzahlen, durch die eine Konkretisie-
rung erreicht wird. Jede Kennzahl braucht einen Verantwortlichen, der bestimmt
werden muss. Für das Ziel Neukundengewinnung könnte man beispielsweise als
Maßnahme setzen, Kooperationen mit anderen Anbietern zu intensivieren. Als
Kennzahl könnte dann die entsprechende Anzahl an Kooperationen oder die Anzahl der Neukunden eingesetzt werden.

Wenn alle Schritte getan sind, also Mission und Vision definiert, Strategien für
alle Perspektiven gefunden, Kennzahlen bestimmt sind und die Ergebnisse allen
Beteiligten kommuniziert wurden, können die Strategien ggfs. veraltet sein, bevor
sie überhaupt umgesetzt werden. D. h. man muss Mittel finden, mit deren Hilfe
man die Strategien den sich ändernden Lebensumständen anpassen kann. An dieser
Stelle zahlt sich aus, die Balanced Scorecard nicht auf ein System von Kennzahlen
zu reduzieren, sondern sie als eine Möglichkeit zu verstehen, die Kommunikation
im Unternehmen auf die strategisch wesentlichen Sachverhalte zu konzentrieren.
Kommunikation ist immer wechselseitig. Sie führt zu Rückmeldungen einem
Feedback und zu einem Ansatzpunkt, der lernfähig macht und für Veränderungs-
signale sensibilisieren kann.

Grafisch kann die Entwicklung einer Balanced Scorecard wie in Abb. 5.8 dargestellt werden.

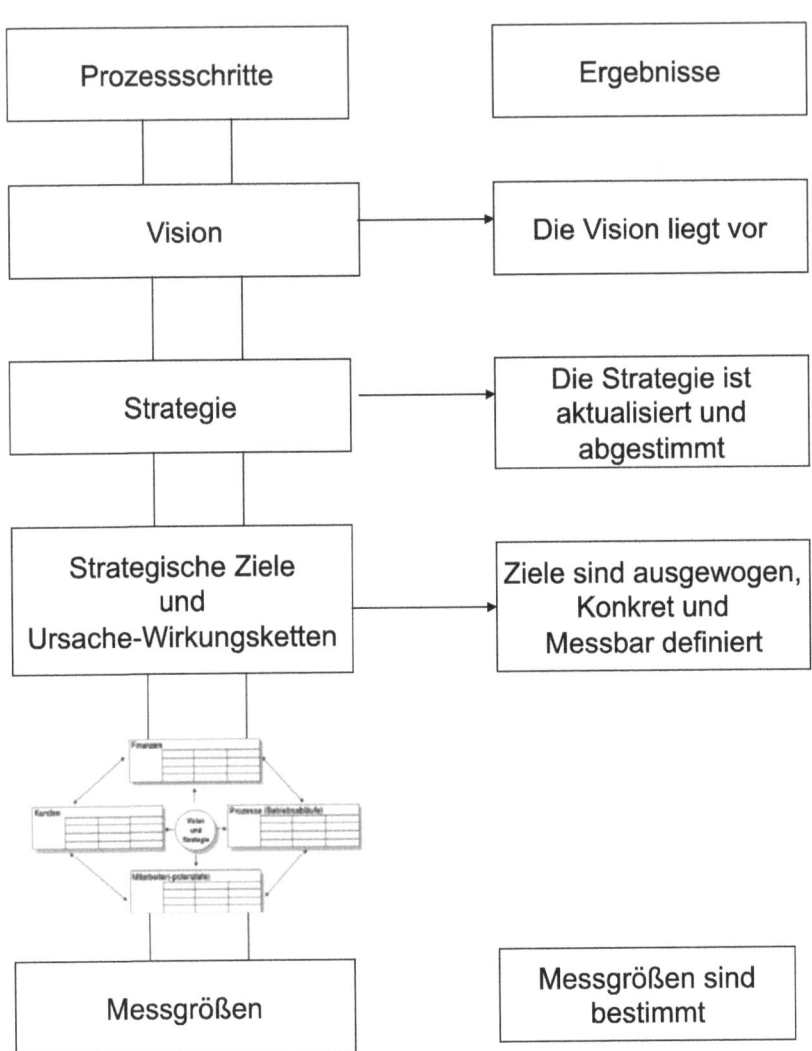

**Abb. 5.8**  Entwicklung einer BSC. (Quelle: Schäfer, 2011)

| Vision | Strategie | Bestimmung der strat. Ziele | Auswahl der Messgrößen | Einigung über Zielwerte | Bestimmung der strategischen Maßnahmen |
|---|---|---|---|---|---|
| Wir möchten in 5 Jahren das führende Musikfestival für neue Vokalmusik sein | Vielfältig-keitsstrategie | Kundenbetreu-ung aktiver gestalten | ▪ Wiederbesuchs-quote<br><br>▪ Zufriedenheits-index<br><br>▪ Bekanntheitsgrad | 80 % | Kundenbetreuungs-management einführen |
| | | Exzellenz | Marktanteil | 25 % | Marketingoffensive |
| | | Mehr Neukunden gewinnen | Anzahl der Neukunden | 10 % | Kommunikation |

**Abb. 5.9** Entwicklungsprozesse einer BSC. (Quelle: Schäfer, 2011)

Prozessorientiert würde die Entwicklung einer Balanced Scorecard wie in Abb. 5.9 aussehen.

Insgesamt sollte man von einem Zeitaufwand von bis zu zwei Jahren ausgehen, die für die Erarbeitung und Implementierung einer Balanced Scorecard im Alltag gebraucht wird. Die Auflistungen der einzelnen Bestandteile sehen theoretisch sehr selbstverständlich aus, aber in der Praxis sind Mission, Vision und Strategien häufig nicht vorhanden. Auch für die Balanced Scorecard gilt: *die* Balanced Scorecard gibt es nicht, jede Balanced Scorecard ist ein Unikat.

Nach dieser Kurzbeschreibung des Instruments Balanced Scorecard bleibt zu prüfen, ob sie tatsächlich im Kulturbetrieb anwendbar ist. Folgende Argumente sprechen dafür:

• Die Soft Facts spielen in den Kulturbetrieben eine große Rolle, wobei man sich gleichzeitig mit ihrer Messbarkeit sehr schwertut.

• Die Betrachtung des Managementprozesses aus vier unterschiedlichen Perspektiven gewährleistet beim Kulturbetrieb, dass auch kulturpolitische und künstlerische Interessen in die Betrachtung mit einfließen. Die oft so dominanten finanzwirtschaftlichen Kriterien müssen nicht als eigene Perspektive geführt werden, da sie im Kulturbetrieb, sofern es sich um einen Nonprofitbetrieb handelt, nicht Ziel, sondern lediglich Rahmenbedingung sind. Die Konzentration des Kulturbetriebes richtet sich auf die Erfüllung der Mission zur Zufriedenheit der Kunden (Publikum) und der Geldgeber, dies lässt sich mit Hilfe der Balanced Scorecard abbilden und unterstützen.

- Für die Anwendung der Balanced Scorecard ist das Aufstellen von Zielen zwingend notwendig, d. h. der in Kulturbetrieben häufig anzutreffende Mangel von fehlenden Zielvorgaben wird zwangsweise behoben.

- Eine Vernetzung der unterschiedlichen Bereiche einer Kultureinrichtung ist typisch, wird aber gerade bei der Zielbildung nicht ausreichend berücksichtigt. Oft werden einzelne Bereiche aus ihrem Gesamtzusammenhang gerissen, die ganzheitliche Sichtweise somit vernachlässigt.

- Monetäre Ziele müssen in Kulturbetrieben zwingend um nichtmonetäre Ziele ergänzt werden, um den Spezifika der Kulturbetriebe gerecht zu werden. Aber gerade diese Anforderungen konnten bisher noch nicht zufriedenstellend gelöst werden. Die Anwendung einer Balanced Scorecard wäre ein Lösungsansatz.

- Dem Ansatz der Balanced Scorecard liegt durch die Verknüpfung von Vision, Strategie und operativer Umsetzung eine ganzheitliche Betrachtung zu Grunde. Dies ist für den Einsatz im Kulturbetrieb, der in der Regel durch eine besondere Komplexität gekennzeichnet ist, von Bedeutung. Durch die ganzheitliche Betrachtung wird auch die Verknüpfung von operativer und strategischer Ebene sichergestellt, eine Voraussetzung, die in der Praxis der Kulturbetriebe häufig nicht gegeben ist. Oft fehlt die strategische Sichtweise ganz. Ist sie vorhanden, fehlt es an der notwendigen Beziehung zur operativen Ebene und nicht zuletzt an Kommunikation und Vertrauen.

- Ein typisches Kennzeichen des Kulturbetriebs ist die Personalintensität und die damit verbundenen Abhängigkeiten. Die Balanced Scorecard wäre als vorteilhaft einzuschätzen, um Motivation und Identifikation der Mitarbeiter zu fördern.

- Die genutzten Perspektiven sind auf den verschiedenen Operationalisierungsstufen eng miteinander vernetzt. Komplexität und Kausalitäten werden transparent und fördern bei allen Beteiligten das Bewusstsein, dass sie an einem gemeinsamen Ziel arbeiten. Dies ist gerade in großen Kulturbetrieben nicht selbstverständlich. In einem Theaterbetrieb beispielsweise arbeitet die gesamte Mannschaft auf das Ziel hin, dass sich am Abend der Vorhang öffnet. Durch eine strukturell und vertraglich zementierte Trennung in künstlerisches, technisches und Verwaltungspersonal ist dies jedoch oft nicht verinnerlicht. Komplexe Strukturen, wie sie im Theaterbetrieb zu finden sind, lassen sich durch die Balanced Scorecard transparent machen und damit besser steuern.

Es lassen sich also eine ganze Reihe von Argumenten finden, die den Einsatz einer Balanced Scorecard im Kulturbetrieb befürworten. Welche Anforderungen stellen Kulturbetriebe andererseits an das Managementinstrumentarium? Das ideale

Managementkonzept eines Kulturbetriebes ist in der Lage, die Interessen künstlerische Freiheit und künstlerische Qualität, Wirtschaftlichkeit und Publikumszufriedenheit unter den gegebenen Rahmenbedingungen zu optimieren. Ein Lösungsansatz könnte die Implementierung und Nutzung einer Balanced Scorecard sein. Ein Ansatz, der durch seine besondere Herangehensweise (Verknüpfung mehrerer Perspektiven abgeleitet aus Vision und Strategien) im Kulturbetrieb sehr gut einsetzbar ist. Das heißt aber nicht, dass die zuvor dargestellten Bestandteile einer Controllingkonzeption überflüssig werden. Für den laufenden Informationsfluss beim Einsatz einer Balanced Scorecard sind Vorsysteme wie die Kosten- und Leistungsrechnung zwingend notwendig. Die Balanced Scorecard ergänzt die operativen Informationssysteme und kann durch ihre einfache Methodik Defizite im strategischen Management der Kulturbetriebe abbauen. Sie könnte durchaus das zukünftige strategische Managementinstrument der Kulturbetriebe sein.

Erfolgreiche Praxisbeispiele findet man vereinzelt im Bereich der Museen, hier berichtet Markus Enzinger von der Einführung und Nutzung der Balanced Scorecard im Universalmuseum Joanneum in Graz.

**Blick in die Praxis: BSC**

Im Jahr 2012 führte das Universalmuseum Joanneum eine Balanced Scorecard ein. Damit wurden insbesondere **folgende Ziele** verfolgt:

- Implementierung eines strategischen Managementsystems, das als Planungs-, Auswertungs- und Steuerungstool eingesetzt werden kann
- Folgerichtige Ableitung der Ziele und Kennzahlen aus der Vision und Strategie des Unternehmens
- Ergänzung des seit dem Jahr 2004 bestehenden Online-Management-Informationssystems um nichtfinanzielle Kennzahlen
- Schaffung einer gemeinsamen Datenbank für sämtliche finanzielle und nichtfinanzielle Kennzahlen

Der erste Schritt bei der Entwicklung der Balanced Scorecard war die Definition einer Ursache-Wirkungs-Kette, sprich einer Zielhierarchie. Ausgehend vom kulturpolitischen Auftrag des Joanneums wurden die strategischen und operativen Ziele top-down abgeleitet und in Beziehung zueinander gesetzt. An diesem Prozess waren neben der Geschäftsführung sämtliche AbteilungsleiterInnen involviert. Diese Vorgehensweise stellte sicher, dass keine Zahlenfriedhöfe, sondern ausschließlich steuerungsrelevante Kennzahlen in die Balanced Scorecard aufgenommen wurden. Im zweiten Schritt wurden die Ziele durch Kennzahlen ergänzt und zu Perspektiven geclustert. In Anlehnung an das Grundschema der Balanced Scorecard nach Kaplan/ Norton einigte man sich auf die folgenden 4 Perspektiven:

- Finanzen
- Publikum und Öffentlichkeit
- Mitarbeiter
- Sammlungen und Forschung

Eine besondere Herausforderung stellte die exakte Definition der Kennzahlen dar. Gerade bei den Mitarbeiter- und Besucher-Kennzahlen steckte der Teufel meist im Detail. Außerdem legte man ein besonderes Augenmerk darauf, dass die zukünftige Erhebung der Kennzahlen automatisationsgestützt erfolgt. Das bedeutet, dass zum Beispiel bei der Berechnung der Mitarbeiter-Kennzahlen sämtliche Daten auf Knopfdruck aus der Personaldatenbank übernommen werden können, ohne händische Eingaben vorzunehmen. Diese Anforderung setzte voraus, dass die Vorsysteme (z. B. Personaldatenbank, Besucher-Statistik) entsprechend angepasst werden mussten.

Die Tab. 5.2 zeigt auszugsweise den Aufbau der Balanced Scorecard.

Die Auswertungen der Balanced Scorecard wurden in das bestehende Online-Management-Informationssystem integriert. Die meisten Kennzahlen werden monatlich ermittelt, die anderen quartalsweise bzw. jährlich. Die Auswertungen wurden weitgehend grafisch aufbereitet und zwar in Anlehnung an die sogenannten HI-CHARTS von Dr. Rolf Hichert.

**Fazit**

Mit der Balanced Scorecard wurde ein umfassendes strategisches Managementsystem im Universalmuseum Joanneum implementiert. Die gemeinsame Definition der Ursache-Wirkungs-Kette trug zu einer transparenten Visualisierung der strategischen und operativen Ziele bei. Die grafisch aufbereiteten Auswertungen wurden in das Online-Management-Informationssystem integriert und stehen der Geschäftsführung und den Abteilungsleitungen auf Knopfdruck jederzeit zur Verfügung.

Zum Vergleich abschließend ein Blick auf die vier gewählten Perspektiven der BSC der Staatsgalerie Stuttgart (vgl. Hirschle, 2007) (Tab. 5.3):

**Tab. 5.2** Aufbau der Balanced Scorecard (Auszug) im Universalmuseum Joanneum Graz

| Finanzen | |
|---|---|
| **Ziel** | **Kennzahl** |
| Budget einhalten, um langfristig ausgewogene Finanzierung zu sichern | Saldo aus Erlösen, Kosten, Subventionen, Investitionen (Soll-Ist-Vergleich) |
| Eigenwirtschaftlichkeit verbessern | Eigenerlöse (absolut) |
| Eintrittskartenerlöse pro Besucher steigern | Eintrittskartenerlöse pro Besucher im Verhältnis zum Vollpreis |
| **Publikum und Öffentlichkeit** | |
| **Ziel** | **Kennzahl** |
| Bekanntheitsgrad des UMJ steigern | Anzahl der Pressemitteilungen (national + international) |
| Effizienz des Marketings steigern | Marketingeffizienz (Eintrittskartenerlöse/ Marketingkosten) |
| Besucher-Frequenz – Einhaltung der jährlichen Besucher-Planung | Besucher-Zahl absolut (Soll-Ist-Vergleich) |
| Kundenbindung erhöhen | Anzahl der ausgegebenen Jahrestickets Nutzungsfrequenz der Jahrestickets: Anzahl der mittels Jahrestickets erfolgten Besuche Anzahl der durch verkaufte Schulkarten gebundenen Schüler Nutzungsfrequenz der Schulkarten: Anzahl der mittels Schulkarte erfolgten Besuche |
| Museums-Besuch intensivieren | Anteil der vermittelten Besucher an den Gesamt-Besuchern |
| Besucher-Zufriedenheit erhöhen | Zufriedenheitsquote (Anzahl der positiven Rückmeldungen im Verhältnis zur Anzahl der gesamten Rückmeldungen auf Feedbackkarten) |
| **Mitarbeiterinnen und Mitarbeiter** | |
| **Ziel** | **Kennzahl** |
| Zufriedenheit der Mitarbeite fördern | Fluktuationsquote (Dienstnehmer/ Kündigungen/ Ø Personalstand in Köpfen) |
| Überlastung der Mitarbeiter verhindern | Ø offene Urlaubstage pro Kopf Ø Mehr- bzw. Überstunden pro VZÄ |
| Mitarbeiter-Führung verbessern | Mitarbeiter-Gesprächsquote |
| Mitarbeiter-Qualifikation verbessern | Ø Weiterbildungstage pro Kopf |
| **Sammlungen und Forschung** | |
| **Ziel** | **Kennzahl** |
| Sammlungserweiterung | bewertete Sammlungsankäufe inkl. Schenkungen/Gesamtbudget |

(Fortsetzung)

**Tab. 5.2** (Fortsetzung)

| | |
|---|---|
| Digitalisierung der Sammlungsobjekte in einem einheitlichen System voranbringen | Grad der Digitalisierung der Sammlungen |
| Sammlungsrelevanz in den Ausstellungen steigern | Anteil der Objekte der eigenen Sammlungen + der Objekte, die in Sammlungen aufgrund einer Ausstellung übergehen/Gesamtanzahl an Objekten in Ausstellungen |
| Wissenschaftliche Relevanz | Seitenanzahl von wissenschaftlichen Publikationen Anzahl von wissenschaftlichen Vorträgen/ Referaten |

**Tab. 5.3** BSC Perspektiven am Beispiel der Staatsgalerie Stuttgart

**Besucherperspektive:**

| Strategische Ziele | Messgrößen | Zielgrößen | Aktionen |
|---|---|---|---|
| Steigerung der Besucherzufriedenheit | Anzahl der Beschwerden im Vergleich zum Vorjahr Anzahl der positiven Bewertungen | Senkung der Beschwerden im Vergleich zum Vorjahr um 20 % 60 % positive Bewertungen in der Besucherbefragung | Schulung des Personals mit direktem Besucherkontakt Auswertung der Beschwerden und Problembehebung Durchführung einer Besucherbefragung |

**Service- und Prozessperspektive:**

| Strategische Ziele | Messgrößen | Zielgrößen | Aktionen |
|---|---|---|---|
| Verkürzung der Beantwortungszeit für Email-Anfragen von Besuchern | Anzahl der Tage bis zur gegebenen Antwort | Max. 2 Tage liegen zwischen der Email-Anfrage und der Antwort | Prozessanalyse und Optimierung Festlegung verantwortlicher Mitarbeiter sowie Stellvertreter |

**Museumsmitarbeiterperspektive:**

| Strategische Ziele | Messgrößen | Zielgrößen | Aktionen |
|---|---|---|---|
| Weiterqualifizierung der Museumsmitarbeiter | Anzahl der Weiterbildung pro Mitarbeiter und Jahr Anzahl der internen Schulungen durch eigene Mitarbeiter | 1 Weiterbildung pro Mitarbeiter im Jahr 2 interne Schulungen im Jahr | Auswahl und Kooperation mit geeignetem Seminaranbieter Erarbeitung eines Schulungskonzepts Auswahl eines Organisationsteams |

(Fortsetzung)

**Tab. 5.3**  (Fortsetzung)

| Perspektive der finanziellen Basis: | | | |
|---|---|---|---|
| **Strategische Ziele** | **Messgrößen** | **Zielgrößen** | **Aktionen** |
| Einnahmensteigerung durch Akquirierung externer Mittel | Summe der externen Mittel im Vergleich zum Vorjahr | Steigerung der Einnahmen durch externe Mittel um 10 % im Vergleich zum Vorjahr | Erarbeitung eines individuellen Fundraisingkonzepts für jede Ausstellung differenziert nach Unternehmen und Privatpersonen Werbeaktion für die Gewinnung neuer Mitglieder im Freundeskreis des Museums |

# Controlling für Kleinunternehmen und Selbständige

Der Kulturbereich ist geprägt von vielen Kleinbetrieben, Mikrounternehmen, Start-ups, Soloselbstständigen, freiberuflich oder gewerblich tätigen Kunst- und Kulturschaffenden. In diesen Fällen gibt es keine Verwaltung, keine Marketingabteilung und keine Finanzabteilung. Oft stecken all diese Funktionen in einer Person. Dies hat zur Konsequenz, dass ein nicht unerheblicher Teil der Arbeitszeit für die Managementaufgaben eingesetzt werden muss. Dabei sind Verwaltungsarbeiten wie Akquise, Angebotserstellung, Finanzbuchhaltung, Zahlungseingangskontrolle, Mahnwesen, Steuererklärung etc. häufig ungeliebte Pflichten, die das künstlerische Schaffen einschränken, aber eben dazu gehören. Es ist auch für kleine Unternehmen (KU) empfehlenswert, trotz deren Übersichtlichkeit ein Controlling einzurichten. Die Betriebe sind in der Regel durch eine geringere Komplexität gekennzeichnet, so lässt sich eine hohe Transparenz erreichen, und mit Blick in die Zukunft lassen sich damit Risiken frühzeitig erkennen. Wenn der laufende Betrieb mit entsprechenden Tools verwaltet und begleitet wird, ist der dafür notwendige Zeiteinsatz gering, die Ergebnisse können optimiert werden und man ist gut aufgestellt, um aus den laufenden Informationen z. B. auch die vergangenheitsorientierte Steuererklärung zu erstellen. Wenn nur auf die Steuererklärung hingearbeitet wird, sind keine Veränderungen oder Optimierungen mehr möglich, das geht nur mit Blick nach vorne und den dafür notwendigen Zielgrößen. Welches Ergebnis möchte ich erreichen? Mit der Controllingfunktion wären Kleinunternehmen und Selbstständige auch im Falle einer Expansion ihres Betriebes gut aufgestellt.

Es soll nun hier ein Tool vorgestellt werden, das sich für den Einsatz in einem Kleinbetrieb eignet, Kulturschaffende mit wesentlichen Informationen unterstützt, und ihnen Hilfestellung bietet, z. B. bei Fragen zur Arbeitszeit, zum Stundensatz, zu den Umsatzzielen, zu notwendigen Rücklagen für Alter, Krankheit oder anderen

© Der/die Autor(en), exklusiv lizenziert an Springer Fachmedien Wiesbaden GmbH, ein Teil von Springer Nature 2025
P. Schneidewind, *Controlling im Kulturmanagement*, Kunst und Kulturmanagement, https://doi.org/10.1007/978-3-658-47538-3_6

Risiken, etwa Zeiten der Nichtbeschäftigung, wie wir sie in der Coronaphase erlebt haben.[1] Empfehlenswert ist die strikte Trennung von Privatem und Betrieb. Für die betrieblichen regelmäßigen Zahlungsbewegungen sollte ein separates Konto vorhanden sein und zusätzlich ein weiteres Konto für den Aufbau von Rücklagen.

Für das Fallbeispiel wird eine künstlerisch tätige Person angenommen, die mit ihren künstlerischen Leistungen und Produkten voll erwerbstätig (Vollbeschäftigung 40 Std./Woche) ist und ihren Lebensunterhalt mit der künstlerischen Tätigkeit bestreiten will. Daraus folgt, dass eine unternehmerische Denk- und Handlungsweise unterstellt werden muss. Es wird außerdem vorausgesetzt, dass die Person bei der Künstlersozialkasse versichert ist, was unter den folgenden Voraussetzungen möglich ist: Die künstlerische und publizistische Leistung muss dem Erwerb dienen (Gewinnerzielungsabsicht), sie muss in selbstständiger Form erbracht werden und das Jahreseinkommen muss mindestens 3900 € betragen.

Für die Planung und Steuerung von künstlerischen Tätigkeiten müssen folgende berufstypische Besonderheiten berücksichtigt werden:

• In der Regel hohe Qualifikation durch langjährige akademische Ausbildung und/oder Praxiserfahrung
• Spezifische kreative Leistungserstellung, die sich oftmals nicht an festen Arbeitszeiten orientiert
• Künstlerische Freiheiten/unternehmerische Autonomie
• Selbstbestimmt/keine Weisungsbefugnisse
• Portfolio von verschiedenen Leistungen
• Diskontinuierliche Auftragslage
• Schwankende Einkommen

Soll nun beispielsweise ein Stunden- oder Vergütungssatz kalkuliert werden, sollte der Anspruch sein, die reale Arbeitszeit zu vergüten. Dabei ist weiter zu berücksichtigen, dass es unterschiedliche Leistungen gibt z. B. im Bereich Kunst: Veranstaltungen/Unterrichte/Ausstellungen/Werke (Bilder, Skulpturen, Fotografie, u. a.) oder in Anlehnung an die durch den BKK differenzierten Haupttätigkeiten von Bildenden Künstlerinnen und Künstlern (https://www.bbk-bundesverband.de/publikationen/leitfaden-honorare, Leitlinien S. 7 f.)

• Künstlerische Präsentationen
• Kunst am Bau/Kunst im öffentlichen Raum
• Künstlerische Gestaltung

---

[1] Das Tool kann als Excel-Arbeitsmappe oder als Web-App unter dem folgenden Link heruntergeladen bzw. genutzt werden: plusz.kubuzz.de oder www.kubuzz.de.

- Kulturelle Bildung
- Künstlerische Vermittlung
- Künstlerische Lehrtätigkeit
- Beratungs- Gremien-/Gutachter- und Preisrichtertätigkeit
- Künstlerische Kuration
- Künstlerische Leitung
- Künstlerische Forschung

Die vielfältigen Leistungen verursachen auch unterschiedliche Kosten, es liegt eine jeweils andere Wettbewerbssituation vor und es werden andere Kunden angesprochen. Dies sind genau die Unterscheidungskriterien, die auch aus betriebswirtschaftlicher Sicht bei der Preisbildung zu beachten sind:

- Preisbildung nach dem Prinzip der Kostendeckung (Kostenpreis)
- Preisbildung aufgrund der Orientierung am Wettbewerb (Marktpreis)
- Preisbildung orientiert an der Zahlungsbereitschaft des Kunden (Kundenpreis)

Eine klassische Kalkulation geht grundsätzlich von den Selbstkosten aus und kann ggfs. – bei entsprechender Differenzierung der Kosten – auch Hinweise auf Preisdifferenzierungen, Preisuntergrenzen etc. geben. Relevant ist dabei die korrekte Trennung in Kosten, also der ergebnisorientierten Wirkung, und Ausgaben, den entsprechenden liquiditätsorientierten Effekten. Letztere sind für das unternehmerische Überleben existenziell, bei der Frage des „Preises"/der Honorare können sie zunächst ausgeblendet werden.

Auch für die Anwendung von Kleinunternehmen und Selbstständigen gilt das Prinzip „alles hängt mit allem zusammen". Dies lässt sich mit und durch das kompakte Tool leicht nachweisen, da es mehrere Funktionen enthält. Es unterstützt die Berechnung und Ermittlung von Preisen und Honoraren, kann aber auch als Steuerungsinstrument für ein Kleinunternehmen eingesetzt werden, da es sowohl die Ergebnisplanung als auch die Finanz-/Liquiditätsplanung enthält, welche das Unternehmen folglich ganzheitlich abbilden. Die sich ergebenden Werte sind als Ziel- oder Orientierungsgrößen zu verstehen. Es können auch Zielgrößen von außen verwendet werden, z. B. das in Deutschland aktuell gültige, zur Verfügung stehende Durchschnittseinkommen von 2500 € oder die Mindestgage des NV-Solo, die durchschnittlichen Konsumausgaben/Lebenshaltungskosten oder auch auf Schätzungen basierende interne Werte.

Die wesentlichen Zusammenhänge und Stellschrauben zeigt die Abb. 6.1. Ziel soll sein, die Vergütung im Sinne eines „Unternehmerlohns" zu definieren. Wie hoch muss das monatliche/jährliche Einkommen sein, um einen durchschnittlichen Lebensstandard zu ermöglichen und darüber hinaus ausreichend für einen entsprechenden Lebensstandard im Alter oder bei Krankheit vorzusorgen?

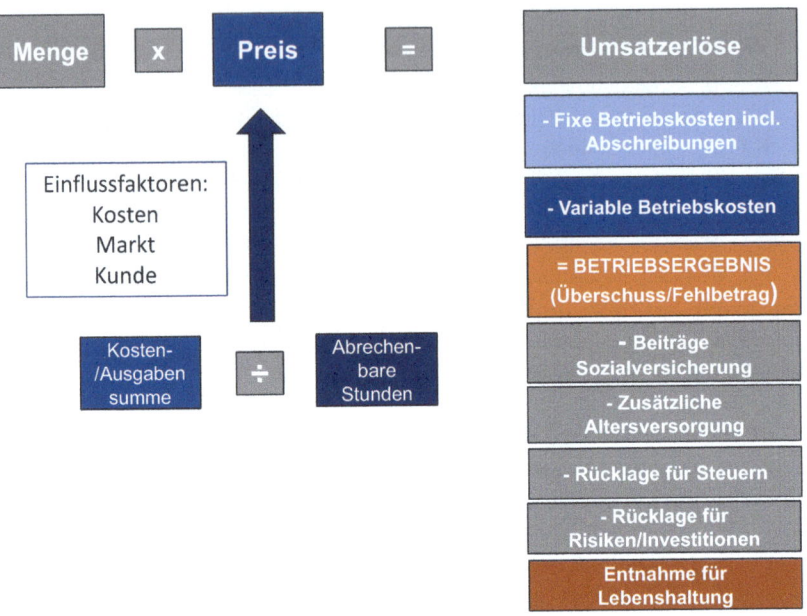

**Abb. 6.1** Gesamtzusammenhänge Planungstool für KU und Selbstständige

Zentrale Größe ist zunächst der Umsatz, oft auch mit ‚Umsatzerlös' oder ‚Ertrag' bezeichnet. Der Umsatz ist die zentrale Finanzierungsquelle eines Unternehmens, die im Idealfall ausreichen sollte, alle notwendigen Kosten und die dafür anfallenden Ausgaben zu decken.

Die Größe ‚Umsatz' errechnet sich durch Menge mal Preis. Wenn eine Musikerin für eine Unterrichtsstunde 45 € verlangt und regelmäßig einmal die Woche unterrichtet, dann erzielt sie einen Umsatz von 180 € aus Unterrichtstätigkeit mit einem Kunden. Um den Umsatz zu verändern, kann man sowohl an der Mengen- als auch an der Preisschraube drehen. Die Grenze ist die Preissensibilität des Kunden, d. h. bis zu welcher Höhe Preissteigerungen akzeptiert werden.

Den Umsätzen stehen die Betriebskosten gegenüber, die sich in fixe und variable Bestandteile trennen lassen und als erste Zwischensumme das Betriebsergebnis bilden. Daraus sind dann im Folgenden zu finanzieren: die Steuern, die Sozialaufwendungen (KSK-Beiträge), die zusätzliche Altersvorsorge, Rücklagen für Investitionen, sonstige Rücklagen z. B. für Risiken. Der danach verbleibende Restbetrag würde für die Lebenshaltung zur Verfügung stehen.

Für die Preisbildung sind die Kosten relevant, die für eine Leistung entstanden sind, zu messen etwa an der eingesetzten Arbeitszeit, den Preisen von Konkurrenten und der Zahlungsbereitschaft der Kunden.

Im Falle von Kleinunternehmen und Selbstständigen ist die eingesetzte Arbeitszeit, speziell die „produktiven Stunden", also welcher Teil der Gesamtarbeitszeit abgerechnet werden kann, von entscheidender Bedeutung. Die Jahresarbeitstage müssen gekürzt werden um Feiertage, Urlaubstage und Krankheitstage. Allein diese Korrektur führt dazu, dass für das Erwirtschaften der Lebenshaltungskosten, die über die vollen 12 Monate eines Jahres notwendig sind, nur rund 10 Monate zur Verfügung stehen. Die tatsächliche Zahl der produktiven Stunden schrumpft aber noch weiter, denn im operativen Betrieb fallen Tätigkeiten an wie:

- Verwaltung, Akquise, Beratungsgespräche,
- Finanzbuchhaltung und Steuererklärung,
- Rechnungsstellungen,
- Öffentlichkeitsarbeit,
- Termin- und Reiseplanung,
- Pflege der Website und der Social-Media-Kanäle
- etc.

Auch Übezeit, Experimentieren oder Reisezeiten wären hier hinzuzurechnen. In vielen Fällen werden erfahrungsgemäß nur max. 60 % der Arbeitszeit als „abrechenbare" Arbeitszeit angenommen, damit finanzieren die an Kunden verkauften Leistungen diese notwendigen Arbeitsanteile mit. Es wird empfohlen, über den Einsatz der Arbeitszeit zumindest einen groben Aufschrieb zu führen, um die Setzung von z. B. 60 % zu prüfen. Ein falscher Ansatz führt zwangsläufig dazu, dass die Kostendeckung nicht gelingt!

Sollte ein Teilzeitarbeitsverhältnis vorliegen und die Gesamtarbeitszeit z. B. nur bei insgesamt 60 % liegen, darf nicht von einer proportionalen Veränderung des Verhältnisses von produktiven und unproduktiven Arbeitszeiten ausgegangen werden, denn gerade die Aufgaben, die den unproduktiven Zeiten zugeordnet werden, verändern sich nicht zwingend im gleichen Verhältnis wie die Veränderung der Gesamtarbeitszeit. Die produktive Arbeitszeit ist daher noch geringer als mit 60 % zu veranschlagen. Da viele Künstler in der Praxis ein Teilzeitarbeitsverhältnis pflegen, sollte dieser strukturelle Nachteil bewusst sein.

Wie können nun alle diese Zusammenhänge in einem Planungstool eingepflegt werden? Die einzelnen Schritte sind in einer Excel-Arbeitsmappe zusammengefasst und können wie folgt schrittweise bearbeitet werden:

1) Ermittlung der Lebenshaltungskosten pro Monat/pro Jahr (Abb. 6.2)
2) Planung der Arbeitszeit gesamt und des abrechenbaren (produktiven) Anteil (Abb. 6.3)
3) Ermittlung der Betriebskosten pro Monat/pro Jahr (Abb. 6.4)

| EZ/AZ-Art | | Jan. | Febr. | März | April | Mai | Juni | Juli | Aug. | Sept. | Okt. | Nov. | Dez. | Σ | Ø |
|---|---|---|---|---|---|---|---|---|---|---|---|---|---|---|---|
| Miete | f | 800 | 800 | 800 | 800 | 800 | 800 | 800 | 800 | 800 | 800 | 800 | 800 | 9,600 | 800 |
| Nebenkosten Miete | f | 250 | 250 | 250 | 250 | 250 | 250 | 250 | 250 | 250 | 250 | 250 | 250 | 3,000 | 250 |
| Instandhaltungen | v | | | | 300 | | | | | | 500 | | | 800 | 67 |
| | | | | | | | | | | | | | | 0 | 0 |
| Nahrung | v | 300 | 300 | 300 | 300 | 300 | 300 | 300 | 300 | 300 | 300 | 300 | 300 | 3,600 | 300 |
| | | | | | | | | | | | | | | 0 | 0 |
| Verkehr/Mobilität | f | 50 | 50 | 50 | 50 | 50 | 50 | 50 | 50 | 50 | 50 | 50 | 50 | 594 | 50 |
| | | | | | | | | | | | | | | 0 | 0 |
| Freizeit | v | 150 | 150 | 150 | 150 | 150 | 150 | 150 | 150 | 150 | 150 | 150 | 150 | 1,800 | 150 |
| | | | | | | | | | | | | | | 0 | 0 |
| Gesundheit | v | 20 | 20 | 20 | 20 | 20 | 20 | 20 | 20 | 20 | 20 | 20 | 20 | 240 | 20 |
| | | | | | | | | | | | | | | 0 | 0 |
| Bekleidung | v | 300 | | | 300 | | | 300 | | | 300 | | | 1,200 | 100 |
| | | | | | | | | | | | | | | 0 | 0 |
| **Lebenshaltungskosten** | | 1,870 | 1,570 | 1,570 | 2,170 | 1,570 | 1,570 | 1,870 | 1,570 | 1,570 | 2,070 | 1,870 | 1,570 | 20,834 | 1,736 |
| Summe fixe Auszahlungen | | 1,100 | 1,100 | 1,100 | 1,100 | 1,100 | 1,100 | 1,100 | 1,100 | 1,100 | 1,100 | 1,100 | 1,100 | 13,194 | 1,100 |
| Summe variable Auszahlungen | | 770 | 470 | 470 | 1,070 | 470 | 470 | 770 | 470 | 470 | 970 | 770 | 470 | 7,640 | 637 |

**Abb. 6.2** Steuerungstool: Arbeitsmappe 1: Kalkulation der privaten Konsumausgaben

| Arbeitszeit p.a. | | **1,600** Std. | abrechenbar | **60%** | **960** Std. |
|---|---|---|---|---|---|
| 52 Wochen à 5 Arbeitstage | 260 | Tage | | | |
| x 8 Stunden | | 2,080 Std. p.a. | | | |
| abzgl. 11 Feiertage | 11 | 88 Std. p.a. | | | |
| abzgl. Krankheitstage | 10 | 80 Std. p.a. | | | |
| abzgl. Urlaubstage | 30 | 240 Std. p.a. | | | |
| abzgl. Fortbildung | 9 | 72 Std. p.a. | | | |
| **Arbeitszeit** | **200** | **1,600** Std. | | | |

**Abb. 6.3** Ermittlung der „abrechenbaren" Arbeitszeit

| EZ/AZ-Art | Jan. | Febr. | März | April | Mai | Juni | Juli | Aug. | Sept. | Okt. | Nov. | Dez. | Σ | Ø | Jahressoll-/- zielgrößen | Std.satz |
|---|---|---|---|---|---|---|---|---|---|---|---|---|---|---|---|---|
| **fixe Betriebskosten** | | | | | | | | | | | | | | | | |
| Miete Atelier | 580 | 580 | 580 | 580 | 580 | 580 | 580 | 580 | 580 | 580 | 580 | 580 | 6,960 | 580 | | |
| Nebenkosten Atelier | 120 | 120 | 120 | 120 | 120 | 120 | 120 | 120 | 120 | 120 | 120 | 120 | 1,440 | 120 | | |
| Kommunikationskosten | 20 | 20 | 20 | 20 | 20 | 20 | 20 | 20 | 20 | 20 | 20 | 20 | 240 | 20 | | |
| Büroaufwand/Porti | | | | 200 | | | 200 | | | 200 | | 200 | 800 | 67 | | |
| Beiträge Verbände | 180 | | | | | | | | | | | | 180 | 15 | | |
| Material | 50 | | 50 | 50 | 50 | 50 | 50 | 50 | 50 | 50 | 50 | 50 | 600 | 50 | | |
| Beratungskosten | | | 500 | | | | | | | | | | 500 | 42 | | |
| Berufsunfähigkeitsversicherung | | | | | | | | | | | | | | | | |
| Betriebshaftpflichtversicherung | 350 | | | | | | | | | | | | 350 | 29 | | |
| **Abschreibungen** | | | | | | | | | | | | | | | | |
| **variable Betriebskosten** | | | | | | | | | | | | | | | | |
| Reisen | 50 | 50 | 250 | 100 | 250 | 100 | 100 | 200 | 100 | 250 | 250 | | 1,950 | 163 | | |
| Erstattungen Reisekosten (-) | | | | | | | | | | | | | | | | |
| Material Produkte/Projekte | | 800 | | | | | | 980 | 1,200 | | | | 2,980 | 248 | | |
| ÖA/Web | | 1,000 | | | | | | | 1,000 | | | | 2,000 | 167 | | |
| Fremdleistungen | | | | | | | | | | | | | 0 | 0 | | |
| Abgabe KSA (als Verwerter VZ) | | | | | | | | | | | | | 0 | 0 | | |
| **Betriebskosten** | 1,350 | 2,620 | 1,720 | 870 | 1,020 | 1,070 | 870 | 1,950 | 3,270 | 1,020 | 1,020 | 1,220 | 18,000 | 1,500 | 18,000 | 18.75 |
| **Betriebsergebnis** | 1,150 | -1,635 | 3,780 | 9,230 | 4,280 | 12,115 | -370 | -650 | -1,970 | 2,176 | 6,780 | 8,314 | 43,200 | | 43,200 | |

**Abb. 6.4** Steuerungstool: Arbeitsmappe 3: Kalkulation der Betriebskosten (fixe/variable)

4) Planung von notwendigen Investitionen (Zeitpunkt/Höhe)

5) Übertrag in eine Jahresergebnisplanung

6) Ableitung der Jahresliquiditätsplanung

Alle Planungsteile des Tools sind auf ein Jahr angelegt, das sollte immer der Mindesthorizont für Planungen sein. Spätestens in der Mitte eines Jahres sollte die nächste Jahresplanung gemacht werden, sodass im Schnitt ein Vorlauf von mindestens einem Jahr existiert.

Da davon ausgegangen wird, dass die künstlerische Erwerbsarbeit das zentrale Einkommen ist, müssen die privaten Konsumausgaben damit gedeckt werden können. Zu diesen auch Lebenshaltungskosten genannten Ausgaben zählen die Miete, die dazugehörigen Nebenkosten sowie Instandhaltungen, Ausgaben für Nahrung/ Getränke, Gesundheit, Bildung, Kommunikation, Freizeit und Kleidung. Bei der Ermittlung dieser Größen spielt die Lebenslage eine große Rolle – alleinstehende, junge Personen am Beginn ihrer beruflichen Laufbahn haben hier ganz andere Verhältnisse und Bedürfnisse als Personen, die Familie haben oder solche, die eher am Ende ihrer beruflichen Laufbahn stehen. Die individuellen Bedürfnisse sollten hier transparent werden. Die Zusammenstellung kann sowohl ausgehend von den monatlichen Daten bearbeitet werden oder auch ausgehend von Jahresdaten, die dann auf die Monate verteilt werden können. Für den Fall, dass der Weg über die Jahreszahlen genommen wird, ist davon abzuraten, die Jahreszahlen einfach durch 12 Monate zu teilen. Für die sich anschließende Liquiditätsplanung ist es von großer Bedeutung zu sehen, wann genau die entsprechenden Zahlungsbewegungen, also Ausgaben, entstehen. Die Zahlungsrhythmen sind jeweils zu berücksichtigen, z. B., dass Versicherungsbeiträge oft zum Jahresbeginn oder zum Jahresende in einer Summe fällig werden oder die Miete immer zum Monatsende für den nächsten Monat im Voraus u. Ä.

In der Übersicht können auch farbliche Markierungen vorgenommen werden, beispielsweise Plangrößen, die bei Bedarf auch verschoben werden könnten. Hier sind z. B. quartalsweise Ausgaben für Kleidung geplant, die sicher zu diesen Terminen nicht fixiert sind, weshalb in diesen Monaten etwas Rangiermasse besteht. Mit „f" für fix und „v" für variabel sind hier die geplanten Ausgabearten weiter klassifiziert hinsichtlich der Möglichkeiten, diese zu verschieben. Die Mietzahlung und andere regelmäßige Verpflichtungen lassen sich nicht verschieben! Die variablen Ausgabenarten bieten die Möglichkeit von zeitlichen Verschiebungen. Aus diesen wenigen Zahlen können leicht Zielgrößen entwickelt werden, z. B. wären in diesem Fall ca. 21.000 € notwendig für die Lebenshaltung, wobei monatlich mindestens 1100 € für die fixen Zahlungen verfügbar sein sollten.

Der zweite Schritt ist die individuelle Definition der tatsächlichen, also abrechenbaren Arbeitszeit. Dazu sollte die Arbeitsmappe „Produktive Stunden" bearbeitet werden.

Die sich in der orangefarben hinterlegten Zelle ergebende Zahl ist relevant für die Kalkulation des Stunden-/Honorarsatzes. In dieser Arbeitsmappe müssen ggfs.

nur kleine Anpassungen vorgenommen werden. Die sich ergebende Größe der produktiven Stunden hat jedoch eine erhebliche Wirkung auf die Höhe des Stunden-/Tagessatzes.

Im dritten Schritt geht es nun darum, die betrieblichen Leistungen und die damit verbundenen Erlöse zu bestimmen sowie die dafür notwendigen betrieblichen Kosten gegenzurechnen. Es ist empfehlenswert, mit der Kostenseite zu beginnen. Weitere Kostenarten können jederzeit ergänzt und Bezeichnungen ausgetauscht werden. Relevant ist, die Kostenseite vollständig zu erfassen. Das heißt auch, dass man sich dabei nicht alleine auf die Kostenarten beschränken soll, die sich auch in den Kontobewegungen zeigen. Die Kostenrechnung kann auch nicht ausgabewirksame Kosten und kalkulatorische Kosten erfassen. Zu den nicht ausgabewirksamen Kosten zählen z. B. die Kosten für die Abnutzung der Vermögensgegenstände, also beispielsweise eines Instrumentes, des betriebsnotwendigen Fahrzeugs, technischer Geräte etc. Die Abnutzung des vorhandenen und eingesetzten Equipments wird mit Hilfe der Kostenart ‚Abschreibungen' eingerechnet.

Sollte z. B. die Situation eintreten, dass man ein Atelier kostenfrei zur Verfügung gestellt bekommt, beispielsweise durch ein Familienmitglied, könnte man in der Kalkulation trotzdem eine kalkulatorische Miete (siehe dazu Abschn. 3.2) ansetzen.

Auch in diesem Teil des Tools gilt, dass Ergänzungen und Umbenennungen jederzeit möglich sind und man auch durch Markierungen die unterschiedlichen Typen von Kosten leicht kennzeichnen kann. Das wäre eine wichtige Vorarbeit, auch für die sich im letzten Schritt anknüpfende Liquiditätsplanung. Es muss hier zum einen unterschieden werden zwischen fixen Kosten, die unabhängig von der Auftragslage anfallen. Dazu zählen z. B. die Miete und die dazugehörigen Nebenkosten, aber auch die Kosten der Kommunikationsdienste (Telefon/Internet u. a.), Versicherungen, Beiträge, u. a. (hier alles blau unterlegt). Davon zu trennen sind zum anderen variable Kosten, die durch einen schwankenden Anfall gekennzeichnet sind. Sie benötigen in Abhängigkeit der Auftragslage mehr Material, es fallen mehr Reisekosten an etc.

Die Summe dieses ersten Kalkulationsabschnitts zeigt die Betriebskosten. Unternehmerisches Ziel muss es sein, diese Kosten durch die Umsatzerlöse zu decken. Wenn die Summe der Betriebskosten (im Bsp.: 18.000 €) durch die produktiven Stunden geteilt (in Schritt 2 angegeben) wird, was hier automatisch in der rechten Spalte berechnet wird, ergibt sich die Information, wie hoch der Stundensatz sein muss, um die Betriebskosten zu decken. Hier ergeben sich 18,75 €/Std.. Nun sind aber außer den Betriebskosten eine Reihe von anderen Kostengrößen ebenfalls durch die Umsätze und damit das Betriebsergebnis zu decken. Dazu zählen die Kosten der sozialen Absicherung, also die Beiträge für die Sozialversicherung (KSK-Beiträge), die Kosten einer möglichen Zusatzrentenversicherung (evtl. auch eine freiwillige Arbeitslosenversicherung, hier nicht enthalten). Auch die Steuerzahlungen (Einkommensteuer) müssen aus dem Überschuss geleistet werden sowie ein Beitrag für die Rücklage (Investitionen, Krisensituationen). Auf jeder Stufe dieser Kalkulation muss der anteilige Betrag im Stunden-/Honorarsatz dafür errechnet werden. So sind beispielsweise beim Stundensatz weitere Anteile zu berücksichtigen, was mit Hilfe des Tools automatisch errechnet wird.

Wenn auch im ersten Teil der Ergebnisplanung die Umsätze (Nettobeträge!) eingeplant sind, lassen sich alle Teilergebnisse berechnen und es ergeben sich die Informationen zum Betriebsergebnis pro Monat/Jahr, der durchschnittliche Stunden-/Honorarsatz, der Überschuss oder die Unterdeckung nach Abzug aller Kosten- und Finanzierungsgrößen. Für die Umsatzplanung (Abb. 6.5) ist es relevant, die Umsätze so einzuplanen, wie die Rechnungsstellung geplant ist. Wenn dies nicht berücksichtigt wird, entstehen leicht Fehlplanungen in der Liquidität. In der Anlage des Planungstool sind getrennte Bereiche vorgesehen für umsatzsteuerbefreite Umsätze und solchen, die umsatzsteuerpflichtig sind. Welcher Umsatzsteuersatz zum Einsatz kommt, wird in den Voreinstellungen abgefragt. Für die Ergebnisplanung sind die Nettoumsätze relevant, die Liquiditätsplanung plant mit den Bruttobeträgen.

Die in Abb. 6.5 ganz unten verbleibende Summe ist letztlich der Überschuss, der für die private Lebenshaltung zur Verfügung steht.

Im Zahlenbeispiel ist erkennbar, dass die Umsätze ausreichen würden, um im Jahr die ermittelte Zielgröße von € 20.834 für die Lebenshaltung aus dem Betrieb zu entnehmen. Es wäre bei planmäßigem Verlauf sogar eine Summe von € 25.800 möglich. Es zeigt sich aber auch, dass die Beträge nicht in gleichen monatlichen Anteilen, so wie in der ersten Tabelle geplant, entnommen werden können. Hier müssen Verschiebungen eingeplant werden. Der letzte Teil des Tools, die Liquiditätsplanung, macht dies deutlich.

| EZ/AZ-Art | Jan. | Febr. | März | April | Mai | Juni | Juli | Aug. | Sept. | Okt. | Nov. | Dez. | Σ | Ø |
|---|---|---|---|---|---|---|---|---|---|---|---|---|---|---|
| **Umsatzsteuerbefreite Erlöse** | | | | | | | | | | | | | | |
| aus Urheberrechten/Verwertung | | 485 | | | | | | | | 896 | | | 1.381 | 115 |
| aus Stipendien | | | | | | | | | | | | | 0 | 0 |
| | | | | | | | | | | | | | 0 | 0 |
| Σ Erlöse Umsatzsteuerbefreit | 0 | 485 | 0 | 0 | 0 | 0 | 0 | 0 | 0 | 896 | 0 | 0 | 1.381 | 115 |
| **Umsatzsteuerpflichtige Erlöse** | | | | | | | | | | | | | | |
| aus Unterrichtstätigkeit | 500 | 500 | 500 | 500 | 500 | 500 | 500 | 500 | 500 | 500 | 500 | 500 | 6.000 | 500 |
| aus Ausstellungsvergütung | | | 4.200 | | | | | | | 1.800 | | | 6.000 | 500 |
| aus Werkverkäufen | 2.000 | | 800 | 9.600 | 4.800 | 12.685 | | 800 | 800 | | 7.300 | 9.034 | 47.819 | 3.985 |
| aus Projektförderung | | | | | | | | | | | | | 0 | 0 |
| Σ Erlöse Umsatzsteuerpflichtig | 2.500 | 500 | 5.500 | 10.100 | 5.300 | 13.185 | 500 | 1.300 | 1.300 | 2.300 | 7.800 | 9.534 | 59.819 | 4.985 |
| Σ Erlöse Gesamt | 2.500 | 985 | 5.500 | 10.100 | 5.300 | 13.185 | 500 | 1.300 | 1.300 | 3.196 | 7.800 | 9.534 | 61.200 | 5.100 |

**Abb. 6.5** Steuerungstool: Arbeitsmappe 3: Kalkulation der Umsatzerlöse (mit/ohne USt.)

| EZ/AZ-Art | Jan. | Febr. | März | April | Mai | Juni | Juli | Aug. | Sept. | Okt. | Nov. | Dez. | Σ | Ø | Jahressoll-/-zielgrößen | Std.satz |
|---|---|---|---|---|---|---|---|---|---|---|---|---|---|---|---|---|
| Σ Erlöse Gesamt | 2,500 | 985 | 5,500 | 10,100 | 5,300 | 13,185 | 500 | 1,300 | 1,300 | 3,196 | 7,800 | 9,534 | 61,200 | 5,100 | 61,200 | |
| Betriebskosten | 1,350 | 2,620 | 1,720 | 870 | 1,020 | 1,070 | 870 | 1,950 | 3,270 | 1,020 | 1,020 | 1,220 | 18,000 | 1,500 | 18,000 | 18.75 |
| Betriebsergebnis | 1,150 | -1,635 | 3,780 | 9,230 | 4,280 | 12,115 | -370 | -650 | -1,970 | 2,176 | 6,780 | 8,314 | 43,200 | | 43,200 | |
| Rücklagen /Risiken/Investitionen/ u.a. | 500 | 500 | 500 | 500 | 500 | 500 | 500 | 500 | 500 | 500 | 500 | 500 | 6,000 | 500 | | 6.25 |
| Betriebsergebnis nach Rücklagen | 650 | -2,135 | 3,280 | 8,730 | 3,780 | 11,615 | -870 | -1,150 | -2,470 | 1,676 | 6,280 | 7,814 | 37,200 | | 37,200 | + |
| Beiträge KSK + priv. Altersvorsorge | 600 | 600 | 600 | 600 | 600 | 600 | 600 | 600 | 600 | 600 | 600 | 600 | 7,200 | 600 | | 7.50 |
| Betriebsergebnis nach Altersvorsorge | 50 | -2,735 | 2,680 | 8,130 | 3,180 | 11,015 | -1,470 | -1,750 | -3,070 | 1,076 | 5,680 | 7,214 | 30,000 | | 30,000 | + |
| Einkommensteuer | 350 | 350 | 350 | 350 | 350 | 350 | 350 | 350 | 350 | 350 | 350 | 350 | 4,200 | 350 | | 4.38 |
| Betriebsergebnis nach Steuern | -300 | -3,085 | 2,330 | 7,780 | 2,830 | 10,665 | -1,820 | -2,100 | -3,420 | 726 | 5,330 | 6,864 | 25,800 | | 25,800 | + |
| Ergebnis: verbleibende Entnahme für Lebenshaltungskosten | -300 | -3,085 | 2,330 | 7,780 | 2,830 | 10,665 | -1,820 | -2,100 | -3,420 | 726 | 5,330 | 6,864 | 25,800 | | 25,800 | 26.88 / 63.75 |

**Abb. 6.6** Steuerungstool: Arbeitsmappe 3: Kalkulation des Gesamtergebnisses

Vorab noch einmal zum integrierten Honorarrechner: Nun wäre ablesbar, dass der Stunden-/Honorarsatz, um alles abdecken zu können, bei 63,75 € liegt (Abb. 6.6). Diese Zahl stellt eine Orientierungsgröße dar. Es ist sicher unrealistisch davon auszugehen, dass für jede abrechenbare Stunde 63,75 € berechnet werden kann. Es muss jeweils bezugnehmend auf die Leistungsart und den Kunden entschieden werden, in welcher Richtung der Preis angepasst wird. Welche Leistungen sind im Angebot? Welche lassen sich mit einem Stundensatz von 63,75 € abrechnen? Für welche Leistung kann mehr, für welche muss weniger angesetzt werden? Für den Kulturbereich typisch sind auch Erträge, die nicht auf der Basis von Stunden berechnet werden können, z. B. Urheberrechte, Stipendien oder Projektförderungen. Der Mix muss so gesteuert werden, dass die Zielgröße erreicht wird.

Der letzte, aber mitunter wichtigste Schritt für das unternehmerische Bestehen ist die Liquiditätsplanung (Abb. 6.7), denn die Sicherstellung der Liquidität zu jedem Zeitpunkt ist notwendig für das Überleben. Die Bewegungen der Liquidität sind gerade bei Künstler eher unregelmäßig. Dies betrifft vor allem die Einnahmenseite. Dagegen, und das zeigt die Betriebskostenplanung, gibt es zahlreiche Kostenarten, die einen fixen Charakter haben, folglich auch monatliche Zahlungsbewegungen erfordern. Diese ungleichen Zyklen zu steuern ist Aufgabe der Liquiditätsplanung, die auch frühzeitig auf kritische Punkte und Steuerungspotenzial hinweist. Für die Liquiditätsplanung wird nun bei den Umsatzerlösen, sofern sie zu den umsatzsteuerpflichtigen Erlösen zählen, die Umsatzsteuer aufgeschlagen, denn bei den Zahlungsbewegungen ist der Bruttobetrag relevant. Liegt in einem Betrieb Umsatzsteuerpflicht vor, dann ist dieser auch Vorsteuerabzugsberechtigt, d. h., dass die Umsatzsteueranteile aus den Eingangsrechnungen als Vorsteuern wieder abgezogen werden können. Umsatzsteuerverbindlichkeiten und Vorsteuerforderungen werden gegenseitig aufgerechnet, die Differenz wird dann in der Regel monatlich an das Finanzamt als „Umsatzsteuerzahllast" abgeführt.

| EZ/AZ-Art | Jan | Febr. | März | April | Mai | Juni | Juli | Aug. | Sept. | Okt. | Nov. | Dez. | Σ | Ø |
|---|---|---|---|---|---|---|---|---|---|---|---|---|---|---|
| Girokonto Betrieb AB: | 3,159 | 2,359 | -711 | 1,119 | 6,399 | 7,229 | 15,394 | 11,074 | 7,974 | 4,054 | 3,384 | 3,714 | | |
| Einzahlungen aus Ust-befreiten Erlösen | 0 | 485 | 0 | 0 | 0 | 0 | 0 | 0 | 0 | 896 | 0 | 0 | | |
| aus Urheberrechten/Verwertung | 0 | 485 | 0 | 0 | 0 | 0 | 0 | 0 | 0 | 896 | 0 | 0 | 1,381 | 115 |
| aus Stipendien | 0 | 0 | 0 | 0 | 0 | 0 | 0 | 0 | 0 | 0 | 0 | 0 | | |
| | | | | | | | | | | | | | | |
| Einzahlungen aus Ust-pflichtigen Erlösen | 2,975 | 595 | 6,545 | 12,019 | 6,307 | 15,690 | 595 | 1,547 | 1,547 | 2,737 | 9,282 | 11,345 | | |
| aus Unterrichtstätigkeit | 595 | 595 | 595 | 595 | 595 | 595 | 595 | 595 | 595 | 595 | 595 | 595 | 7,140 | 595 |
| aus Urheberrechten/Verwertung | 0 | 0 | 4,998 | 0 | 0 | 0 | 0 | 0 | 0 | 2,142 | 0 | 0 | 7,140 | 595 |
| aus Ausstellungsvergütung | 2,380 | 0 | 952 | 11,424 | 5,712 | 15,095 | 0 | 952 | 952 | 0 | 8,687 | 10,750 | 56,905 | 4,742 |
| aus Stipendien | 0 | 0 | 0 | 0 | 0 | 0 | 0 | 0 | 0 | 0 | 0 | 0 | 0 | 0 |
| aus Werkverkäufen | 0 | 0 | 0 | 0 | 0 | 0 | 0 | 0 | 0 | 0 | 0 | 0 | 0 | 0 |
| | | | | | | | | | | | | | | |
| Σ Einzahlungen | 2,975 | 595 | 6,545 | 12,019 | 6,307 | 15,690 | 595 | 1,547 | 1,547 | 2,737 | 9,282 | 11,345 | 71,185 | 5,932 |
| fixe Betriebskosten | | | | | | | | | | | | | | |
| Miete Atelier | 690 | 690 | 690 | 690 | 690 | 690 | 690 | 690 | 690 | 690 | 690 | 690 | 8,282 | 690 |
| Nebenkosten Atelier | 143 | 143 | 143 | 143 | 143 | 143 | 143 | 143 | 143 | 143 | 143 | 143 | 1,714 | 143 |
| Kommunikationskosten | 24 | 24 | 24 | 24 | 24 | 24 | 24 | 24 | 24 | 24 | 24 | 24 | 285 | 24 |
| Büroaufwand/Porti | 0 | 0 | 238 | 0 | 0 | 238 | 0 | 0 | 238 | 0 | 0 | 238 | 952 | 79 |
| Beiträge Verbände | 180 | | | | | | | | | | | | 180 | 15 |
| Material | 60 | 60 | 60 | 60 | 60 | 60 | 60 | 60 | 60 | 60 | 60 | 60 | 714 | 60 |
| Beratungskosten | 0 | 0 | 595 | 0 | 0 | 0 | 0 | 0 | 0 | 0 | 0 | 0 | 595 | 50 |
| Berufsunfähigkeitsversicherung | 350 | | | | | | | | | | | | 350 | 29 |
| Betriebshaftpflichtversicherung | | | | | | | | | | | | | | 0 |
| variable Betriebskosten | | | | | | | | | | | | | | |
| Reisen | 60 | 60 | 298 | 119 | 298 | 119 | 119 | 238 | 119 | 298 | 298 | 298 | 2,321 | 193 |
| Erstattungen Reisekosten | 0 | 0 | 0 | 0 | 0 | 0 | 0 | 0 | 0 | 0 | 0 | 0 | 0 | 0 |
| Material Produkte/Projekte | 0 | 952 | 0 | 0 | 0 | 0 | 0 | 1,166 | 1,428 | 0 | 0 | 0 | 3,546 | 296 |
| ÖA/Web | 0 | 1,190 | 0 | 0 | 0 | 0 | 0 | 0 | 1,190 | 0 | 0 | 0 | 2,380 | 198 |
| | | | | | | | | | | | | | | |
| Einkommensteuer | 350 | 350 | 350 | 350 | 350 | 350 | 350 | 350 | 350 | 350 | 350 | 350 | 4,200 | 350 |
| Sozialversicherungsbeiträge | 600 | 600 | 600 | 600 | 600 | 600 | 600 | 600 | 600 | 600 | 600 | 600 | 7,200 | 600 |
| Zusatzaltersvorsorge | | | | | | | | | | | | 3,000 | 3,000 | 250 |
| Umsatzsteuerzahllast | 319 | -403 | 718 | 1,754 | 813 | 2,302 | -70 | -123 | -374 | 243 | 1,288 | 1,580 | 8,046 | 671 |
| Umbuchung Rücklage (Tagesgeld) | | | | | | | | | | | 3,000 | 3,000 | 6,000 | 500 |
| Investitionen | | | | | | | | | | | | | 0 | 0 |
| Privatentnahme/Lebenshaltung | 1,000 | | 1,000 | 3,000 | 2,500 | 3,000 | 3,000 | 1,500 | 1,000 | 1,000 | 2,500 | 1,334 | 20,834 | 1,736 |
| Σ Auszahlungen | 3,775 | 3,665 | 4,715 | 6,739 | 5,477 | 7,525 | 4,915 | 4,647 | 5,467 | 3,407 | 8,952 | 11,315 | 70,599 | 5,883 |
| Kontostand | 2,359 | -711 | 1,119 | 6,399 | 7,229 | 15,394 | 11,074 | 7,974 | 4,054 | 3,384 | 3,714 | 3,744 | | |
| Monatsfinanzergebnis: | -800 | -3,070 | 1,830 | 5,280 | 830 | 8,165 | -4,320 | -3,100 | -3,920 | -670 | 330 | 30 | | |
| Finanzergebnis Kumuliert | | -3,870 | -2,040 | 3,240 | 4,070 | 12,235 | 7,915 | 4,815 | 895 | 225 | 555 | 585 | | |
| AB | 5,134 | | | | | | | | | | | | | |
| Tagesgeldkonto für Rücklagen | 5,134 | 5,134 | 5,134 | 5,134 | 5,134 | 5,134 | 5,134 | 5,134 | 5,134 | 5,134 | 8,134 | 11,134 | | |

**Abb. 6.7** Steuerungstool: Arbeitsmappe 4: Kalkulation der Zahlungsströme – Liquiditätsplanung

Mit Blick auf den jeweiligen Kontostand und dessen Entwicklung können die kritischen Punkte leicht erfasst werden, hier z. B. zum Jahresbeginn. Eine kurzfristige Unterdeckung lässt sich hier im Februar nicht vermeiden, obwohl der Entnahmebetrag in diesem Monat ausgesetzt wird und insgesamt im 1. Quartal des Jahres nur ein Teil des Bedarfs gedeckt werden kann. Die Phase wird aber im Laufe des Jahres kompensiert, und es gelingt auch zum Jahresende, die geplanten Reserven zu entnehmen und auf das Tagesgeldkonto für Rücklagen zu verschieben.

Wichtig ist, dass alle Teile des Steuerungstools wenigstens einmal pro Monat aktualisiert werden. Dies betrifft das Einpflegen von Ist-Daten, z. B. mit Hilfe des aktuellen Kontoauszugs und ggfs. daraufhin auch der Anpassung von Daten im weiteren Jahresverlauf durch Überschreiben der bisherigen Plangrößen.

# Fazit: Tipps zur Einführung und Weiterentwicklung

Ziel dieses Buches war es zum einen, die betriebswirtschaftliche Servicefunktion Controlling zu erklären. Es sollte außerdem deutlich werden, wie das Controlling im Gesamtkontext eines Betriebes positioniert ist und wie der prozessorientierte Ablauf des Controllings funktioniert. Um sicherzustellen, dass dieses Ziel erreicht wurde, sind hier abschließend vier zentrale Leitfragen formuliert, die noch einmal wesentliche Inhalte auf den Punkt bringen sollen:

1. Was ist Controlling?
2. Wer macht Controlling?
3. Was gehört zum Controlling?
4. Wem nutzt Controlling?

Zu 1: Controlling ist eine betriebswirtschaftliche Servicefunktion. Durch entsprechend aufbereitete Informationen wird Transparenz im Betrieb hergestellt. Dadurch kann leicht eingeschätzt werden, wo man gerade steht, und damit auch, wie der Grad der Zielerreichung ist.

Zu 2: Controlling ist ein Prozess, an dem letztlich die gesamte Organisation in den Rollen als Informationslieferanten oder Informationsempfänger beteiligt ist. Die Informationen laufen an einem Punkt zusammen und werden dort vom Controlling koordiniert. Dass der Informationsfluss in Gang kommt, in Gang bleibt und die richtigen Informationen fließen, muss vom Controlling sichergestellt werden, und dies geschieht durch ein großes Maß an Kommunikation zwischen allen Beteiligten. Eine weitere notwendige Basis muss Vertrauen sein. Die Informationen, die gemeinsam erarbeitet werden und Grundlage für Entscheidungen sind, sind so

© Der/die Autor(en), exklusiv lizenziert an Springer Fachmedien Wiesbaden GmbH, ein Teil von Springer Nature 2025
P. Schneidewind, *Controlling im Kulturmanagement*, Kunst- und Kulturmanagement, https://doi.org/10.1007/978-3-658-47538-3_7

gut, wie die Informationen, die in das Gesamtsystem einfließen. Darum haben alle Beteiligten ein hohes Maß an Verantwortung.

Zu 3: Bestandteil des Controllings sind in der Regel die Systeme des Rechnungswesens also Finanzbuchhaltung, Kosten- und Leistungsrechnung, das Ticketsystem mit Kundendaten und Erlösdaten, die Planungsrechnung, die Kapazitätsplanungen, die Proben- und Raumplanungen, also Disposition, Personalverwaltungsprogramm etc. Neben diesen Systemen sind alle Personen, die in den Kulturbetrieben diese Teilsysteme pflegen und mit ihnen arbeiten, Teil des Controllings. Zusammenfassend zeigt die Abb. 7.1 die Aktionsfelder, Funktionen und das Rollenverständnis von Controlling.

Zu 4: Controlling nützt dem Betrieb im Ganzen und jedem Einzelnen. Im Idealfall können durch ein aktuelles Controlling Ressourcen für künstlerische und kreative Prozesse freigesetzt werden. Nach innen entsteht ein größeres „Wir-Gefühl", da durch die gewonnene Transparenz deutlich wird, wie wichtig jeder einzelne im Betrieb ist, nach außen lässt sich die Vertrauensbasis stärken und es entsteht mehr Verständnis und damit eine stabilere Legitimation.

Trotz der offensichtlichen Vorteile ist die Implementierung und Nutzung in den Kulturbetrieben keine Selbstverständlichkeit, es ist nach wie vor mit Berührungsängsten zu rechnen, wenn Kulturbetriebe betriebswirtschaftliche Steuerungsinstru-

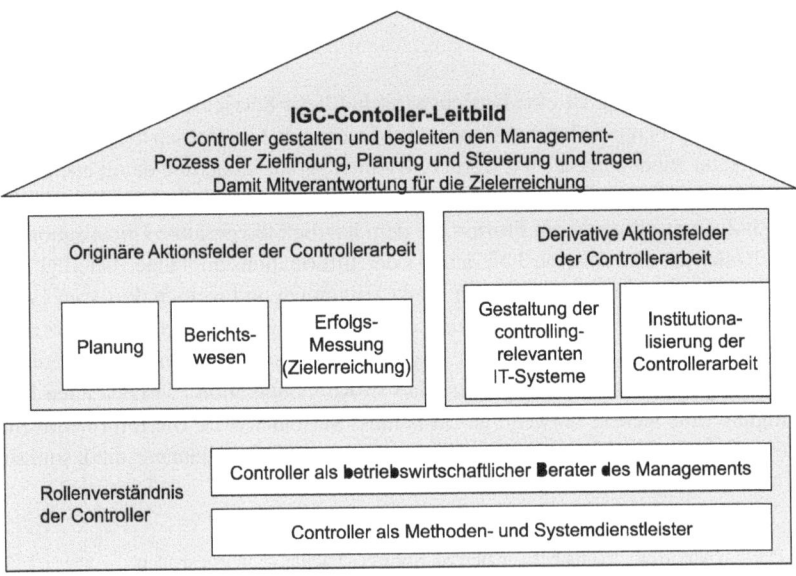

**Abb. 7.1**  Das Controlling-Haus. (Quelle: IGC)

mente nutzen sollen. Die Verantwortlichen in der Leitung eines Kulturbetriebes müssen durchaus kritisch, gleichzeitig aber auch sensibel mit den betriebswirtschaftlichen Instrumentarien umgehen. Sollte die Einführung oder Anwendung von Controlling unter falschen Vorzeichen geschehen, wenn z. B. ein Controllingsystem von außen initiiert und dem Kulturbetrieb übergestülpt wird, sodass die Individualität fehlt, muss eingegriffen werden. Auf der anderen Seite müssen die Führungskräfte für die Instrumente werben und damit ihre Mitarbeiter zur Mitwirkung motivieren. Die Mitglieder der Organisation sind sozusagen das „Zünglein an der Waage", sie entscheiden über Erfolg oder Misserfolg der Controllingfunktion. Darum ist, wie eingangs betont, von vornherein auf das richtige Begriffsverständnis zu achten, auf die Einführungstaktik und die Einbindung der Mitarbeiter. Außerdem sollten folgende Tipps bei der Einführung berücksichtigt werden, bzw. bewusst sein:

- Controlling muss immer individuell auf einzelne Betriebe zugeschnitten werden, d. h. es kann nicht einfach von anderen kopiert werden. Darüber hinaus sind die verwendeten Begriffe dem jeweiligen Kulturbetrieb und dessen sprachlichem Kontext anzupassen.
- Controlling kann nur mit und nicht gegen die Mitarbeiter eingeführt werden. Die Beteiligten sollten von Anfang an mit einbezogen werden. Die interne Kommunikation hat eine sehr große Bedeutung für Erfolg und Akzeptanz des Controllingsystems. Während der Einführung sollte laufend über den Stand bzw. die Fortschritte und weiteren Planungen informiert werden. Sämtliche Mitglieder der Organisation sollten zur aktiven Mitarbeit und kritischen Beurteilung motiviert werden.
- Bei der Einordnung in die Aufbauorganisation muss auf die exakte Festlegung der Weisungsbefugnis geachtet werden.
- Der Aufbau eines Controllingsystems braucht Zeit und sollte schrittweise erfolgen. Die anfängliche Konzentration auf rein quantitative Daten und Zusammenhänge ist hilfreich.
- Zielvorgaben sind zwingend erforderlich. Dabei muss bei der strategischen Ebene begonnen werden. In einem zweiten Schritt folgt die operative Ebene.
- Die eigenen, internen Informationsbedürfnisse stehen im Mittelpunkt. Der dafür zu schaffende Informationspool muss dann automatisch in der Lage sein, auch andere Informationsempfänger zu bedienen.
- Die entstehenden Informationen müssen aktuell sein.
- Die grundsätzliche Orientierung richtet sich in die Zukunft.
- Das Gesamtsystem muss im Auge behalten werden, es dürfen keine neuen Insellösungen geschaffen werden.

- Die Kosten- und Leistungsrechnung ist die wichtigste Informationsquelle im Rahmen einer Controllingkonzeption. Die Auswahl des richtigen Systems muss sich am Anforderungsprofil orientieren.
- Eine unterstützende Software sollte sich dem Konzept anpassen und nicht umgekehrt.
- Das Controllingverfahren selbst muss wirtschaftlich sein.
- Ein Controllingsystem ist kein statisches Gebilde, es ist nie fertig, sondern durch dynamische Anpassungen geprägt.
- Controlling ist eine prozessbegleitende Funktion.
- Für die Begleitung und Moderation der Einführung kann es hilfreich sein, externes Fachwissen hinzuzuziehen. Der Belegschaft muss die Angst vor dem Neuen genommen werden. Sie muss langsam „herangeführt" werden. Eine Moderation in diesem Sinne ist durchaus hilfreich, um das Projekt der Einführung in Gang zu halten, immer wieder entstehende Fragen zu klären und durch den Blick von außen auch Prozessoptimierungen zu realisieren.

Diese Liste von Empfehlungen, die sicher nicht vollständig ist, soll nicht von der Einführung abschrecken, vielmehr kann sie unterstreichen, dass eine Einrichtung auf dem richtigen Weg ist. Im Kulturbetrieb der Zukunft wird das Controlling maßgeblichen Anteil an seiner langfristigen Sicherung haben.

Dies bestätigt auch Robert Knappe[1] der zusammenfassend das Reifegradmodell (Abb. 7.2) für die strategische Weiterentwicklung des Controllings aufgestellt und in seinem Beitrag erläutert.

**Die Zukunft des Controllings in Kulturbetrieben – ein Ausblick**
Kulturbetriebe und das Controlling in Kulturbetrieben werden auch von den großen Entwicklungssträngen wie Digitalisierung, einer zunehmenden Unsicherheit und Komplexität (sog. VUCA-Welt), demografischer Wandel/ Fachkräftemangel sowie einem immer kurzfristigeren, unverbindlicheren Entscheidungsverhalten und abnehmenden emotionalen Bindungen durch jegliche Personengruppen geprägt. Die Folgen für den Kulturbetrieb sind u. a. eine sinkende Planbarkeit im Kerngeschäft des Kulturbetriebs, steigende Risiken, drohender Mangel an personellen Ressourcen und Kompetenzen, eine stärkere Durchdringung mit Informationstechnologie im Kultur-

---

[1] Prof. Dr. Robert Knappe, Professor für Betriebswirtschaftslehre der öffentlichen Verwaltung an der HWR Berlin.

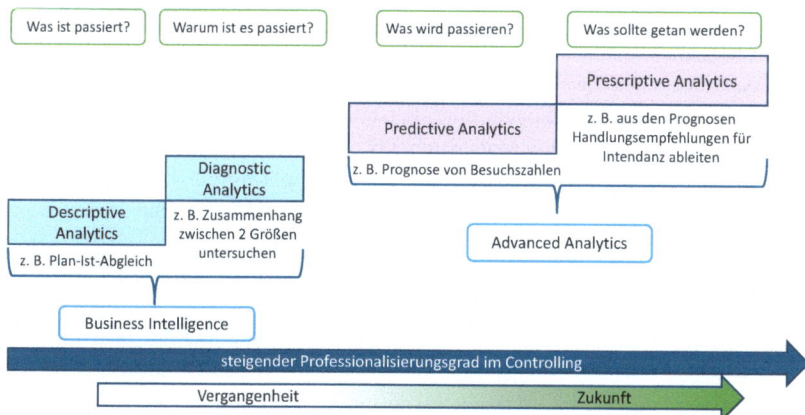

**Abb. 7.2** Reifegradmodell

betriebsmanagement sowie die Anforderung, agiler als in der Vergangenheit zu handeln und zu steuern.

Hier soll nun in aller Kürze ausgelotet werden, was daraus für das Controlling von und in Kulturbetrieben resultiert und wohin es sich entwickeln könnte:

1. Die Bedeutung von Planungen für die Kulturbetriebssteuerung nimmt ab, die Bedeutung von Prognosen (Forecasts) nimmt zu. Die begrenzten Zeitressourcen des Controllings sollten weniger in komplexe und ggf. pseudo-genaue Planungsprozesse investiert werden, sondern vielmehr in den Aufbau von Prognosemodellen, welche eine unterjährige, kurzfristige Steuerung und Disposition erlauben. Diese Entwicklungsrichtung wurde schon vor Jahrzehnten mit Beyond Budgeting-Konzepten angestoßen. Anwendungsbeispiele für Prognosen sind etwa Auslastungen von Veranstaltungen, einnahme- und ausgabeseitige Budgetentwicklung, Risiko-Früherkennung, Abonnenten-Management, Audience Development, Fundraising, kurzfristige Personaldisposition in den Servicebereichen. Softwareprodukte für Controlling bieten Prognosemöglichkeiten zunehmend als Standardfunktion an.

2. Softwareprodukte für die Unternehmenssteuerung setzen zentralisierte Datenbanken (Data Cloud, Data Warehouse, Data Lake etc.) ein und er-

möglichen idealerweise den Zugriff aus verschiedenen Applikationen zu verschiedenen Zwecken (von der klassischen Unternehmensverwaltung mit Buchführung, Budgetierung, Personalwirtschaft etc. über Ticketing, Customer Relationship Management bis hin zur technischen und logistischen Steuerung), bei Bedarf über Schnittstellen. Das führt dazu, dass das Controlling potenziell Zugriff auf einen wachsenden Umfang an Daten hat, ggf. in Echtzeit.

3. Controllinganwendungen, wie etwa das Berichtswesen oder Kennzahlen-Sets, werden portabler und individueller. Das bedeutet, dass die Nutzer von Informationen schneller, selbstbestimmter und unabhängiger von Controllern die benötigten Informationen aus den Datenbanken mit einfach bedienbaren Abfragemasken und Filterfunktionen herausziehen können, auch mit mobilen Endgeräten an jedem beliebigen Ort zu jeder beliebigen Zeit (Self Service Reporting).

4. Eine Voraussetzung für die zuvor genannten Punkte ist die Verfügbarkeit von Daten in entsprechend hoher Qualität, Menge und Geschwindigkeit. Nicht zwingend liegen immer gleich Big Data-Erfordernisse und Anwendungsfälle Künstlicher Intelligenz vor. Etliche Prognosen lassen sich bspw. als Zeitreihe aus relativ wenigen Daten, ergänzt um Treiber, erstellen und mit einfachen statistischen Methoden erfüllen. Die Daten müssen jedoch verlässlich und relevant sein (d. h. einen signifikanten Einfluss haben). Es empfiehlt sich daher in großen Kulturbetrieben der Aufbau eines Datenmanagements mit zugehörigem Regelwerk (Data Governance).

Im Reifegradmodell wird ersichtlich, dass sich die methodische Weiterentwicklung des Controllings von dem analysierenden Blick in den Rückspiegel nach vorne auf die bevorstehende Wegstrecke richten wird, inklusive gegebener Unwägbarkeiten. Die Zukunft wird durch die Vergangenheit determiniert und durch Entscheidungen in der Gegenwart gelenkt. Umso wichtiger ist es, den (begrenzten) Entscheidungs- und Gestaltungsspielraum bei den beeinflussbaren Größen in der Gegenwart so zu nutzen, dass das gewünschte Ziel in der Zukunft auch wirklich erreicht wird. Das Controlling sollte bei dieser Navigation helfen.

Für die Rolle und das Aufgabenprofil von Controllern in der Zukunft bedeutet dies, dass diese zunehmend vom Anwender zum System-Gestalter werden, moderne Technologien beherrschen und mit den IT-Verantwortlichen dialogfähig sein müssen. Last but not least sollten sie die Potenziale aus Digitalisierung und Automatisierung individuell für die Kulturbetriebe erkennen und realisieren können. Unverändert – bzw. durch entfallende Routineaufgaben sogar gestärkt – bleiben jedoch für das Controlling das übergeordnete Leitbild des internen Beraters für die Führungskräfte (Business Partner) sowie die Notwendigkeit, die kulturwirtschaftlichen Wirkungszusammenhänge im Kulturbetrieb ganzheitlich zu verstehen (Business Domänen-Wissen).

Thomas Schmidt[2] trifft mit seinem Statement, welches hier den Abschluss bilden soll, nicht nur den Kern von Controlling, sondern verbindet damit auch eine Vision, zeigt also in die für das Controlling relevante Blickrichtung, die Zukunft:

„Das Verständnis von Controlling als strategisches Managementinstrument in den Kulturorganisationen muss weiterwachsen. Nur auf der Grundlage einer großen Kenntnis der Kennzahlen und Leistungsparameter einer Organisation können kluge und informierte Entscheidungen getroffen werden. Wenn ein Controlling-System zudem ethisch ausgerichtet ist, wird es auch die Aspekte erfassen können, mit denen die Zukunft einer Organisation abgesichert werden kann. Denn so werden Krisen früh entdeckt und entsprechende Maßnahmen vorgeschlagen, mit denen Reformen oder sogar einen Transformations-Prozess der Organisation vorbereitet und unterstützt werden."

---

[2] Prof. Dr. Thomas Schmidt ist Leiter des Studiengangs Theater- und Orchestermanagement an der Hochschule für Musik und darstellende Kunst Frankfurt/M.

# Internet-Links

http://www.controllerakademie.de

Das Leitbild für Controller sowie Philosophie und Ziele des ICV (icv-controlling.com)

http://www.uni-stuttgart.de/bwi2/lehrstuhl.html

Auf der Suche nach einer Controlling- Software ? (controllingportal.de)

http://www.igc-controlling.org

http://www.i-bi.de

http://www.controllingportal.de/Fachinfo

Forum Theater-Controlling am Institut für Kulturmanagement | PH Ludwigsburg (ph-ludwigsburg.de)

Controlling – theatermanagement aktuell (theatermanagement-aktuell.de)

Berufe am Theater | Deutscher Bühnenverein (berufe-am-theater.de)

www.kubuzz.de oder plusz.kubuzz.de

## Links zu Jahresberichten Südwestdeutsche Philharmonie Konstanz

2021:   2021_jahresbericht_omk.pdf (philharmonie-konstanz.de)

2020:   2020_jahresbericht.pdf (philharmonie-konstanz.de)

2019    Jahresbericht 2019 - Südwestdeutsche Philharmonie Konstanz by Südwestdeutsche Philharmonie Konstanz - Ausgabe (issuu.com)

© Der/die Herausgeber bzw. der/die Autor(en), exklusiv lizenziert an Springer Fachmedien Wiesbaden GmbH, ein Teil von Springer Nature 2025
P. Schneidewind, *Controlling im Kulturmanagement*, Kunst- und Kulturmanagement, https://doi.org/10.1007/978-3-658-47538-3

2018     2018_jahresbericht.pdf (philharmonie-konstanz.de)
2017     Jahresbericht 2017 by Südwestdeutsche Philharmonie Konstanz - Issuu
2016     Jahresbericht 2016 von Südwestdeutsche Philharmonie Konstanz - Issuu
2015     Jahresbericht 2015 der Südwestdeutschen Philharmonie Konstanz by
         Südwestdeutsche Philharmonie Konstanz - Issuu
2014     Jahresbericht SWP Konstanz 2014 - Suchen (bing.com)

## Links zu Online-Umfrage-Tools

https://easy-feedback.de/
https://www.2ask.com/
https://www.lamapoll.de/
Google Formulare: App zum Erstellen von Onlineformularen I Google Workspace

# Literatur

Baus, J. (2003). *Controlling* (3. Aufl.). Cornelsen.

Baus, J. (2006). *Controlling. Lehr- und Arbeitsbuch für die Fort- und Weiterbildung.* Cornelsen.

Bemme, S.-O. (2020). *Kultur-Projektmanagement. Kultur- und Organisationsprojekte erfolgreich managen* (2. Aufl.). Springer VS.

Bramsemann, R. (1993). *Handbuch Controlling.* Fachbuchverlag Leipzig.

Deutscher Museumsbund. (Hrsg.). (2018). *Handreichung Strategisches Management und Strategisches Controling in Museen.* handreichung-strategisches-management-online. pdf (museumsbund.de)

Deyhle, A. (1992). Entwicklungsperspektiven des Controlling. In J. Risak & A. Deyhle (Hrsg.), *Controlling – State of the Art und Entwicklungstendenzen.* Gabler.

Djanani, C., & Schöb, O. (1997). *Grundlagen der Kosten- und Erlösrechnung.* Kohlhammer.

Engelhardt, W. H. (2020). *Grundzüge der doppelten Buchführung* (9. Aufl.). Gabler.

Forum Theatercontrolling. (Hrsg.). (2019). *Controlling im Theater.* PowerPoint-Präsentation (ph-ludwigsburg.de)

Friedag, H., & Schmidt, W. (2015). *Balanced Scorecard. Mehr als ein Kennzahlensystem* (5. Aufl.). Haufe-Lexware.

Griga, M., Kosiol, A., & Krauleidis, R. (2024). *Controlling für Dummies* (4. Aufl.). WILEY-VCH.

Haberstock, L. (2022). *Kostenrechnung I Einführung, bearbeitet von Volker Breithecker* (15. Aufl.). Betriebswirtschaftlicher Verlag Gabler.

Hartz, N. (2009). *Betriebswirtschaftliche Steuerung in Museen. Eine Untersuchung anhand der Berliner Landesmuseen.* Vdg.

Hausmann, A. (2001). *Besucherorientierung von Museen unter Einsatz des Benchmarking.* transcript.

Hausmann, A. (2005). *Theatermarketing, Grundlagen, Methoden und Praxisbeispiel.* Springer VS.

P. Schneidewind, *Controlling im Kulturmanagement*, Kunst- und Kulturmanagement, https://doi.org/10.1007/978-3-658-47538-3

Heinrichs, W. (1994). Perdendeosi al fine oder da capo con variationi? Musikschulen in der Krise. In *Handbuch KulturManagement* (Bd. 2). Raabe.

Hirschle, S. (2007). *Der Einsatz der Balanced Scorecard im Controlling von Kultureinrichtungen am Beispiel des Ethnologischen Museums.* Diplomarbeit, Reinhold-Würth-Hochschule, Künzelsau.

Horváth, P. (2024). *Controlling* (15. Aufl.). Vahlen.

Horváth & Partners (Hrsg.). (2007). *Balanced Scorecard umsetzen* (4. Aufl.). Schäffer-Poeschel.

Horváth & Partners. (2009). *Das Controllingkonzept. Der Weg zu einem wirkungsvollen Controllingsystem* (7. Aufl.). Deutscher Taschenbuch Verlag.

Horváth & Partners. (2016). *Das Controllingkonzept. Die Gestaltung eines wirkungsvollen Controllingsystems* (8. Aufl.). Deutscher Taschenbuch Verlag.

Jossé, G. (2018). *Balanced Scorecard. Ziele und Strategien messbar umsetzen* (2. Aufl.). Deutscher Taschenbuch Verlag.

Kaplan, R. S., & Norton, D. P. (2001). *Die strategiefokussierte Organisation. Führen mit der Balanced Scorecard*, übersetzt von Peter Horvath. Schäffer-Poeschel.

Kersten, R., & Schneidewind, P. (2002). Die Balanced Scorecard im Kulturbetrieb – ein anwendbares Hilfsmittel? In *Handbuch KulturManagement B 2.8*. Raabe.

Klein, A. (2012). *Kultur-Marketing. Das Marketingkonzept für Kulturbetriebe* (3. Aufl.). CH. Beck.

Klein, A., & Schneidewind, P. (2001). Marketing und Controlling im öffentlichen Kulturbetrieb. In *Deutsches Jahrbuch für Kulturmanagement 2000* (4. Aufl.). Nomos.

Knappe, R. (2010). *Die Eignung von New Public Management zur Steuerung öffentlicher Kulturbetriebe*. Gabler.

Kopp, J., & Leyk, J. (2004). Innovative Planungs- und Budgetierungskonzepte und ihre Bewertung. In Horvath & Partners (Hrsg.), *Beyond Budgeting umsetzen. Erfolgreich planen mit Advanced Budgeting* (S. 15–59). Schäffer-Poeschel.

Liczewski, K. (2011). *Entwicklung einer Vollkostenrechnung mit Einbindung ins Produktionscontrolling für Musiktheaterwerkstätten am Beispiel der Bayrischen Staatsoper.* Bachelor-Thesis im Studiengang Betriebswirtschaft und Kultur-, Freizeit-, Sportmanagement an der Hochschule Heilbronn.

Mentzel, W. (2020). *BWL Grundwissen* (7. Aufl.). Haufe.

Miko, M. (2008). Controlling in Kulturorganisationen. In G. Birnkraut & K. Wolf (Hrsg.), *Kulturmanagement konkret. Interdisziplinäre Positionen und Perspektiven*. Verlag Institut für Kulturkonzepte Hamburg e. V.

Olfert, K. (Hrsg.). (2013). *Kompakt Training Kostenrechnung* (7. Aufl.). Neue Wirtschafts-Briefe.

Pitz, C. (1997). Abenteuer Kostenrechnung. *Die Deutsche Bühne, 2*(1997), 32–35.

Preißler, P. (2020). *Controlling. Lehrbuch und Intensivkurs* (15. Aufl.). Franz Vahlen.

Preißner, A. (2010). *Praxiswissen Controlling: Grundlagen, Werkzeuge, Anwendungen*. Carl Hauser.

Reichmann, T. (2017). *Controlling mit Kennzahlen. Die systemgestützte Controlling-Konzeption* (9. Aufl.). Vahlen.

Schäfer, G. (2011). *Handout des Seminars „Controlling im Kulturbetrieb" im Rahmen des Kontaktstudiums Kulturmanagement am Institut für Kulturmanagement Ludwigsburg*.

Schierenbeck, H., & Wöhle, C. B. (2016). *Grundzüge der Betriebswirtschaftslehre* (19. Aufl.). De Gruyter Oldenbourg.

Schmalen, H., & Pechtl, H. (2019). *Grundlagen und Probleme der Betriebswirtschaftslehre* (16. Aufl.). Schäffer-Poeschel.

Schneck, O. (1995). *Managementtechniken. Einführung in die Instrumente der Planung, Strategiebildung und Organisation.* Campus.

Schneck, O. (2000). *Basis-Know-How Betriebswirtschaft: Was sie für die Praxis wissen müssen.* Campus.

Schneck, O. (2010). *BWL Basis-Wissen* (2. Aufl.). Wiley-VCH.

Schneidewind, P. (2000). *Entwicklung eines Theater-Managementinformationssystems.* Peter Lang.

Schneidewind, P. (2001). Von den Informationsinseln zum entscheidungsorientierten Theater-Managementinformationssystem: Controllingeinführung im Theaterbetrieb. In P. Bendixen & u.a. (Hrsg.), *Handbuch KulturManagement.* Raabe.

Schneidewind, P. (2006). *Betriebswirtschaft für das Kulturmanagement. Ein Handbuch.* transcript.

Schneidewind, P. (2007). Qualitätsmanagement in Musikschulen. In T. Knubben & P. Schneidewind (Hrsg.), *Zukunft für Musikschulen. Herausforderungen und Perspektiven der Zukunftssicherung öffentlicher Musikschulen.* transcript.

Schneidewind, P., Koch, T., & Reinhart, B. (Hrsg.). (2024). *Theatercontrolling. Trends, Herausforderungen und Perspektiven aus Theorie und Praxis.* Springer VS.

Simon, W. (2008). *Managementtechniken, der große Methodenkoffer.* GABAL.

Terlutter, R. (2000). *Lebensstilorientiertes Kulturmarketing. Besucherorientierung bei Ausstellungen und Museen.* Dissertation, Universität Saarbrücken, Gabler Edition Wissenschaft, Forschungsgruppe Konsum und Verhalten, Deutscher Universitätsverlag.

Verband deutscher Musikschulen e. V. / Bertelsmann Stiftung (Hrsg.). (2001). *Zwischenbericht zu den Leistungsvergleichen von Musikschulen EDu®.* Zukunft hoch vier.

Vollmuth, H. (2017). *Controlling-Instrumente* (6. Aufl.). Haufe.

Weber, J. (2004). *Einführung in das Controlling* (10. Aufl.). Schäffer-Poeschel.

Weber, J., & Schäffer, U. (2022). *Einführung in das Controlling* (17. Aufl.). Schäffer-Poeschel.

Witt, F.-J. (2000). *Controlling 1 – Ganzheitliches Controlling* (2. Aufl.). Beck.

Wöhe, G., Döring, U., & Brösel, G. (Hrsg.). (2023). *Einführung in die Allgemeine Betriebswirtschaftslehre* (28. Aufl.). Franz Vahlen.

Ziegenbein, K. (2012). *Controlling* (10. Aufl.). Kiehl.

The manufacturer's authorised representative in the EU is Springer
Nature Customer Service Centre GmbH, Europaplatz 3, 69115 Heidelberg,
Germany. If you have any concerns regarding our products, please
contact ProductSafety@springernature.com

Printed and bound by CPI Group (UK) Ltd, Croydon, CR0 4YY

28/04/2026

02098540-0005